O mal-estar no pós-modernismo

O mal-estar no pós-modernismo

Teorias e práticas

Organização de

E. ANN KAPLAN

Tradução:
Vera Ribeiro

Jorge Zahar Editor
Rio de Janeiro

Os editores agradecem a Silviano Santiago
por sua consultoria na tradução de
alguns termos técnicos.

Título original:
Postmodernism and its Discontents (Theories, practices)

Tradução autorizada da terceira reimpressão da primeira edição inglesa
publicada em 1990 por Verso/NLB, de Londres, Inglaterra

Jorge Zahar Editor Ltda.
rua México 31 sobreloja
20031-144 Rio de Janeiro, RJ
tel.: (21) 2240-0226 / fax: (21) 2262-5123
e-mail: jze@zahar.com.br
site: www.zahar.com.br

Composição: TopTextos Edições Gráficas
Capa: Gustavo Meyer

CIP-Brasil. Catalogação-na-fonte
Sindicato Nacional dos Editores de Livros, RJ.

M213 O mal-estar no pós-modernismo: teorias e práticas / organização de E. Ann Kaplan; tradução, Vera Ribeiro. — Rio de Janeiro: Jorge Zahar Ed., 1993.

Tradução de: Postmodernism and its discontents (theories, practices)
ISBN: 85-7110-267-8

1. Pós-modernismo. 2. Cultura. 3. Civilização. I. Kaplan, E. Ann.

CDD 306
93-0884 CDU 008

Sumário

SEGUNDA PARTE: Pós-modernismo, Feminismo e Teoria da Cultura Popular

Para Allon White, 1951-1988
In Memoriam

Agradecimentos

Este livro é dedicado a Allon White, cuja obra recente, *The Politics and Poetics of Transgression* (escrita em colaboração com Peter Stallybrass), deu inspiração a diversos autores deste volume. Quero também homenagear aqui a coragem de Allon na luta contra sua doença nos últimos dois anos: ela me foi inspiradora de uma outra maneira.

Gostaria de agradecer à *minnesota review* pela permissão de reproduzir o ensaio de David James, "Poesia/Punk/Produção: Alguns Textos Recentes em Los Angeles", publicado na N.S. 23 (outono de 1984).

Agradeço também aos editores da *New Left Review* pela permissão de reproduzir o ensaio de Mike Davis, "O Renascimento Urbano e o Espírito do Pós-modernismo", extraído da *New Left Review* 151 (1985), e trechos selecionados do artigo de Fredric Jameson, "O Pós-modernismo e a Lógica Cultural do Capitalismo Tardio", da *New Left Review* 146 (1984).

Quero agradecer a The Bay Press, em Port Towsend, WA, por sua autorização para reproduzir trechos do ensaio de Fredric Jameson intitulado."O Pós-modernismo e a Sociedade de Consumo", *in* Hal Foster (org.), *The Anti-Aesthetic: Essays in Postmodern Culture* (1983).

Por fim, obrigada a Michael Sprinker pela incansável ajuda dada a este volume.

E. ANN KAPLAN
Maio de 1988

Introdução

E. ANN KAPLAN

Com sua referência ao famoso texto de Freud — *O mal-estar na civilização* —, o título deste volume sugere uma tensão deliberada em relação ao discurso do pós-modernismo. Por um lado, eu sustentaria o pós-moderno como algo que representa uma "ruptura" cultural, no sentido da "episteme" de Foucault ou dos paradigmas de Kuhn: o momento pós-moderno é uma ruptura iniciada pelo modernismo, aqui encarado como um período transicional entre o romantismo do século XIX e o atual panorama cultural. A palavra "pós-moderno" é útil, nesse caso, por implicar os elos com o modernismo, ao mesmo tempo indicando um movimento substancial para além ou longe dele. A ruptura iniciada pelo modernismo foi prontamente preenchida pelo desenvolvimento das recentes e sofisticadas tecnologias eletrônicas e, ao mesmo tempo, foi drasticamente alterada nesse processo, de modo a se tornar "pós-moderna".

Por outro lado, o "mal-estar" de meu título contesta a própria idéia de tal ruptura cultural. Alguns dos ensaios mostram que a concepção do pós-moderno e a afirmação de uma ruptura é que constituem o problema. Esses ensaios questionam a metalinguagem que tem sido usada para descrever nossa situação contemporânea como pós-moderna e alegar uma "realidade" diferente.

A idéia do livro surgiu precisamente dessa tensão, que creio ser útil e criativa. Os ensaios de modo algum apresentam uma postura monolítica perante o pós-modernismo como estágio da cultura, como conceito crítico ou como uma antiestética. O livro pretende, antes, levantar questões sobre a utilidade e a validade do discurso pós-moderno, além de esclarecer a pletora de definições, amiúde contraditórias, que têm sido propostas nos últimos dez anos, aproximadamente.

Muito se tem escrito sobre o modernismo e o pós-modernismo — demais para que eu os resenhe aqui, mas o bastante para tornar essenciais algumas distinções, necessariamente abreviadas, de minha própria autoria. Mas, antes de discutir o que se pode proveitosamente chamar de pós-modernismo, permitam-me posicionar meu discurso como algo que resiste a qualquer teorização do pós-modernismo que invalide a própria possibilidade das distinções que estou prestes a fazer — que questione, a rigor, minha presunção da possibilidade de um metadiscurso.

A teorização a que me refiro teve seu pleno desenvolvimento em Jean Baudrillard e em Arthur Kroker e David Cook, que o seguem e que discuto mais adiante. Assim, coloco-me ao lado de Jameson e Habermas (por mais diferentes que sejam esses dois pensadores entre si, em diversos aspectos), ao abordar a necessidade de um discurso crítico, da tomada de uma posição de onde falar. A célebre conclamação de Habermas a uma continuidade do projeto iluminista, bem como seu modelo atraente, ainda que utópico, de uma comunidade cultural democrática, podem ser lidos como uma reação desesperada contra a cultura pós-moderna.[1] As discussões igualmente famosas do pós-modernismo por Fredric Jameson talvez provenham de um conjunto similar de interesses, mas ele se comprometeu profundamente com textos e efeitos culturais pós-modernos populares; escrevendo dentro do contexto norte-americano, sua compreensão é maior que a de Habermas sobre o que é importante para o panorama norte-americano.[2] "Mapping the Postmodern", de Andreas Huyssen, é um útil relato histórico do conceito e das práticas estéticas do pós-modernismo, mas, como os dois ensaios já mencionados, ele não aborda as importantes implicações do pós-modernismo para as questões sexuais, nem estabelece as distinções que penso deverem ser feitas.[3]

Numa orientação diferente, a distinção de Hal Foster entre um pós-modernismo de resistência e um pós-modernismo de reação toma uma direção bem diferente das categorias exigidas para pensarmos esse conceito adequadamente.[4] Foster faz uma distinção entre um pós-modernismo que visa a desconstruir o modernismo (visto como o *status quo*), a partir de uma perspectiva deliberadamente crítica (o pós-modernismo de "resistência"), e um pós-modernismo que, ao repudiar o modernismo e celebrar o pós-modernismo, na verdade retorna "às verdades da tradição" (o pós-modernismo de "reação"). Falta aqui qualquer atenção para com as diferenças no contexto da produção e da exibição das obras, para com o eixo comercial/não-comercial e para com a abordagem da audiência (geral ou especializada). Foster parece ter em mente o mundo dos museus de arte e da produção cultural alternativa; dentro desse contexto, a distinção que estabelece é útil. Mas estou interessada em definições que tenham uma aplicação ampla e levem em conta o "aparelho" específico utilizado, e na maneira como os modos de produção/exibição regem as estratégias estéticas e têm implicações sexuais.

Dentro desse contexto mais amplo, permitam-me distinguir dois sentidos principais ligados ao conceito de "pós-modernismo" e colocar entre parênteses um terceiro conjunto de sentidos que, muitas vezes, misturam-se confusamente nas teorias do pós-moderno. Estou ciente de que essas distinções são difíceis de manter (e, na verdade, estarei examinando logo adiante os paralelos entre os usos distintos do termo); mas as definições são importantes para desfazer a confusão terminológica.

Começando pelos parênteses: o pós-modernismo e as práticas estéticas a que chamamos pós-modernas são às vezes rotulados de resistentes e transgressores — coisa que confunde o pós-modernismo com o modernismo. Por exemplo, o que Foster diz sobre seu pós-modernismo de resistência — que ele "procura questionar e não explorar os códigos culturais, investigar e não ocultar as afiliações sociais e políticas" (p. xii) — parece-me uma boa descrição de alguns modernismos. É melhor reservar o termo "transgressão" para textos que funcionem da maneira defendida por Brecht e Bakhtin, cujas teorias derivaram de pensadores modernistas canônicos como Hegel, Nietzsche, Marx e Freud. Estes últimos estabeleceram paradigmas que, de um modo ou de outro, dependiam de oposições, embora cada qual tenha construído diferentes tipos de processos para lidar com (ou, em alguns casos, elaborar) as oposições. Assim, vê-se que o pós-modernismo e a transgressão são conceitos teóricos incompatíveis.

É possível, entretanto, diferenciar o que se pode chamar pós-modernismo "utópico" (que segue uma direção derrideana) de um pós-modernismo comercial ou cooptado (que segue uma direção baudrillardeana); em segundo lugar, é possível distinguir os contextos de produção/exibição/consumo dos respectivos textos; e, por fim, convém esclarecer os diferentes níveis de implicações subjacentes à discussão do pós-modernismo aceito que constitui o foco de vários ensaios deste livro, e indicar a relevância do feminismo para o projeto pós-modernista.

Podemos começar pelo segundo ponto, sobre os contextos em que várias obras chamadas "pós-modernas" são produzidas e exibidas, já que são as diferenças nessa área que tornam necessário definir a que se refere o pós-modernismo numa dada situação específica. A confusão surge porque o termo "pós-moderno" (ou seus atributos) são aplicados, por vezes (como vimos), a uma vasta gama de obras, independentemente de seus contextos de produção, exibição e consumo. Os críticos freqüentemente cobrem um vasto espectro de textos, desde os acontecimentos coletivos ou de rua até a cultura de massa e a vanguarda, ao elaborarem teorias específicas. Isso já parece fazer parte do discurso pós-moderno anteriormente mencionado — parece ter admitido que é impossível fazer distinções, que elas são indesejáveis ou que já não existem. Deve-se questionar esse pressuposto *ab initio*.

A principal confusão, porém, talvez resulte de um deslize inconsciente do que foi visto como uma característica dos *textos* pós-modernos (isto é, o esmaecimento da distinção entre a alta cultura e a cultura popular — sua mistura de elementos de ambas) para um esmaecimento das fronteiras institucionais dentro das quais os textos são produzidos, exibidos e consumidos. Embora talvez seja verdade que, na cultura pós-moderna, como em nenhuma época anterior, os museus tornaram-se parte da produção de mercadorias e, desse modo, aproximaram-se mais de instituições culturais comerciais, como a televisão, ainda assim os museus diferem radicalmente destas últimas instituições quanto aos tipos de produtos circulados e às platéias endereçadas. Não vamos ao Museu Whitney assistir a telenovelas, embora possamos ir até lá para ver a desconstrução que Joan Braverman faz de um sabão, como em seu *Joan Does Dinasty*.[5]

Além disso, o termo "pós-moderno" tem sido usado de maneiras diferentes por estudiosos de literatura e feministas, de um lado, e por estudiosos da cultura popular, de outro. O primeiro grupo tem tendido a equacionar o pós-modernismo (ou, no caso de Alice Jardine, a "modernidade")[6] com o que denominei de "utópico". De fato, em sua forma "utópica", o pós-modernismo é, em parte, um produto do feminismo (ou seja, o feminismo, a desconstrução e a psicanálise lacaniana acarretaram, juntos, uma significativa ruptura cultural que chamaríamos de pós-moderna). O pós-modernismo "utópico" implica um movimento da cultura e dos textos para além de categorias binárias opressivas, e não poderia ser imaginado sem a obra, entre outros, de Bakhtin, Derrida, Lacan, Cixous, Kristeva e Roland Barthes. Esse tipo de pós-modernismo foi central para algumas correntes do feminismo, em sua contemplação de textos que descentram radicalmente o sujeito, sua insistência numa série de diferentes posições que podem ser assumidas pelo espectador e sua concentração em textos em que os discursos não são hierarquicamente ordenados. (Alguns filmes de Chantal Akerman e Straub-Huillet exemplificam essa tendência, como também o fazem *Crystal Gazing*, de Mulvey e Wollen, ou *A canção da Índia*, de Duras.) A exigência de um fim para as "mortíferas oposições binárias entre masculinidade e feminilidade"[7] talvez seja o melhor resumo do pós-moderno utópico.

O pós-modernismo "comercial" ou cooptado, por outro lado, foi teorizado por Baudrillard (na esteira de McLuhan) e, mais recentemente, por Arthur Kroker e David Cook. Para esses autores, o pós-modernismo está ligado ao novo estágio do capitalismo multinacional e multiconglomerado de consumo, e a todas as novas tecnologias que esse estágio produziu. Esse pós-modernismo é descrito como radicalmente transformador do sujeito, através de sua extinção da cultura. O interno já não se separa do externo; o espaço privado não pode se opor ao público; a alta cultura ou de vanguarda já não contrasta marcantemente com a cultura popular consumista. As tecnologias, as técnicas de venda e o consumo criaram um novo universo unidimensional do qual não há saída e em cujo interior não é possível nenhuma postura crítica. Não existe um "fora", não há nenhum espaço de onde montar uma visão crítica. Habitamos, segundo essa colocação, um mundo em que a tela da televisão tornou-se a única realidade, onde o corpo humano e a máquina televisiva são praticamente indistinguíveis.[8]

Como podem duas concepções tão amplamente diferentes do pós-modernismo coexistir numa única era histórica e num único espaço cultural? Como foi que cada grupo a desenvolver uma teoria veio a usar a palavra/o conceito de "pós-modernismo" para o que pretendia dizer? Haverá, talvez, algum aspecto em que as teorias que compartilham a mesma palavra têm semelhanças subjacentes?

Ambas as utilizações do pós-moderno implicam um pensar que transcende os próprios binarismos das tradições filosóficas, metafísicas e literárias ocidentais que foram questionados pelo pós-estruturalismo e pela desconstrução. Nessa medida, o emprego do termo "pós-modernismo" assinala um movimento para além/longe dos vários posicionamentos (não apenas estéticos, mas também os que versam sobre a classe, a raça e o sexo) das teorias totalizantes anteriores. Mas esse afastamento, curiosamente, vai em direções diametralmente opostas. O discurso do pós-modernismo, em alguns círculos literários e feministas, implica a busca de uma nova posição libertária que nos livre das restrições e dos limites das oposições binárias opressivas; a meta é nebulosa e distante. O discurso pós-moderno relacionado com a cultura popular, entrementes, adverte-nos sobre o fim dos binarismos produzido pelas novas tecnologias, ou é ambivalente acerca dessas mudanças. O impacto na cultura, na organização social e no próprio corpo e psiquismo humanos é descrito como já bastante avançado. Enquanto o fim dos binarismos é emancipador, na primeira postura, seu desaparecimento, na segunda, é (geralmente) formulado em termos negativos.

O termo comum faz sentido ao encararmos as diversas teorias como uma resposta a uma situação cultural semelhante, a saber, as conseqüências dos anos sessenta. Ambos os conceitos de pós-modernismo surgem na esteira de teorias e debates sobre raça, classe, sexo e gênero nos últimos vinte anos. Significativamente, porém, nos dois casos o pensamento abandonou a dialética, como tinha que fazer para encarnar o fim dos binarismos. Mas é precisamente aí que persiste a importante questão: se o abandono dos binarismos exige o abandono da dialética, como podemos contemplar uma vida intelectual, psíquica, social ou cultural que vá adiante, que se renove e que seja autocrítica e dotada de propósito? A centralidade dessa questão justifica a organização dos ensaios aqui apresentados.

Originalmente, tencionava-se que cinco dos ensaios incluídos (Galperin, Kaplan, Polan, Stam e Williams) fossem publicados em *The Year Left* III, uma edição dedicada às possibilidades da política e da cultura no futuro a médio prazo. O pós-modernismo afigurou-se um tema adequado para a seção sobre cultura que eu deveria organizar: escrevemos os ensaios tendo em mente um público simpatizante do marxismo como prática e teoria, mas não necessariamente familiarizado com as obras recentes da literatura, do cinema e da televisão. Quando decidimos criar um volume em forma de apêndice a *The Year Left* III, em vez de publicar os ensaios como uma seção sobre cultura, acrescentamos os ensaios de James, Jameson, Montag e Pfeil, mas deixamos os textos originais como estavam. Este livro, portanto, pode ser lido de duas maneiras: vinculado às análises políticas que aparecem em *The Year Left* III, ou como uma coletânea isolada que faz um levantamento do campo das práticas culturais contemporâneas nos EUA.

Os ensaios da Primeira Parte tomam a questão do pós-modernismo como teoria e como prática (anti)estética de diferentes maneiras. Reproduzimos o fecundo ensaio de Fredric Jameson, "O Pós-modernismo e a Sociedade de Consumo", por razões óbvias: o ensaio moldou, em larga medida, os termos dos debates sobre o pós-modernismo na América, nos anos que se seguiram à publicação da versão original, em 1983. A densidade e a complexidade da análise de Jameson tornam impossível um resumo, mas permitam-me assinalar quatro pontos que têm sido contestados: a) que o pós-modernismo implica o esmaecimento da antiga distinção entre alta cultura e cultura de massa; b) que todas as teorias do pós-modernismo acarretam uma postura política a respeito do capitalismo multinacional; c) que a melhor maneira de usar o pós-modernismo é como um conceito periodizante, apesar dos problemas teóricos do emprego desse tipo de categoria (medida que permite a Jameson usar a noção de uma lógica cultural dominante, em contraste com a qual é possível explorar a diferença autêntica); d) que o pós-moderno exibe quatro características básicas: i) a nova falta de profundidade da teoria contemporânea e da imagem ou simulacro; ii) o senso histórico enfraquecido — público e particular, evidente na estrutura "esquizofrênica" das artes seculares; iii) uma nova tonalidade emocional, que Jameson denomina de "intensidades", que substitui os modos anteriores (talvez edipianos) de se relacionar com os objetos; iv) a centralidade das novas tecnologias, que, por sua vez, estão vinculadas a um novo sistema econômico mundial. Jameson fornece numerosos exemplos dessas quatro características principais e termina com uma reflexão sobre "a missão da arte política no estonteante novo espaço mundial do capital multinacional avançado".

O ensaio de Jameson tanto provocou debates nos círculos marxistas quanto em termos mais amplos. A resposta de Mike Davis é reproduzida aqui, para dar aos leitores uma idéia de como uma análise histórica nitidamente marxista responde à teorização mais francamente hegeliana de Jameson. A Primeira Parte se encerra com o ensaio de Warren Montag, dentro de um espírito semelhante. Sendo a mais longa das duas, a polêmica de Montag abarca não apenas Jameson, como também dois outros teóricos do pós-modernismo, Perry Anderson e Jean-François Lyotard. Objetando a rejeição andersoniana *in toto* de Derrida, Foucault e Deleuze e Guattari, Montag também critica o que vê como uma "cumplicidade teórica" entre Jameson e Lyotard: sua crença comum de que o marxismo é "uma metanarrativa, uma narrativa de todas as narrativas, que, por sua própria natureza, requer um espaço transcendental superior, fora da totalidade que ela descreve". Montag enfoca particularmente a maneira como, na descrição de Jameson, "o conflito irredutível e sobredeterminado é obscurecido por uma sistematicidade pura". Ele afirma, seguindo Marx e Trotski, que "uma conjuntura não é mais do que um acúmulo de forças contraditórias e conflitantes, de origens diferentes, que produzem efeitos diferentes", e conclui que devemos contentar-nos em funcionar dentro desse conjunto de forças contraditórias, aprendendo continuamente com nossos erros e corrigindo-os.

Os três ensaios situados entre o de abertura, de Jameson, e as críticas finais enfocam de diferentes maneiras o pós-modernismo, como teoria e como prática (anti)estética. Todos tomam Jameson como ponto de partida, embora levem a argumentação em novas direções. Meu artigo usa as definições esboçadas nesta Introdução para esclarecer o impacto do pós-modernismo no feminismo. Faço um breve levantamento das teorias que os feministas usaram inicialmente nos estudos da cultura popular, situando as estratégias como genericamente modernistas, e a seguir discuto as implicações, para as perspectivas feministas, do discurso pós-modernista de Baudrillard/Kroker. O ensaio utiliza a MTV — como instituição e como série de textos — como exemplo para se explorar a relação do feminismo com o pós-modernismo. Os resultados são complexos e contraditórios, levantando novas questões, em vez de apresentar soluções decisivas.

Dana Polan oferece algumas definições e esclarecimentos — ele se interessa pelo modo como a teoria pós-modernista, apesar de enaltecê-los da boca para fora, em geral não fornece análises específicas dos textos da cultura popular. Polan tece um breve comentário sobre a discussão jamesoniana da arquitetura pós-moderna e, em seguida, volta-se para uma minuciosa consideração de um único artefato, o filme *Rocky IV*.

A análise de Fred Pfeil sobre as contradições dentro do que chamei de pós-moderno "utópico" completa esse grupo de três. Pfeil, assinalando acertadamente que os romances "dificilmente constituem a matéria-prima a partir da qual é possível elaborar a análise mais nova, mais aguçada e mais contundente da situação pós-moderna", explora a ficção de Thomas Disch e Denis Johnson. Esses romances, afirma ele, "podem ser entendidos como celebrações da semiótica kristevana, recusas de qualquer fronteira permanente entre o fluxo impuro da abjeção e a zona edipiana sanificada da subjetividade ordeira e isolada, sob o signo do Ego (masculino, branco e burguês)". Mas Pfeil prossegue mostrando a natureza ambígua e contraditória desse mundo aparentemente paradisíaco — seu horror potencial, sua tendência a escorregar pela "linha assintótica para a qual nos impulsiona a mágica viagem misteriosa pelo capitalismo de consumo...".

Os ensaios da Segunda Parte oferecem análises da ficção, do cinema e da cultura popular que respondem aos debates atuais, embora, em alguns casos, indiretamente. A maioria dos autores interessa-se pelo que denominei de pós-moderno "utópico", ainda que não empreguem esse termo. Eles se empenham numa busca de espaços, dentro da cultura hegemônica, em que algo novo possa acontecer. A seção começa pelo contraste estabelecido por Linda Williams entre o conto de 1917 de Susan Glaspell, "Um júri de seus pares", e o recente filme de Marlene Gorris, *Uma questão de silêncio*. Usando o conceito de Elaine Showalter de uma cultura não-dominante e "emudecida" das mulheres, que inclui uma "zona sem cultivo" proibida aos homens, Williams mostra como *Uma questão de silêncio* articula o dilema da relação da mulher com a linguagem (masculina). A postulação de Williams acerca da necessidade de que a espectadora do filme de Gorris se identifique com "zonas de experiência mudas e sem cultivo, que ainda não são conhecidas e que, certamente, talvez não a ajudem a escapar do castigo do julgamento masculino", aproxima-se do pós-moderno "utópico" definido mais acima.

A proveitosa discussão de Robert Stam sobre o "verdadeiro" Bakhtin busca uma saída do impasse pós-moderno através de uma reelaboração das possibilidades presentes no arcabouço essencialmente modernista de Bakhtin. Stam mostra como a ampla visão de Bakhtin, "abarcando muitas culturas e milênios de produção artística, tem o potencial de desprovincializar um rumo crítico que continua ligado, de maneira excessivamente rígida, às convenções de verossimilhança do século XIX". Uma abordagem bakhtiniana da cultura de massa, segundo Stam, teria muito a lucrar com a noção da Escola de Frankfurt de que "a indústria da consciência não consegue satisfazer as necessidades reais que explora". A reelaboração do modernismo de Bakhtin por Stam aproxima-se de perto do pós-moderno utópico invocado por Linda Williams: "Ciente da dupla ação da ideologia e da utopia (Jameson), a abordagem bakhtiniana propõe um duplo movimento de fabulação celebratória e crítica desmistificadora. Ciente do peso inerte do sistema e do poder, ela também visualiza aberturas para sua subversão." Assim, Bakhtin aponta o caminho "para a transcendência das dicotomias estéreis e dos paradigmas desgastados".

William Galperin teoriza as recentes mudanças nas formas tradicionais da televisão — telenovelas e esportes — que implicam alterações nos constructos sexuais. A indistinção de conceitos do "masculino" e do "feminino", antes rigidamente controlados, é vista por Galperin como a abertura potencial de um novo espaço que se poderia chamar de pós-moderno. A complexa análise de Galperin está, ao mesmo tempo, plenamente cônscia da maneira como as formas populares reincluem esses movimentos no sistema hegemônico. Tal como Pfeil, Galperin estuda as ambigüidades e riscos suscitados por novos espaços que, a princípio, parecem apontar numa direção utópica.

Em seu estudo da cultura punk da Califórnia, David James também examina a quase impossibilidade de que qualquer prática artística escape a sua reinscrição na própria cultura de que procura fugir. Sua hipótese — de que o destino de todas as culturas do capitalismo está implicado nos "processos de consumo", cuja "repercussão na atividade de produção desloca-a dela mesma e de seu prazer intrínseco, e redefine seu telos como algo diferente" — é amplamente confirmada por sua minuciosa discussão das contradições da subcultura punk de Los Angeles — um padrão de heterogeneidade que, mais uma vez, parece muito adequadamente rotulável de pós-moderno. James ilustra com habilidade as intricadas maneiras como a cultura punk nunca pode "ter acesso a uma imagem de libertação fora da mídia", do tipo daquela em que confiavam Adorno e a Escola de Frankfurt, e, ao mesmo tempo, mostra como, ao suplantar Hollywood como a força dominante da cultura do sul da Califórnia, o punk "não apenas criou espaço para uma nova e recém-revigorada produção literária, como também arrastou outros tipos de texto em sua esteira".

No fanzine *Lowest Common Denominator*, James encontra o potencial para o pós-moderno utópico que só poderia emergir plenamente numa sociedade sem classes. É "o intercâmbio dos valores grupais em seus modos de produção e inserção social, ambos os quais são inteiramente contingentes a sua localização subcultural", que representa o valor desse tipo de publicação. Entretanto, como James observa ironicamente em sua conclusão, a importância do fanzine "é inseparável do fato de que ele é praticamente impossível de obter, de que mal chega sequer a existir". Isso talvez encarne o aspecto mais irônico de qualquer pós-moderno "utópico", ao mesmo tempo que proporciona um adequado ponto final para o presente volume. Para que o hiato entre o modernismo hegemônico e o pós-modernismo emergente não seja reinscrito pela cultura capitalista como uma simples mercadoria, o pós-modernismo deve permanecer apenas tenuemente vinculado aos sistemas culturais a que se refere; nesse sentido, ele mal pode *existir*.

Notas

1. Ver Jürgen Habermas, "Modernity Versus Postmodernity", *in New German Critique* (inverno de 1981), pp. 3-14.

2. Fredric Jameson, "Postmodernism, or The Cultural Logic of Late Capitalism", *New Left Review*, 146 (julho-agosto de 1984), pp. 53-92.

3. Andreas Huyssen, "Mapping the Postmodern", *in After the Great Divide: Modernism, Mass Culture, Postmodernism* (Bloomington e Indianápolis, Indiana University Press, 1986), pp. 179-222.

4. Hal Foster, "Postmodernism: A Preface", *in* Hal Foster (org.), *The Anti-Aesthetic: Essays on Postmodern Culture* (Port Townsend, WA, The Bay Press, 1983), pp. ix-xvi.

5. A autora faz aqui um jogo de palavras entre telenovela (*soap opera*), sabão (*soap*) e o próprio título da obra de Braverman, que alude a uma telenovela recém-celebrizada nos Estados Unidos, *Dynasty*. (N. da T.)

6. Alice Jardine, *Gynesis: Configurations of Woman and Modernity* (Cornell University Press, Ithaca e Londres, 1985).

7. Toril Moi, *Sexual/Textual Politics: Feminist Literary Theory* (Londres e Nova York, Methuen, 1985), p. 7.

8. Ver Jean Baudrillard, *In the Realm of the Silent Majorities... Or The End of the Social*, trad. de Paul Foss e Philip Beitchman (Nova York, Semiotext(e), 1983).

PRIMEIRA PARTE

O debate do pós-modernismo

1

O pós-modernismo e a sociedade de consumo[1]

FREDRIC JAMESON

O conceito de pós-modernismo não é amplamente aceito ou sequer compreendido nos dias atuais. Parte da resistência que lhe é oposta talvez provenha da estranheza das obras que ele abrange, e que podem ser encontradas em todas as artes: por exemplo, a poesia de John Ashbery, mas também a poesia falada e muito mais simples que proveio da reação contra a complexa e irônica poesia modernista acadêmica da década de 1960; a reação contra a arquitetura moderna e em particular contra os prédios monumentais do estilo internacional, os edifícios pop e os *decorated sheds** que Robert Venturi celebrou em seu manifesto, *Learning from Las Vegas*; Andy Warhol e a arte pop, mas também o fotorrealismo mais recente; na música, o peso de John Cage, mas também a síntese posterior de estilos clássicos e "populares" encontrada em compositores como Philip Glass e Terry Riley, e também o punk e a nova onda do rock, com grupos como o Clash, os Talking Heads e o Gang of Four; no cinema, tudo o que vem de Godard — filmes e vídeos contemporâneos de vanguarda —, como também todo um novo estilo de filmes comerciais ou de ficção, que encontra seu equivalente também nos romances contemporâneos, onde as obras de William Burroughs, Thomas Pynchon e Ishmael Reed, de um lado, e o novo romance francês, de outro, também figuram entre as variedades do que se pode chamar pós-modernismo.

Essa lista parece deixar claras duas coisas, de imediato: primeiro, a maioria das manifestações pós-modernistas acima mencionadas emergem

* Ver nota na p. 66. (N.T.)

como reações específicas às formas estabelecidas do modernismo canônico, contra este ou aquele modernismo canônico dominante que conquistou as universidades, os museus, a rede de galerias de arte e as fundações. Os estilos antes subversivos e aguerridos — o expressionismo abstrato; a grande poesia modernista de Pound, Eliot ou Wallace Stevens; o Estilo Internacional (Le Corbusier, Frank Lloyd Wright, Mies); Stravinsky; Joyce, Proust e Mann —, considerados escandalosos ou chocantes por nossos avós, são encarados pela geração que desembarcou dos anos sessenta como o *establishment* e o inimigo: mortos, sufocantes, canônicos, monumentos reificados que é preciso destruir para fazer qualquer coisa nova. Isso significa que há tantas formas diferentes de pós-modernismo quantos foram os modernismos canônicos estabelecidos, já que as primeiras, ao menos inicialmente, são reações específicas e locais *contra* esses modelos. Obviamente, isso em nada facilita a tarefa de descrever o pós-modernismo como algo coerente, já que a unidade desse novo impulso — se é que ele a tem — é dada, não por ele mesmo, mas pelo próprio modernismo que ele visa a desbancar.

O segundo aspecto dessa lista de pós-modernismos é seu esmaecimento de algumas fronteiras ou separações fundamentais, notadamente o desgaste da distinção prévia entre a alta cultura e a chamada cultura de massa ou popular. Essa talvez seja a mais desanimadora de todas as conseqüências, do ponto de vista acadêmico, que tradicionalmente mostrou um interesse direto em preservar um campo de alta cultura ou de elite em oposição ao meio circundante de prosaísmo, breguice e *kitsch*, dos seriados de TV e da cultura do *Reader's Digest*, e em transmitir a seus iniciados aptidões difíceis e complexas de leitura, escuta e visão. Mas muitos dos pós-modernismos mais recentes ficaram fascinados, precisamente, com toda essa paisagem de comerciais e motéis, de pistas de Las Vegas, sessões de fim de noite na TV e filmes hollywoodianos de segunda, da chamada subliteratura, com suas categorias de horror e aventura em brochuras de aeroporto, da biografia popular, dos mistérios policiais e dos romances fantasiosos ou de ficção científica. Eles já não "citam" esses "textos", como fariam um Joyce ou um Mahler; incorporam-nos, a ponto de a linha divisória entre a arte superior e as formas comerciais parecer cada vez mais difícil de traçar.

Uma indicação bem diferente desse esmaecimento das antigas categorias de gênero e discurso pode ser encontrada no que às vezes se denomina de teoria contemporânea. Uma geração atrás, ainda havia um discurso técnico da filosofia profissional — os grandes sistemas de Sartre ou dos fenomenologistas, a obra de Wittgenstein ou a filosofia analítica ou da linguagem comum —, ao lado do qual ainda era possível distinguir o discurso, muito diferente, das outras disciplinas acadêmicas — da ciência política, por exemplo, ou da sociologia, ou da crítica literária. Hoje, cada vez mais, temos um tipo de texto simplesmente chamado "teoria", que é todas ou nenhuma dessas coisas ao mesmo tempo. Esse novo tipo de discurso, geralmente associado à França e à pretensa teoria francesa, tem-se difundido muito e assinala o fim da filosofia como tal. Deve a obra de Michel Foucault, por exemplo, ser chamada de filosofia, história, teoria social ou ciência política? Isso é impossível de decidir, como se diz hoje em dia; e sugiro que esse "discurso teórico" também deve figurar entre as manifestações do pós-modernismo.

Cabe-me agora dizer uma palavra sobre o uso adequado desse conceito: ele não é apenas mais um termo para descrever um estilo específico. É também, pelo menos tal como o emprego, um conceito periodizante, cuja função é correlacionar a emergência de novos aspectos formais da cultura com a emergência de um novo tipo de vida social e com uma nova ordem econômica — aquilo que muitas vezes se chama, eufemisticamente, de modernização, sociedade pós-industrial ou de consumo, sociedade da mídia ou dos espetáculos, ou capitalismo multinacional. Esse novo momento do capitalismo pode ter sua datação no surto de crescimento do pós-guerra nos Estados Unidos, no fim da década de 1940 e início dos anos cinqüenta, ou, na França, na fundação da V República, em 1958. Os anos sessenta são, sob muitos aspectos, o período transicional fundamental, um período em que a nova ordem internacional (o neocolonialismo, a Revolução Verde, a computação eletrônica e a informática) foi, ao mesmo tempo, instalada e assolada ou abalada por suas próprias contradições internas e pela resistência externa. Quero esboçar aqui algumas das maneiras pelas quais o novo pós-modernismo expressa a verdade intrínseca dessa ordem social recém-emergente do capitalismo tardio, mas terei que limitar a descrição a apenas dois de seus traços significativos, que chamarei de pastiche e esquizofrenia; eles nos darão a oportunidade de sentirmos a especificidade da experiência pós-modernista do espaço e do tempo, respectivamente.

O pastiche supera a paródia

Um dos aspectos ou práticas mais significativos do pós-modernismo atual é o pastiche. Devo inicialmente explicar esse termo, que as pessoas tendem, em geral, a confundir ou assimilar com o fenômeno verbal correlato chamado paródia. Tanto o pastiche quanto a paródia implicam a imitação, ou melhor, a mímica de outros estilos, particularmente dos maneirismos e contorções estilísticos de outros estilos. É evidente que a literatura moderna, em geral, oferece um campo muito rico para a paródia, já que todos os grandes escritores modernos definiram-se pela invenção ou produção de estilos bastante singulares: basta pensarmos nos longos períodos faulknerianos, ou nas imagens da natureza características de D.H. Lawrence; no modo peculiar como Wallace Stevens usa as abstrações; pensemos também nos maneirismos dos filósofos, como Heidegger, por exemplo, ou Sartre; e nos estilos musicais de Mahler ou Prokofiev. Todos esses estilos, por mais diferentes que sejam entre si, são comparáveis neste aspecto: cada qual é realmente inconfundível; uma vez que um deles seja aprendido, não é provável que se confunda com alguma outra coisa.

Já a paródia põe em destaque a singularidade desses estilos e toma suas idiossincrasias e excentricidades para produzir uma imitação que zomba do original. Não digo que o impulso satírico seja consciente em todas as formas de paródia. De qualquer modo, um bom ou um grande parodista tem que nutrir uma certa simpatia secreta pelo original, assim como um grande mímico tem que ter a capacidade de se colocar no lugar da pessoa imitada. Mesmo assim, o efeito geral da paródia é — seja por simpatia ou por malícia — lançar o ridículo sobre a natureza privada desses maneirismos estilísticos e sobre seu exagero e excentricidade, em relação à maneira como as pessoas normalmente falam ou escrevem. Assim, por trás de toda paródia, resta um sentimento de que há uma norma lingüística em contraste com a qual é possível zombar dos estilos dos grandes modernistas.

Mas, que aconteceria se deixássemos de acreditar na existência de uma linguagem normal, da fala corriqueira, da norma lingüística (digamos, do tipo de clareza e poder de comunicação celebrados por Orwell em seu famoso ensaio)? Poderíamos pensar nisso da seguinte maneira: talvez a imensa fragmentação e privatização da literatura moderna — sua explosão numa multiplicidade de estilos e maneirismos particulares distintos — prenuncie tendências mais profundas e mais gerais da vida social como um todo. E se supuséssemos que a arte moderna e o modernismo — longe de serem um tipo de curiosidade estética especializada — realmente antecipam ocorrências sociais dentro dessa linha? E se supuséssemos que, nas décadas decorridas desde a emergência dos grandes estilos modernos, a própria sociedade começou a fragmentar-se dessa maneira, cada grupo passando a falar uma curiosa língua particular própria, cada profissão desenvolvendo seu código ou idioleto particular, e, finalmente, cada indivíduo passando a ser uma espécie de ilha lingüística, separado de todos os demais? Nesse caso, porém, a própria possibilidade de qualquer norma lingüística nos termos da qual fosse possível ridicularizar as línguas particulares e os estilos idiossincráticos desapareceria, e não teríamos nada além da diversidade e da heterogeneidade estilísticas.

Esse é o momento em que aparece o pastiche e a paródia torna-se impossível. O pastiche, como a paródia, é a imitação de um estilo peculiar ou único, o uso de uma máscara estilística, a fala numa língua morta: mas é uma prática neutra dessa mímica, sem a motivação ulterior da paródia, sem o impulso satírico, sem o riso, sem aquele sentimento ainda latente de que existe algo *normal*, comparado ao qual aquilo que está sendo imitado é muito cômico. O pastiche é a paródia vazia, a paródia que perdeu seu senso de humor: o pastiche está para a paródia assim como está essa coisa curiosa — a prática moderna de uma espécie de ironia vazia — para o que Wayne Booth denomina de ironias estáveis e cômicas, digamos, do século XVIII.

A morte do sujeito

Agora, porém, precisamos introduzir neste quebra-cabeça uma nova peça, que talvez ajude a explicar por que o modernismo clássico é coisa do passado, e por que o pós-modernismo tomou seu lugar. Esse novo componente é o que geralmente se denomina de "morte do sujeito", ou, para dizê-lo numa linguagem mais convencional, o fim do individualismo como tal. Os grandes modernismos, como dissemos, basearam-se na invenção de um estilo pessoal e privado, tão inconfundível quanto as impressões digitais, tão incomparável quanto nosso próprio corpo. Mas isso significa que a estética modernista está, de algum modo, organicamente ligada à concepção de um eu e de uma identidade privada únicos, a uma personalidade e individualidade singulares, que podemos esperar que gerem sua própria visão singular de mundo e cunhem seu próprio estilo único e inconfundível.

Atualmente, no entanto, de um sem-número de perspectivas distintas, os teóricos sociais, os psicanalistas e até mesmo os lingüistas, para não falar naqueles dentre nós que trabalham na área da cultura e da mudança cultural e formal, estão todos explorando a idéia de que esse tipo de individualismo e de identidade pessoal é coisa do passado; de que o antigo sujeito individual ou individualista está "morto"; e de que seria até possível descrever o conceito do indivíduo singular e a base teórica do individualismo como ideológicos. Há nisso tudo, na verdade, duas posições, uma das quais é mais radical do que a outra. A primeira contenta-se em dizer: sim, numa certa época, na era clássica do capitalismo competitivo, no apogeu da família nuclear e da emergência da burguesia como classe social hegemônica, havia uma coisa chamada individualismo, sujeitos individuais. Mas hoje, na era do capitalismo empresarial, do chamado homem da organização, das burocracias na vida comercial e no Estado, da explosão demográfica — hoje, esse antigo sujeito individual burguês já não existe.

Por outro lado, existe uma segunda posição, a mais radical das duas, que se poderia chamar posição pós-estruturalista. Ela acrescenta: não só o sujeito individual burguês é coisa do passado, como também é um mito; ele *nunca* existiu realmente, para começo de conversa; nunca houve esse tipo de sujeitos autônomos. Ao contrário, esse constructo foi apenas uma mistificação filosófica e cultural que procurou convencer as pessoas de que elas "tinham" sujeitos individuais e possuíam essa identidade pessoal única.

Para nossos objetivos, não é particularmente importante decidir qual dessas posições é correta (ou melhor, qual delas é mais interessante e produtiva). O que temos de reter disso tudo é, antes, um dilema estético: é que, se estão mortas e enterradas a experiência e a ideologia do eu singular, uma experiência e uma ideologia que instrumentaram a prática estilística do modernismo clássico, já não fica claro o que se supõe que estejam fazendo os artistas e escritores do período atual. O que fica claro é, simplesmente, que os modelos mais antigos — Picasso, Proust, T.S. Eliot — já não funcionam (ou são decididamente prejudiciais), uma vez que ninguém mais tem esse tipo de mundo e estilo particulares únicos para expressar. E essa talvez não seja meramente uma questão "psicológica": também temos que levar em conta o imenso peso de setenta ou oitenta anos do próprio modernismo clássico. Há outro sentido em que os escritores e artistas da atualidade já não podem inventar novos estilos e mundos — é que estes já foram inventados; apenas um número restrito de combinações é possível; as singulares já foram pensadas. Assim, o peso de toda a tradição estética modernista — agora morta — também "oprime como um pesadelo no cérebro dos vivos", como disse Marx num outro contexto.

Daí, mais uma vez, o pastiche: num mundo em que a inovação estilística já não é possível, só resta imitar os estilos mortos, falar através das máscaras e com as vozes dos estilos do museu imaginário. Mas isso significa que a arte contemporânea ou pós-modernista deverá dizer respeito à própria arte de uma nova maneira; mais ainda, significa que uma de suas mensagens essenciais há de implicar o fracasso necessário da arte e do estético, o fracasso do novo, o aprisionamento no passado.

A moda da nostalgia

Como isso pode parecer muito abstrato, quero dar alguns exemplos, um dos quais é tão onipresente que raramente o vinculamos aos tipos de manifestações da arte superior aqui discutidos. Essa prática particular do pastiche não é da alta cultura, mas está muito inserida na cultura de massa e costuma ser conhecida como "filmes nostálgicos" (o que os franceses chamam, muito apropriadamente, *la mode rétro* — a moda retrospectiva). Devemos conceber essa categoria da maneira mais lata possível: em termos estritos, sem dúvida, ela consiste apenas em filmes sobre o passado e sobre momentos geracionais específicos desse passado. Assim, um dos filmes inaugurais desse novo "gênero" (se é isso que ele constitui) foi *Loucuras de verão* (*American Graffiti*), de George Lucas, que se propôs, em 1973, resgatar todo o clima e as peculiaridades estilísticas dos Estados Unidos da década de 1950, dos Estados Unidos da era Eisenhower. *Chinatown*, o grande filme de Polanski, faz algo semelhante com respeito aos anos trinta, tal como o fez *O conformista*, de Bertolucci, no tocante ao contexto italiano e europeu do mesmo período, a era fascista na Itália; e assim por diante. Poderíamos continuar a arrolar esses filmes por algum tempo: por que chamá-los pastiche? Não serão eles, ao contrário, uma obra do gênero mais tradicional conhecido como filme histórico — uma obra que se pode teorizar, mais simplesmente, fazendo uma extrapolação de uma outra forma conhecida, que é o romance histórico?

Tenho minhas razões para achar que precisamos de novas categorias para esses filmes. Mas permitam-me, primeiramente, acrescentar algumas anomalias: e se eu sugerisse que *Guerra nas estrelas* também é um filme nostálgico? Que poderia isso significar? Presumo que possamos concordar em que esse não é um filme histórico sobre nosso passado intergaláctico. Deixem-me expressá-lo de maneira um pouco diferente: uma das mais importantes experiências culturais das gerações que cresceram entre as décadas de 1930 e 1950 foi o seriado das tardes de sábado, do tipo Buck Rogers — vilões alienígenas, verdadeiros heróis norte-americanos, heroínas aflitas, o raio da morte ou a caixa do dia do Juízo Final e, no fim, o emocionante suspense cujo miraculoso desfecho deveria ser visto na tarde do sábado seguinte. *Guerra nas estrelas* reinventa essa experiência sob a forma de um pastiche, ou seja, já não há nenhum sentido numa paródia desses seriados, uma vez que eles deixaram de existir há muito tempo. *Guerra nas estrelas*, longe de ser uma sátira desenxabida dessas formas hoje mortas, atende a um anseio profundo (diria eu, até mesmo recalcado?) de voltar a vivenciá-las: é um objeto complexo em que, num nível primário, as crianças e adolescentes podem tomar as aventuras diretamente, enquanto o público adulto tem a possibilidade de satisfazer um desejo mais profundo e mais propriamente nostálgico de retornar àquele antigo período e vivenciar novamente seus estranhos e antigos artefatos estéticos. Assim, *metonimicamente*, esse filme é um filme histórico ou nostálgico; ao contrário de *American Graffiti*, ele não reinventa um quadro do passado em sua totalidade vivida; em vez disso, ao reinventar a sensação e a forma de objetos de arte característicos de um período anterior (os seriados), ele almeja redespertar um sentimento do passado associado a esses objetos. *Os caçadores da arca perdida*, por outro lado, ocupam aqui uma posição intermediária: em certo nível, o filme *diz respeito* aos anos trinta e quarenta, mas, na realidade, também ele transmite esse período metonimicamente, através de suas histórias de aventura características (que já não são as nossas).

Agora, permitam-me discutir outra anomalia interessante, que pode levar-nos mais além no entendimento dos filmes nostálgicos, em particular, e do pastiche em geral. Esta envolve um filme recente, denominado *Corpos ardentes*, que, como foi profusamente assinalado pelos críticos, é uma espécie de remontagem distante de *O destino bate à sua porta* ou de *Pacto de sangue*. (O plágio alusivo e fugidio de tramas mais antigas, evidentemente, também é uma característica do pastiche.) Ora, tecnicamente, *Corpos ardentes* não é um filme nostálgico, já que se passa num contexto contemporâneo, num pequeno município da Flórida próximo de Miami. Por outro lado, essa contemporaneidade técnica é, de fato, sumamente ambígua: os créditos — sempre a nossa primeira pista — são impressos e grafados num estilo art deco dos anos trinta, que não tem como deixar de desencadear reações nostálgicas (primeiro, a *Chinatown*, sem dúvida, e depois, além dele, a algum referencial mais histórico). Além disso, o próprio estilo do herói é ambíguo: William Hurt é um astro novo, mas nada tem do estilo marcante da geração precedente de superastros masculinos, como Steve McQueen ou mesmo Jack Nicholson, ou melhor, seu personagem, aqui, é uma espécie de mistura das características deles com um papel mais antigo, do tipo geralmente associado a Clark Gable. Assim, também nesse caso há uma sensação levemente arcaica em tudo. O espectador começa a se perguntar por que essa história, que poderia ter sido situada em qualquer lugar, é situada numa pequena cidade da Flórida, apesar de sua referência contemporânea. Começa-se a perceber, passado algum tempo, que o ambiente de cidadezinha tem uma função estratégica crucial: permite que o filme prescinda da maioria dos sinais e referências que poderíamos associar ao mundo contemporâneo, à sociedade de consumo — os aparelhos e produtos, os prédios altos, o mundo objetal do capitalismo tardio. Tecnicamente, portanto, seus objetos (seus carros, por exemplo) são produtos dos anos oitenta, mas tudo no filme conspira no sentido de embotar essa referência contemporânea imediata e possibilitar que também essa obra seja acolhida como uma obra nostálgica — como uma narrativa situada em algum passado nostálgico indefinível, numa eterna década de 1930, digamos, além da história. Parece-me sumamente sintomático constatar que o próprio estilo dos filmes nostálgicos vai invadindo e colonizando até mesmo os filmes atuais que têm contextos ambientais contemporâneos: é como se, por alguma razão, estivéssemos impossibilitados, hoje em dia, de focalizar nosso presente, como se nos tivéssemos tornado incapazes de chegar a representações estéticas de nossa própria experiência atual. Mas, se assim é, isso é uma terrível acusação contra o capitalismo de consumo — ou, no mínimo, um sintoma alarmante e patológico de uma sociedade que se tornou incapaz de lidar com o tempo e com a história.

Assim, voltamos agora à questão de determinar por que o filme nostálgico ou de pastiche deve ser considerado diferente do romance ou filme históricos anteriores. (Eu também deveria incluir nesta discussão o que é, a meu ver, o supremo exemplo literário de tudo isso: os romances de E.L. Doctorow — *Ragtime*, com seu clima de virada do século, e *Loon Lake*, que diz respeito, em sua maior parte, a nossos anos trinta. Mas estes, em minha opinião, são romances históricos apenas na aparência. Doctorow é um artista sério e um dos poucos romancistas autenticamente esquerdistas ou radicais que trabalham hoje em dia. Não lhe presta nenhum desserviço, entretanto, sugerir que suas narrativas representam menos nosso passado histórico do que nossas idéias ou estereótipos culturais sobre esse passado.) A produção cultural foi reimpulsionada para o interior da mente, para dentro do sujeito monádico: ele já não pode olhar o mundo real diretamente com seus olhos, em busca do referencial, mas tem, como na gruta de Platão, que desenhar suas imagens mentais do mundo nas paredes que a limitam. Se resta nisso algum realismo, trata-se de um "realismo" que emerge do choque de apreender esse confinamento e reconhecer que, sejam quais forem as razões peculiares disso, parecemos condenados a buscar o passado histórico através de nossas próprias imagens e estereótipos pop sobre esse passado, que, por sua vez, fica para sempre fora de nosso alcance.

O pós-modernismo e a cidade

Agora, antes de tentar fornecer uma conclusão um pouco mais positiva, quero esboçar a análise de um prédio pós-moderno completo — uma obra que, sob muitos aspectos, é pouco característica do tipo de arquitetura pós-moderna cujos nomes principais são Robert Venturi, Charles Moore, Michael Graves e, mais recentemente, Frank Gehry, mas que, a meu ver, fornece algumas lições muito marcantes sobre a originalidade do espaço pós-modernista. Permitam-me ampliar a imagem que perpassou os comentários precedentes e explicitá-la ainda mais: proponho a idéia de que estamos, neste aspecto, na presença de algo como uma mutação do próprio espaço construído. Minha dedução é que nós, os sujeitos humanos que porventura ocorremos nesse novo espaço, ainda não estamos à altura dessa evolução; houve uma mutação no objeto, ainda não acompanhada por nenhuma mutação equivalente no sujeito; ainda não possuímos o equipamento perceptivo capaz de se equiparar a esse novo hiperespaço, como pretendo chamá-lo, em parte porque nossos hábitos perceptivos formaram-se no tipo de espaço mais antigo que denominei de espaço do modernismo canônico. A arquitetura mais recente, portanto — como muitos dos outros produtos culturais que evoquei nos comentários anteriores —, figura como uma espécie de imperativo de que desenvolvamos novos órgãos, para ampliar nosso sensório e nosso corpo para dimensões novas, ainda inimagináveis e, em última análise, talvez impossíveis.

O Hotel Bonaventure

O prédio cujas características enumerarei muito rapidamente, dentro em pouco, é o Hotel Bonaventure, construído no novo centro de Los Angeles pelo arquiteto e incorporador John Portman, cujos outros trabalhos incluem os vários Hyatt Regencies, o Peachtree Center, em Atlanta, e o Renaissance Center, em Detroit. Mencionei o aspecto populista da defesa retórica do pós-modernismo contra a austeridade elitista (e utópica) dos grandes modernismos arquitetônicos: costuma-se afirmar, em outras palavras, que esses novos prédios são obras populares, de um lado, e que respeitam o vernáculo da textura das cidades norte-americanas, de outro; ou seja, que já não tentam, como fizeram as obras-primas e os monumentos do modernismo canônico, introduzir uma linguagem diferente, distinta, elevada, uma nova linguagem utópica no vistoso e comercial sistema de sinais da cidade circundante, mas, ao contrário, procuram falar essa mesma língua, usando seu léxico e sua sintaxe tal como emblematicamente "aprendidos com Las Vegas".

Quanto à primeira dessas avaliações, o Bonaventure de Portman confirma plenamente a afirmação: é um prédio popular, visitado com entusiasmo tanto pelos moradores locais quanto pelos turistas (embora os outros prédios de Portman tenham ainda mais sucesso nesse aspecto). A inserção populista no tecido da cidade, entretanto, é uma outra história, e é por ela que começaremos. Há três entradas no Bonaventure, uma na rua Figueroa e as outras duas através de jardins suspensos do outro lado do hotel, que se encaixa na encosta restante da antiga Beacon Hill. Nenhuma delas tem qualquer semelhança com as antigas marquises das entradas de hotéis, nem com as monumentais *porte-cochères* com que os edifícios suntuosos do passado criavam o cenário de nossa passagem da rua da cidade para o antigo interior. As entradas do Bonaventure são, por assim dizer, pela porta dos fundos, bem ao estilo das entradas de serviço: os jardins dos fundos dão acesso ao sexto andar das torres e, mesmo ali, tem-se que descer um lance de escadas para descobrir o elevador pelo qual se tem acesso ao saguão. Entrementes, aquilo em que ainda ficamos tentados a pensar como sendo a entrada principal, na rua Figueroa, admite-nos, com bagagem e tudo, à sacada do segundo andar, de onde temos que descer uma escada rolante para chegar ao balcão da recepção. Voltarei a esses elevadores e escadas rolantes mais adiante. O que quero sugerir em primeiro lugar acerca dessas entradas curiosamente não-marcadas é que elas parecem ter sido impostas por uma nova categoria de fechamento que rege o espaço interior do próprio hotel (e isso, muito além das restrições materiais em meio às quais Portman teve de trabalhar). Creio que, ao lado de um certo número de outros prédios pós-modernos característicos, como o Beaubourg, em Paris, ou o Eaton Centre, em Toronto, o Bonaventure aspira a ser um espaço total, um mundo completo, uma espécie de cidade em miniatura (e eu gostaria de acrescentar que a esse novo espaço total corresponde uma nova prática coletiva, um novo modo de os indivíduos se deslocarem e se reunirem, algo assim como a prática de um tipo novo e historicamente original de hipermultidão). Nesse sentido, portanto, idealmente, a minicidade do Bonaventure de Portman não deveria ter nenhuma entrada, já que a entrada é sempre a costura que vincula o prédio ao restante da cidade que o cerca: é que ele não quer fazer parte da cidade, mas antes, ser seu equivalente e sua reposição ou substituto. Isso, porém, obviamente não é possível nem prático, donde a minimização e a redução da função da entrada a seu absoluto mínimo. Mas essa disjunção da cidade circundante é muito diferente da dos grandes monumentos do estilo internacional: ali, o ato de disjunção foi violento, visível, e teve uma significação simbólica muito real — como nos grandes pilotis de Le Corbusier, cujo traço separa radicalmente o novo espaço utópico do moderno da textura degradada e decaída da cidade, a qual repudiam explicitamente (embora o moderno tenha apostado em que esse novo espaço utópico, na virulência de seu Novum, acabaria por eliminar e transformar essa textura, pelo poder de sua nova linguagem espacial). O Bonaventure, entretanto, contenta-se em "deixar que o tecido decaído da cidade continue a existir em seu ser" (parodiando Heidegger); nenhum efeito adicional, nenhuma utópica transformação protopolítica maior é esperada ou desejada.

Esse diagnóstico se confirma, a meu ver, no grande revestimento de vidro espelhado do Bonaventure, cuja função interpretarei agora de maneira bem diferente de há um momento atrás, quando encarei o fenômeno do reflexo, em geral, como algo que desenvolve uma temática de tecnologia reprodutiva (embora essas duas leituras não sejam incompatíveis). Agora, caberia enfatizar, ao contrário, a maneira como a superfície de vidro repele a cidade do lado de fora; um rechaço para o qual encontramos analogias nos óculos de sol espelhados que tornam impossível ao interlocutor ver nossos olhos e, com isso, conseguem uma certa agressividade para com o Outro e um certo poder sobre ele. De maneira semelhante, o revestimento de vidro efetua uma dissociação peculiar e sem localização fixa entre o Bonaventure e sua vizinhança: nem sequer se trata de um exterior, na medida em que, quando alguém procura olhar para as paredes externas do hotel, não consegue ver o hotel em si, mas apenas as imagens distorcidas de tudo que o cerca.

Quero agora dizer algumas palavras sobre as escadas rolantes e os elevadores: dado o real prazer que evocam, muito palpável em Portman — especialmente estes últimos, que o artista denominou de "esculturas cinéticas gigantescas", e que certamente respondem por grande parte do espetáculo e da excitação do interior dos hotéis, particularmente na cadeia Hyatt, onde, como grandes lanternas ou balões japoneses, eles sobem e descem incessantemente —, dada a acentuação e destaque deliberados que recebem, creio que é preciso encarar esses "deslocadores de gente" (termo do próprio Portman, adaptado de Disney) como algo um pouco além de simples artefatos funcionais e componentes de engenharia. Sabemos, de qualquer modo, que a recente teoria arquitetônica começou a recorrer à análise narrativa de outros campos e a tentar ver nossas trajetórias físicas por esses prédios como virtuais narrativas ou histórias, como vias dinâmicas e modelos narrativos que nós, como visitantes, somos solicitados a preencher e concluir com nosso próprio corpo e nossos movimentos. No Bonaventure, entretanto, deparamos com uma acentuação dialética desse processo: parece-me que, ali, as escadas rolantes e os elevadores passam a substituir o movimento, mas também, e acima de tudo, designam-se como novos sinais e emblemas do movimento propriamente dito (algo que se evidenciará quando passarmos a toda a questão do que resta das antigas formas de movimento nesse prédio, notadamente o próprio andar). Ali, a caminhada narrativa foi grifada, simbolizada, reificada e substituída por uma máquina de transporte que se transforma na expressão alegórica daquele antigo passeio que já não nos é permitido realizar sozinhos: e isso é uma intensificação dialética da auto-referencialidade de toda a cultura moderna, que tende a se voltar sobre si mesma e a designar sua produção cultural como seu conteúdo.

Sinto mais dificuldade quando se trata de transmitir a coisa em si, a experiência de espaço que vivenciamos ao sair desses dispositivos alegóricos no saguão ou átrio, com sua grande coluna central circundada por um lago em miniatura, situando-se o conjunto entre as quatro torres residenciais simétricas, com seus elevadores, e cercado por sacadas ascendentes encimadas por uma espécie de cúpula de estufa no nível do sexto andar. Fico tentado a dizer que tal espaço deixa-nos impossibilitados de continuar a usar a linguagem do volume ou dos volumes, já que estes são impossíveis de apreender. De fato, as bandeirolas penduradas inundam de tal maneira esse espaço vazio, que confundem, sistemática e deliberadamente, qualquer forma que nele se possa supor, enquanto um burburinho constante dá a sensação de que, ali, o vazio é absolutamente compacto, é um elemento em que nós mesmos ficamos imersos, sem nada daquela distância que antes facultava a percepção de perspectiva ou volume. Ficamos nesse hiperespaço até os olhos e o corpo, e, se antes nos parecia que a eliminação da profundidade de que falei na pintura ou na literatura pós-modernas seria necessariamente difícil de atingir na arquitetura, talvez agora nos disponhamos a encarar essa estonteante imersão como seu equivalente formal nesse novo meio.

No entanto, as escadas rolantes e elevadores também são, nesse contexto, opostos dialéticos; e podemos sugerir que o glorioso movimento das cabines dos elevadores é também uma compensação dialética pelo espaço repleto do átrio — ele nos dá a oportunidade de uma experiência espacial radicalmente diversa, mas complementar: a de dispararmos teto acima para o exterior, subindo por uma das quatro torres simétricas, tendo o referencial, a própria Los Angeles, descortinando-se de maneira empolgante e até assustadora diante de nós. Mas até esse movimento vertical é contido: o elevador nos suspende até um daqueles bares giratórios em que, sentados, tornamos a ser passivamente girados e a ter-nos oferecido um espetáculo contemplativo da cidade, agora transformada em suas próprias imagens pelas janelas envidraçadas de onde a vemos.

Deixem-me concluir tudo isso rapidamente, voltando ao espaço central do próprio saguão (observando, de passagem, que os quartos do hotel são visivelmente marginalizados: os corredores dos setores residenciais têm o pé-direito baixo, são escuros e de uma funcionalidade realmente deprimente, enquanto se sabe que os quartos são do pior gosto possível). A descida é bastante dramática, mergulhando novamente teto abaixo até espadanar no lago; o que acontece quando se chega ali é uma outra história, que só posso tentar caracterizar como uma estonteante confusão, qualquer coisa assim como a vingança desse espaço contra os que ainda tentam percorrê-lo. Dada a absoluta simetria das quatro torres, é realmente impossível alguém se orientar nesse saguão; recentemente, códigos de cores e sinais direcionais foram acrescentados, numa deplorável e reveladora tentativa, bastante desesperada, de resgatar as coordenadas do antigo espaço. O que reputo como o mais dramático resultado prático dessa mutação espacial é o notório dilema dos lojistas das várias galerias: tornou-se óbvio, já desde a inauguração do hotel em 1977, que ninguém jamais conseguiria encontrar nenhuma dessas lojas e que, mesmo que localizasse a boutique apropriada, seria muito improvável que tivesse igual sorte da segunda vez; em conseqüência disso, os locatários comerciais ficam desesperados e todas as mercadorias são remarcadas por preços de pechincha. Quando a gente lembra que Portman é um homem de negócios, além de arquiteto, e que é um incorporador milionário, um artista que, ao mesmo tempo, é ele próprio um capitalista, não é possível deixar de achar que, também nesse caso, há qualquer coisa nele do tipo o "retorno do recalcado".

Assim, chego finalmente ao que é, aqui, meu ponto principal: que essa última mutação do espaço — o hiperespaço pós-moderno — finalmente conseguiu transcender a capacidade do corpo humano individual de se localizar, de organizar perceptivamente seu meio imediato, e de mapear cognitivamente sua posição num mundo externo mapeável. E já sugeri que esse alarmante ponto de desarticulação entre o corpo e seu meio ambiente construído — que está para a perplexidade inicial do antigo modernismo como as velocidades das naves espaciais para as do automóvel — pode figurar, ele próprio, como símbolo e análogo do dilema ainda mais agudo que é a incapacidade de nossa mente, pelo menos na atualidade, de mapear a grande rede global multinacional e descentralizada de comunicações em que nos vemos apanhados como sujeitos individuais.

A nova máquina

Mas, como anseio por não deixar que o espaço de Portman seja percebido como algo excepcional ou aparentemente marginalizado e especializado no lazer, da ordem da Disneylândia, gostaria, de passagem, de superpor esse pretensioso e divertido (embora atordoante) espaço das horas vagas a seu análogo numa área muito diferente, a saber, o espaço da guerra pós-moderna, em particular tal como evocado por Michael Herr em seu grande livro sobre a experiência do Vietnã, intitulado *Dispatches*. As extraordinárias inovações lingüísticas dessa obra ainda podem ser consideradas pós-modernas, pela maneira eclética como sua linguagem funde impessoalmente toda uma gama de idioletos coletivos contemporâneos, muito particularmente a linguagem do rock e a linguagem dos negros: mas essa fusão é ditada por problemas de conteúdo. Essa primeira terrível guerra pós-modernista não pode ser contada segundo nenhum dos modelos tradicionais do romance ou dos filmes de guerra — na verdade, esse colapso de todos os modelos narrativos anteriores está, juntamente com o colapso de qualquer linguagem comum através da qual um veterano possa transmitir essa experiência, entre os temas principais do livro, e pode-se dizer que abre caminho para toda uma nova possibilidade de reflexão. A exposição de Benjamin sobre Baudelaire e sobre a emergência do modernismo, a partir de uma nova experiência de tecnologia citadina que transcende todos os hábitos mais antigos da percepção corporal, é aqui singularmente pertinente e singularmente antiquada, à luz desse novo e praticamente inimaginável salto quantitativo na alienação tecnológica:

> Ele era um contribuinte sobrevivente-alvo-móvel, um verdadeiro filho da guerra, porque, exceto pelas raras vezes em que se ficava preso ou encalhado, o sistema funcionava no sentido de manter a gente em movimento, se é que a gente achava que era isso que queria. Como técnica para continuar vivo, parecia fazer tanto sentido quanto qualquer outra coisa, dado, naturalmente, que se estivesse lá, para começo de conversa, e se quisesse ver aquilo acabar; começava seguro e alinhado, mas ia formando um funil à medida que progredia, porque quanto mais a gente se movia, mais enxergava, quanto mais enxergava, mais arriscava além da morte e da mutilação, e quanto mais arriscava disso, mais iria ter que abandonar um dia, como "sobrevivente". Alguns de nós girávamos pela guerra feito doidos, até não saber mais para onde o trajeto estava nos levando, só a guerra em toda a sua superfície, com uma penetração ocasional e inesperada. Enquanto pudéssemos ter helicópteros feito táxis, seria preciso um verdadeiro esgotamento ou depressão, quase um choque, ou uma dúzia de cachimbos de ópio, para nos manter sequer aparentemente calmos, a gente continuava a correr em círculos dentro da pele como se houvesse alguma coisa atrás de nós, ha, ha, La Vida Loca. Nos meses que se seguiram a minha volta, as centenas de helicópteros em que voei começaram a se juntar até formar um meta-helicóptero coletivo, e na minha cabeça era a coisa mais sensual que podia existir; salvadora-destruidora, provedora-devastadora, direita-esquerda, ágil, fluente, astuta e humana; aço escaldante, graxa, tiras de lona impregnadas de selva, refrescar o suor e aquecer de novo, fita de rock and roll num ouvido e metralhadora no outro, combustível, calor, vitalidade e morte, a própria morte, que mal chegava a ser uma intrusa.[2]

Nessa nova máquina, que não representa, como a antiga maquinaria modernista da locomotiva ou do avião, o movimento, mas só pode ser representada *em movimento*, algo do mistério do novo espaço pós-modernista está concentrado.

A estética da sociedade de consumo

Em conclusão, preciso agora tentar, muito rapidamente, caracterizar a relação entre esse tipo de produção cultural e a vida social deste país nos dias atuais. Este será também o momento de abordar a principal objeção aos conceitos de pós-modernismo do tipo que esbocei aqui, a saber, a de que todos os traços que enumeramos nada têm de novo, mas caracterizaram profusamente o modernismo propriamente dito ou o que denomino de modernismo canônico. Afinal, acaso Thomas Mann não se interessou pela idéia do pastiche, e não são certos capítulos de *Ulisses* sua mais óbvia realização? Não podem Flaubert, Mallarmé e Gertrude Stein ser incluídos numa exposição da temporalidade pós-modernista? Que há de tão novo em tudo isso? Precisamos, realmente, do conceito de *pós*-modernismo?

Um tipo de resposta a essas perguntas levantaria toda a questão da periodização e de como o historiador (literário ou não) postula uma ruptura radical entre dois períodos que passam a ser distintos. Devo limitar-me à sugestão de que as rupturas radicais entre períodos geralmente não envolvem mudanças completas de conteúdo, mas, antes, a reestruturação de um certo número de elementos já dados: traços que eram subordinados, num período ou sistema anterior, tornam-se então dominantes, e traços que tinham sido dominantes, por sua vez, tornam-se secundários. Nesse sentido, tudo o que descrevemos aqui pode ser encontrado em períodos anteriores, muito especialmente no modernismo propriamente dito; o ponto que sustento é que, até hoje, essas coisas foram aspectos secundários ou menores da arte modernista, mais marginais do que centrais, e que temos algo de novo quando elas se transformam nos aspectos centrais da produção cultural.

Mas posso defender isso em termos mais concretos, voltando-me para a relação entre a produção cultural e a vida social em geral. O modernismo anterior ou clássico foi uma arte oposicionista; emergiu dentro da sociedade comercial da era dourada como escandaloso e ofensivo para o público da classe média — feio, dissonante, boêmio e sexualmente chocante. Era algo de que zombar (quando a polícia não era chamada para apreender os livros ou fechar as exposições): uma ofensa ao bom gosto e ao senso comum, ou, como diriam Freud e Marcuse, um desafio provocador aos princípios reinantes de realidade e desempenho da sociedade de classe média do início do século XX. O modernismo em geral não combinava bem com o mobiliário vitoriano superestofado, com os tabus morais vitorianos ou com as convenções da sociedade requintada. O que equivale a dizer que, qualquer que fosse o conteúdo político explícito dos grandes modernismos canônicos, estes sempre eram, de maneiras basicamente implícitas, perigosos e explosivos, subversivos dentro da ordem estabelecida.

Se fizermos, então, um súbito retorno aos dias atuais, poderemos aquilatar a imensidão das mudanças culturais ocorridas. Não apenas Joyce e Picasso já não são esquisitos e repulsivos, como tornaram-se clássicos e agora nos parecem bastante realistas. Enquanto isso, há muito pouco na forma ou no conteúdo da arte contemporânea que a sociedade contemporânea considere intolerável e escandaloso. As formas mais ofensivas dessa arte — o rock punk, digamos, ou o que é chamado material sexualmente explícito — são todas impassivelmente aceitas pela sociedade e mostram-se comercialmente bem-sucedidas, ao contrário das produções do antigo modernismo canônico. Mas isso significa que, ainda que a arte contemporânea tenha todas as mesmas características formais do antigo modernismo, ela alterou fundamentalmente sua posição em nossa cultura. Para começar, a produção de mercadorias e, em particular, nossas roupas, móveis, prédios e outros artefatos estão hoje intimamente ligados a mudanças estilísticas que derivam de nossa experimentação artística; nossa propaganda, por exemplo, é alimentada pelo pós-modernismo em todas as artes e seria inconcebível sem ele. Por outro lado, os clássicos do modernismo canônico agora fazem parte dos chamados cânones e são lecionados nas escolas e universidades — o que lhes retira, de imediato, qualquer parcela de seu antigo poder subversivo. A rigor, uma das maneiras de assinalar a ruptura entre os períodos e datar a emergência do pós-modernismo encontra-se nisto: no momento (o início da década de 1960, diríamos) em que a posição do modernismo canônico e sua estética dominante estabeleceram-se no mundo acadêmico e, a partir daí, passaram a ser consideradas acadêmicas por toda uma nova geração de poetas, pintores e músicos.

Mas também se pode chegar a essa ruptura pelo outro lado e descrevê-la em termos de períodos da vida social recente. Como sugeri, tanto os não-marxistas quanto os marxistas chegaram ao sentimento geral de que, em algum momento posterior à Segunda Guerra Mundial, um novo tipo de sociedade começou a emergir (uma sociedade variavelmente descrita como sociedade pós-industrial, capitalismo multinacional, sociedade de consumo, sociedade da mídia etc.). Novos tipos de consumo; a obsolescência planejada; um ritmo cada vez mais rápido de mudanças na moda e no estilo, a penetração da propaganda, da televisão e dos meios de comunicação em geral num grau até então sem precedentes em toda a sociedade; a substituição da velha tensão entre cidade e campo, centro e província, pelos subúrbios e pela padronização universal; o crescimento das grandes redes de auto-estradas e o aparecimento da cultura do automóvel: esses são alguns dos traços que parecem marcar uma ruptura radical com a velha sociedade do pré-guerra, na qual o modernismo canônico ainda era uma força clandestina.

Creio que a emergência do pós-modernismo está estreitamente relacionada com a emergência desse novo momento do capitalismo tardio, multinacional ou de consumo. Acredito também que seus aspectos formais expressem de muitas maneiras a lógica mais profunda desse sistema social específico. Só conseguirei, no entanto, demonstrar isso no tocante a um grande tema, qual seja, o desaparecimento do sentimento da história, o modo como todo o nosso sistema social contemporâneo começou, pouco a pouco, a perder sua capacidade de reter seu próprio passado, começou a viver num presente perpétuo e numa perpétua mudança que oblitera o tipo de tradições que todas as formações sociais anteriores, de um modo ou de outro, tiveram que preservar. Basta pensarmos no esgotamento das notícias pela mídia: em como Nixon e, mais ainda, Kennedy são figuras de um passado agora distante. Ficamos tentados a dizer que a própria função da mídia noticiária é relegar ao passado essas experiências históricas recentes, com a maior rapidez possível. A função informacional da mídia consistiria, portanto, em nos ajudar a esquecer, a funcionar como os próprios agentes e mecanismos de nossa amnésia histórica.

Mas, nesse caso, os dois aspectos do pós-modernismo que abordei aqui — a transformação da realidade em imagens e a fragmentação do tempo numa série de presentes perpétuos — são extraordinariamente compatíveis com esse processo. Minha conclusão, aqui, deve assumir a forma de uma pergunta sobre o valor crítico da arte mais recente. Há uma certa concordância em que o antigo modernismo funcionou contra sua sociedade, de maneiras que são variavelmente descritas como críticas, negativas, contestadoras, subversivas, oposicionistas e coisas similares. Será possível afirmar algo dessa natureza sobre o pós-modernismo e seu momento social? Vimos que há uma maneira pela qual o pós-modernismo repete ou reproduz — reforça — a lógica do capitalismo de consumo; a questão mais importante é se há também uma maneira pela qual ele resista a essa lógica. Mas essa é uma indagação que devemos deixar em aberto.

Notas

1. O presente texto combina elementos de dois ensaios anteriormente publicados: "Postmodernism and Consumer Society", *in The Anti-Aesthetic* (Port Townsend, WA, Bay Press, 1983) e "Postmodernism: The Cultural Logic of Late Capitalism", *New Left Review*, 146 (julho-agosto de 1984).
2. Michael Herr, *Dispatches* (Nova York, Knopf, 1977), pp. 8-9.

2

Feminismo/Édipo/Pós-modernismo: O caso da MTV

E. ANN KAPLAN

As teóricas feministas têm-se preocupado com o problema do Édipo, pelo menos, desde a convincente elaboração que fez Roland Barthes sobre a "descoberta" freudiana de vínculos entre a narrativa e o complexo de Édipo. Se a narrativa clássica tinha "o movimento de uma passagem, de uma transformação ativamente experimentada do ser humano ... em homem",[1] parecia essencial, como primeiro passo, que as mulheres artistas evitassem os processos envolvidos na narrativa clássica.[2] De maneira correlata, essas mesmas teorias instigaram as críticas feministas a analisarem a posição passiva, submetida à Lei do Pai, que as mulheres têm ocupado nas narrativas tradicionais.

Os filmes feministas (produzidos como textos contrários aos dominantes em meados dos anos setenta) usaram, necessariamente, estratégias estéticas alternativas, em sua tentativa de evitar o modelo edipiano centrado no falo como significante. Algumas das elaborações feministas tomaram como ponto de partida a postulação kristevana de um campo pré-lingüístico pré-edipiano, que Kristeva encontrou na vanguarda artística predominantemente masculina (Joyce, John Cage). Outras sentiram-se atraídas pelo uso que ela fez do carnavalesco e da polifonia de Bakhtin como maneiras de evitar o texto fálico monológico, que inevitavelmente representa a mulher de forma opressiva. Outras, ainda, influenciadas por Brecht, pelo formalismo russo e por Louis Althusser, construíram a célebre polaridade pela qual o texto realista clássico, visto como a encarnação da ideologia dominante, foi jogado contra o texto subversivo, não-realista, não-narrativo e de vanguarda. Afirmou-se que os binarismos dos textos realistas clássicos funcionavam como aquilo que Althusser havia denominado de Aparelhos Ideológicos de Estado — ou seja, como algo que nos cria e nos posiciona como sujeitos que, em seguida, são forçados a se colocar numa relação específica entre si e com o Estado —, que Althusser considera como algo que serve primordialmente às classes dominantes. O cenário edipiano (tal como revisto por Lacan) é central para Althusser; ele continua entre os mecanismos psíquicos primários por meio dos quais somos "interpelados" como sujeitos.

Algumas feministas, seguindo Kristeva, começaram a afirmar que o próprio modernismo podia ser positivamente equacionado com um "feminino" subversivo, já que as técnicas literárias modernistas violavam deliberadamente as formas tradicionais que encarnavam (explícita ou implicitamente) o cenário edipiano. Outras consideraram o modernismo misógino e problemático para a teoria e a prática feministas, em virtude de seu discurso elitista da alta cultura (epitomizado em Ortega y Gasset).[3] Segundo esse ponto de vista, "o isolamento do estético do restante da vida humana"[4] é antitético ao feminismo. Não obstante, os críticos e artistas que levantaram essa objeção queriam preservar a postura transgressora do modernismo.

De diferentes maneiras, portanto, os teorizadores da cultura popular dos anos setenta e início da década de 1980 presumiram que o conceito de transgressão, tal como fora desenvolvido pelos grandes modernistas, era sumamente útil para criticar os modelos narrativos dominantes e conceituar (e criar) textos contrários. As teóricas feministas, em outras palavras, adaptaram as estratégias modernistas a seus próprios fins característicos: já que as mulheres estavam escrevendo e criando num momento histórico muito diferente do das primeiras décadas do século, as estratégias modernistas funcionavam de maneira diferente, assumindo significados diferentes. Mas, em termos gerais, a melhor maneira de categorizar essas estratégias ainda é como modernistas.

Duas reações às teorias da década de 1970 devem ser rapidamente mencionadas aqui. Primeiro, o próprio texto antinarrativo foi criticado, em meados dos anos oitenta, como algo que, por sua vez, violentava as mulheres ao negar o prazer da platéia. Em "Oedipus Interruptus", Teresa de Lauretis começou a questionar as "dicotomias ativo-passivo e olhar-imagem na teorização da condição de espectador"[5] que tinham levado aos conceitos do texto antinarrativo; ela começou a repensar "as possibilidades da identificação narrativa como um efeito de sujeito nas espectadoras". Propôs um cinema feminista que fosse "violentamente narrativo e edipiano", já que ele visaria a encenar a contradição do desejo feminino nos termos da narrativa (p. 56). Desse modo, o cinema feminista poderia evitar "a receita estóica e brutal de autodisciplina que parecia inevitável na época [o início da década de 1970]" (p. 55-6).

Numa segunda reação contra as teorias dos anos setenta, as teóricas feministas que analisavam a cultura popular começaram a ir além da simples demonstração de que o cenário edipiano posicionava/limitava/reprimia a mulher. Explorando o melodrama feminino nos filmes e nas telenovelas, elas mostraram a maneira como alguns textos dominantes conseguiam expor as restrições impostas pelo cenário edipiano e revelar lacunas em que a espectadora era capaz de resgatar algo para si mesma (por exemplo, através da relação de maternidade ou dos vínculos da mulher com a mulher). Algumas afirmaram, de maneira semelhante às feministas do século XIX, que o feminino patriarcalmente definido, que inclui o emocionalismo, a capacidade de criar relações e estabelecer vínculos, podia ser usado para promover as finalidades humanas das próprias mulheres. O debate que se seguiu, muitas vezes articulado como uma discussão entre as chamadas feministas "essencialistas" e "antiessencialistas" (debate que analisei em outro texto)[6] atingiu seu extremo lógico na recente obra de Toril Moi, *Sexual/Textual Politics.*[7]

Tanto no primeiro quanto no segundo movimentos teóricos das teorizadoras feministas do cinema e da televisão, as mulheres foram vistas como "precisando" da narrativa. No primeiro caso, as cineastas feministas precisariam da narrativa como um sistema em oposição ao qual se criassem contranarrativas que questionassem o modo como as mulheres eram representadas e lançassem a própria representação na crise; no segundo movimento, as feministas precisariam da narrativa como uma forma em que situar diferentemente as mulheres. Neste último caso, a ligação da narrativa com o desejo é vista como algo que as mulheres têm interesse em preservar: rejeitar a narrativa é rejeitar o prazer.

Mas, será que o discurso pós-moderno que varreu o horizonte intelectual norte-americano em meados dos anos oitenta, vindo da França, requer igualmente a narrativa? Será a narrativa um conceito viável, na esteira de Baudrillard e Lyotard (que representam posições opostas, embora complementares)?

Quero explorar as implicações do pós-modernismo como suposto novo momento cultural, como conceito teórico e crítico e como uma (anti)estética variavelmente valorizada das teorias feministas da narrativa, tal como sucintamente esboçadas acima, particularmente à luz da observação de Craig Owens de que as discussões sobre a diferença sexual têm estado singularmente ausentes dos textos sobre o pós-modernismo.[8] De que modo o pós-modernismo, como teoria e como exibido na cultura popular, afeta a teoria feminista e a prática estética?[9] Será que o pós-modernismo altera a representação feminina, a condição de espectadora feminina? Ele prejudica ou promove os objetivos culturais feministas? Examinarei essas questões pela ótica da MTV como instituição cultural pós-moderna: alguns clipes específicos de rock, exibidos no canal de TV, ajudarão a esclarecer certos aspectos teóricos.

A distinção feita na Introdução deste volume será útil para responder às perguntas recém-formuladas. A MTV enquadra-se na categoria cooptada, em virtude de ser uma estação comercial, produzida e exibida dentro de uma instituição voltada para o lucro. Suas estratégias (anti)estéticas pós-modernas precisam ser consideradas dentro desse contexto mais amplo, e não em si e por si. Se alguns dos recursos aproximam-se dos que são empregados nos textos pós-modernos "utópicos", ainda assim devemos indagar se um texto desse tipo pode ser produzido dentro da estrutura comercial.

Vários dos críticos que incluem os textos populares em sua discussão do pós-moderno "utópico" parecem admitir essa possibilidade. Alguns aplicam a esta última área teorias que não foram originalmente elaboradas tendo em mente a cultura popular, ou então usam teóricos como um Bakhtin, que escreveu sobre um tipo muito diferente de cultura popular, anterior à mecanização. De fato, muitos desses estudiosos recorrem a Bakhtin como o único pensador capaz de fornecer uma abertura teórica para um texto utópico ou para as alternativas culturais.[10] O conceito de dialogismo de Bakhtin, tal como reescrito por Kristeva, pareceu especialmente útil para evitar as armadilhas e os becos sem saída do binarismo. Como se sabe, a Kristeva dos primeiros escritos busca um texto em que o sexo a as outras diferenças sejam transcendidos, em que a categoria metafísica da diferença já não exista: podemos ver isso em seu conceito da "semiótica" e em sua reelaboração da noção bakhtiniana do carnavalesco, "onde o discurso atinge sua 'infinitude potencial' ... onde as proibições (representação, 'monologismo') e sua transgressão (sonho, corpo, 'dialogismo') coexistem".[11] Isso é o que Kristeva encontra em *H*, de Sollers, que "é música inscrita na linguagem, transformando-se no objeto de seu próprio raciocínio, ininterruptamente, e até que se esgote o sentido impregnado, transbordante e deslumbrante ... Ela nos arranca de nossa posição cômoda; infiltra em nós um sopro de vertigem, mas a lucidez retorna prontamente, junto com a música..." (p. 7).

Similarmente, os teorizadores seguintes parecem estar de acordo ao imaginar um tipo de arte que não extrai sua forma da oposição ao sistema dominante, mas é antiessencialista e plural, onde os discursos não são hierarquicamente ordenados, onde o sexo e as demais diferenças são transcendidos, onde a categoria metafísica da diferença já não existe. Isso é o que pedem White e Stallybrass, ao assinalarem a necessidade de que o conceito de carnaval seja vinculado às idéias de transgressão e inversão simbólica, para que designe "não apenas uma infração das estruturas binárias, mas o movimento para um espaço absolutamente negativo, além da estrutura da própria significação".[12]

Isso é o que busca Lyotard em sua rejeição às magistrais narrativas do passado e em sua nostálgica tentativa de voltar a algo anterior ao modernismo, mas, ainda assim, além dele;[13] Robert Stam contempla, similarmente, "um campo cultural fundamentalmente não-unitário e constantemente mutável, em que os mais variados discursos existam em cambiantes relações opositivas de valências múltiplas".[14] E parece ser o que Fred Pfeil tem em mente em sua discussão das possibilidades dentro do que ele denomina de "cultura da CPE" (isto é, a Classe Profissional-Empresarial), ao manifestar a esperança de que "muito do que agora chamamos pós-modernismo possa ser transformado e orientado para direções políticas mais progressistas..." Pfeil tem plena consciência de que as configurações que tem em mente "não são, no momento, mais do que elementos vestigiais de um sonho cuja realização concreta exigiria, de todos os lados, um imenso volume de trabalho árduo e luta penosa".[15]

Recentemente, algumas teóricas feministas do cinema e da literatura começaram a considerar essa mesma opção. Teresa de Lauretis, por exemplo, fala da necessidade de textos que construam uma nova estética, numa abordagem feminina e heterogênea específica — uma abordagem que insista numa série de diferentes posições do espectador, através das quais o sujeito se envolva num processo voltado para a subjetividade, em vez de se ficar fixado.[16] E Alice Jardine levantou as possibilidades de novas maneiras de pensar a mulher em sua exploração da "ginesia", tal como recentemente exposta em textos de teóricos franceses do sexo masculino.[17]

Esse tipo de pós-modernismo utópico fundamenta-se, levando-as para seus próprios fins subversivos, em certas correntes do modernismo canônico. Nem todos os modernismos foram aceitos na cultura dominante; as correntes resistentes (Eisenstein, Buñuel, Brecht — o que Paul Willeman chama de vanguarda "verdadeira", por ter subvertido a autonomia da arte em favor de uma reintegração da arte com a vida)[18] podem ser vistas como precursoras do pós-moderno utópico sucintamente esboçado acima.

Permitam-me agora voltar à questão de saber se esse tipo de arte pode algum dia ser produzido dentro da cultura *comercial* dominante: caso contrário, de que modo o contexto institucional comercial cerceia os sentidos e influencia a recepção? A questão é complicada, porque o que há de novo em boa parte da recente cultura popular — especialmente a MTV — e o que a singulariza como diferente do modernismo canônico é a própria mescla entre os modos estéticos modernista/de vanguarda e populares, que também podem ser característicos do pós-moderno "utópico". Alguns teorizadores (p. ex., Stam e Pfeil) obviamente acreditam que a cultura comercial proporciona ao menos um espaço restrito para um pós-moderno subversivo, embora não cheguem a deixar claro exatamente qual é o terreno estético que têm em mente, ao falarem sobre as possibilidades utópicas. Podemos imaginar textos que transcendam as categorias binárias dentro de um contexto vanguardista de produção e exibição (basicamente o terreno em que pensam pessoas como Kristeva, Cixous e de Lauretis), mas desconfio da feitura dessas afirmações no tocante à esfera da cultura popular, tal como esta existe na atualidade. Ou, pelo menos, precisamos abordar as contradições e os cerceamentos de quaisquer "espaços" que possamos encontrar nos textos de massa. Será que as misturas do popular com a vanguarda transcendem as oposições binárias, ou descentram o sujeito de um modo que leve a algo novo? Ou serão elas, antes, um exemplo da implosão ou do desmoronamento dos sentidos de Baudrillard em alguma coisa indesejável?

A resposta a essa pergunta está intricadamente ligada à teoria que se tem sobre o aparato da TV. Essa frase refere-se ao complexo de elementos que inclui a própria máquina e seus vários locais de recepção, desde a sala de estar até o banheiro; suas características tecnológicas (a maneira como produz e apresenta as imagens); sua mistura de textos, inclusão de comerciais, comentários e apresentações; a relação central entre a programação e os patrocinadores, cujos textos, os comerciais, são demonstravelmente os *verdadeiros* textos da TV;[19] a natureza desvinculada dos textos e da recepção; e a faixa de potencialidades que se pode produzir através da operação da máquina.

A imagem de Baudrillard é instigante: "Com a imagem da televisão — sendo a televisão o objeto definitivo e perfeito desta era —, nosso próprio corpo e todo o universo circundante transformam-se numa tela de controle."[20] Situado na posição ilusória de domínio e controle, o espectador pode jogar com várias possibilidades, nenhuma das quais, entretanto, faz a menor diferença em relação a coisa alguma. Teremos substituído (como afirmaria Baudrillard) o "drama da alienação" de Marx pelo "êxtase da comunicação", e a antiga "excitante obscenidade sexual" de Freud pela "obscenidade de contato e motivacional de hoje"?[21] Será a TV, como afirmam Kroker e Cook, "o verdadeiro mundo da cultura pós-moderna, que tem o *entretenimento* como ideologia, o *espetáculo* como signo emblemático da forma mercadoria, a *propaganda do estilo de vida* como sua psicologia popular, a *serialidade* vazia como o laço que une o simulacro de platéia, as *imagens eletrônicas* como sua forma única e mais dinâmica de coesão social ... a difusão de uma *rede de poder relacional* como seu verdadeiro produto"?[22]

Sinto-me convencida por grande parte do cenário de Baudrillard e de Kroker e Cook quanto ao rumo que vai tomando a alta cultura e quanto ao papel nele desempenhado pelas telas da TV e do computador. A visão um tanto cúmplice de textos como *Blade Runner, Videodrome* ou *Max Headroom*, de um lado, ou a visão mais subversiva de textos como *O homem que caiu na terra* ou *Brazil*, de outro, já não parece impossível. Concordo com Kroker em que o inimigo é, em parte, a filosofia humanista liberal, com seus cômodos compromissos e recusas; mas tenho dificuldade com a idéia de Baudrillard de que a resistência do objeto (p. ex., "infantilismo, hiperconformismo, dependência total, passividade, idiotia") seja a resposta adequada para a perigosa "hegemonia do sentido".[23] Seja como for, todavia, uma vez liberados os significantes de seus significados, uma vez abandonados os arcabouços e limitações fixos dos gêneros tradicionais baseados no sexo, não temos nenhum meio de controlar o que entra no espaço. Tanto podem acontecer coisas positivas quanto negativas, particularmente para as mulheres.

A MTV é uma área útil para debater as afirmações rivais sobre o pós-modernismo e distinguir os textos pós-modernos dos textos transgressores. Ela também dá a oportunidade de indagar como podemos criar uma cultura popular que vá além das oposições binárias dominantes (e do realismo clássico em que esses binarismos estão encerrados), sem que o desmoronamento das oposições seja resgatado através de sua redução a superfícies vazias.

Muitos videoclipes de rock têm sido vistos como pós-modernos, na medida em que abandonam as costumeiras oposições binárias de que depende a cultura dominante.[24] Ou seja, afirma-se que os clipes deixam de lado as oposições habituais entre cultura alta e inferior, entre masculino e feminino, entre os gêneros literários e cinematográficos estabelecidos, entre passado, presente e futuro, entre a esfera privada e a pública, entre as hierarquias verbais e visuais, entre o realismo e o anti-realismo, etc. Isso tem implicações importantes na questão da narrativa tal como as feministas a têm teorizado, na medida em que essas estratégias violam o paradigma que opõe a narrativa clássica a uma antinarrativa de vanguarda, uma supostamente incorporando ideologias cúmplices, e a outra, ideologias subversivas. O videoclipe de rock revela o erro de tentarmos alinhar uma estratégia estética com qualquer ideologia específica, já que toda sorte de posições emerge de uma espantosa mistura de recursos narrativos/antinarrativos/não-narrativos. Os cinco tipos de videoclipe que delineei em outro texto, num esforço de organizar a multiplicidade de clipes de rock que vão ao ar, são apenas categorias amplas que de modo algum abrangem todas as várias combinações possíveis de estratégias narrativas.[25]

Narrativo/não-narrativo não mais constitui uma categoria útil para discutir os videoclipes. O importante é, primeiro, saber se alguma posição se manifesta ou não através do fluxo febril e amiúde incoerente de significantes, que não se organizam necessariamente numa cadeia que produza um significado, e, segundo, quais são as implicações do fluxo de vinte e quatro horas contínuas de textos curtos (de quatro minutos ou menos), todos os quais funcionam mais ou menos como comerciais.

De acordo com a teoria de Baudrillard, a MTV explora, em parte, os desejos imaginários que tiveram livre curso através dos vários movimentos de libertação dos anos sessenta, despojando-os, por razões comerciais, de suas implicações originalmente revolucionárias.[26] O próprio aparelho, em sua construção de um espectador descentrado e fragmentado, através do rápido fluxo de segmentos curtos, reduz facilmente a política ao "radical chic" (USA For Africa) ou ao pornográfico ("She Was Hot", dos Rolling Stones).

No entanto, paradoxalmente, o formato escolhido de textos curtos da MTV permite a exibição de posturas temáticas e estéticas que criticam o *status quo*. Ou seja, o rápido fluxo de segmentos curtos da

MTV exibidos durante vinte e quatro horas, por um lado, torna "pós-modernos" todos os seus textos, devido ao modo de sua exibição (isto é, uma torrente de significantes embaralhados e febris para os quais nenhum significado é pretendido ou tem tempo de ser comunicado; a redução de todos a superfícies/texturas/sons/o visceral e o cinestético: a hipnotização do espectador numa postura esquizofrênica sem saída, através da sucessão incessante de imagens); mas, por outro lado, se "interrompermos o fluxo", de maneira muito artificial, poderemos encontrar textos individuais que, em seus quatro minutos no ar, realmente oferecem posições subversivas do sujeito.

Já que as posições do sujeito oferecidas pelo canal são importantes para a espectadora, permitam-me "interromper o fluxo" para fins de análise, com plena consciência de que o que se descobre nesse processo difere do que se vivencia como espectador "normal". A existência de posições alternativas do sujeito é teoricamente importante, mesmo que tais posições normalmente sejam levadas de roldão na pletora de outras mais opressivas. Assim, examinarei rapidamente as estratégias de um típico videoclipe "pós-moderno" com resultados negativos para as mulheres, e em seguida, alguns clipes que se inclinam na direção vanguardista e transgressora que descende do modernismo canônico e abre um espaço útil para as espectadoras.

Tomemos, por exemplo, "Don't Come Around Here No More", de Tom Petty and the Heartbreakers. Esse videoclipe, como muitos outros, mantém uma estranha relação intertextual com um original famoso — no caso, *Alice no País das Maravilhas*, de Lewis Carroll. Não se pode rotular o texto de "paródia", no sentido modernista esboçado por Jameson; não obstante, ele joga claramente com o original. Assim, situa-se entre a paródia e uma verdadeira superação dos binarismos da narrativa convencional. A questão do olhar torna-se confusa: temos a sensação de que o texto joga com posicionamentos edipianos, no aparente sadismo praticado sobre o corpo de Alice, no pai monstruoso que tortura a filha; mas ele afasta essa leitura, mediante a postura semicômica e constrangida que assume diante do que está fazendo, e através do brilhantismo de suas estratégias visuais. Fica-se extasiado com as dimensões visuais e auditivas, que suplantam todas as demais. Deixa-se em suspenso a busca de um significado e fica-se absorto nas superfícies/texturas/formas/sons que dominam os canais de recepção.

A modalidade de pastiche torna difícil dizer que o texto extrai um prazer sadomasoquista da violência contra as mulheres, de modo que, embora as imagens ofendam a espectadora, ela teme estar sendo conduzida para a armadilha de levá-las demasiadamente a sério. O videoclipe poderia, simplesmente, estar pretendendo fazer uma referência ao sadismo da *Alice* original; poderia até estar "expondo" o abuso masculino do corpo feminino, através da imagem grotesca do corpo de Alice sendo comido como um bolo. Mas é impossível ter certeza. O espectador é levado a duvidar ao longo de todo esse tipo de encenação, que caracteriza o pós-moderno aceito.

O famoso "Material Girl", de Madonna, situa o espectador de maneira igualmente incômoda, apesar de não abordar ou ir além das polaridades estabelecidas, à maneira do texto utópico. "Material Girl" mantém uma estranha relação intertextual com o filme *Os homens preferem as louras*, de Howard Hawks. Oferece um pastiche do número de Marylin Monroe, "Diamonds Are a Girl's Best Friend", embora renuncie a qualquer comentário crítico sobre esse texto. Nesse videoclipe, pode-se dizer que Madonna representa uma postura feminista pós-moderna, ao combinar a sedução com um tipo provocante de independência. Ela incorpora as qualidades de Jane Russell e Marylin Monroe no filme de Hawks, criando uma imagem autoconfiante e despudoradamente sexual, que é muito mais agressiva do que a das estrelas de Hollywood.

Talvez seja a habilidade de Madonna em articular e ostentar o desejo de ser desejada — o oposto da ânsia auto-abnegada de perder-se no masculino, que se evidencia em muitos filmes clássicos de Hollywood — que atrai as multidões de fãs de doze anos para suas apresentações e seus videoclipes. Cruzamento de meretriz e rainha de bordel, a imagem de Madonna está muito longe do "feminino patriarcal" das revistas femininas; no entanto, permanece dentro desses limites, ao continuar a se concentrar na "aparência" como crucial para a identidade. O narcisismo e os caprichos de Madonna reintroduzem seus textos num pós-modernismo consumista, como também o fazem os sedutores ritmos participativos dessa e de outras melodias do rock pop. Essas melodias ligam a espectadora às imagens, de modo que os aspectos repressivos passam despercebidos, em virtude do ritmo agradável e atraente.

Alguns videoclipes da MTV realmente usam essa nova forma de um modo que faz lembrar um estilo transgressor/modernista. Eles utilizam a narrativa em graus diferentes e de várias maneiras, exatamente como fizeram os grandes modernistas, e empregam estratégias realistas e não-realistas, conforme seja adequado a momentos específicos do texto. Não há nenhuma forma fixa nos videoclipes que oferecem uma crítica das representações femininas dominantes ou da posição da mulher na cultura masculina, como sinais de alguma coisa no inconsciente masculino. Os clipes vão desde a paródia de comédia negra de "The Home Coming Queen's Got A Gun", de Julie Brown, até uma sofisticada crítica feminista das representações femininas e da construção da mulher como objeto sexual passivo, em "Sisters Are Doin' It for Themselves", de Annie Lennox e Aretha Franklin, e em "Private Dancer", de Tina Turner, passando pelo antinarrativo e desconstrutivo videoclipe "Language is a Virus", de Laurie Anderson, que ataca a cultura burguesa dominante em geral e a TV comercial em particular.

Assim, podemos ver como é difícil situar a MTV como progressista ou retrógrada em seus modos narrativos. Em certo sentido, essas categorias não são aplicáveis. A MTV é outra coisa — ou está em outro lugar. Ela desafia nossas categorias críticas habituais, ao mesmo tempo que não estabelece algo que possamos reconhecer como libertário, de formas inovadoras como as buscadas por Derrida e Kristeva.

Permitam-me concluir resumindo os aspectos contraditórios do pós-modernismo para os interesses culturais feministas. O feminismo contemporâneo, como discurso político e cultural, presumiu um conjunto de subjetividades estratégicas para atacar os velhos teóricos patriarcais. As teóricas feministas tanto utilizaram quanto criticaram os discursos poderosos e amiúde subversivos de Marx e Freud, ao criarem a postura feminista contra os constructos sexuais dominantes. Se esses discursos são encarados como não mais relevantes, em que pode basear-se qualquer feminismo estratégico? Talvez fosse possível esperar que não mais precisássemos desse feminismo, que pudéssemos trabalhar no sentido de transcender "as mortíferas oposições binárias de masculinidade e feminilidade", mas acontecimentos como o recente caso do "Baby M" mostram quão distante está a cultura norte-americana de qualquer estágio dessa natureza. Será que o pós-modernismo torna o feminismo arcaico como teoria, ao mesmo tempo que se recusa a abordar os discursos opressivos remanescentes que perpetuam a subordinação da mulher? Para Kroker e Cook, a tecnologia é a única ideologia remanescente; as feministas, porém, vêem no caso do "Baby M" como as várias ideologias sexuais interagem com as novas tecnologias, de maneira complexa e, muitas vezes, contraditória.

O pós-modernismo produzido pelo colapso do projeto iluminista e da crença no sujeito transcendental (masculino) beneficia as mulheres, quando conduz ao texto pós-moderno utópico anteriormente discutido. E até no pós-modernismo comercial exemplificado pela MTV, vimos que há benefícios para a espectadora: a desarticulação das formas realistas tradicionais às vezes acarreta uma desconstrução das representações convencionais do papel sexual, que inaugura novas possibilidades para a imaginação feminina. A faixa de quatro minutos não permite a regressão aos conflitos edipianos do clássico filme hollywoodiano que oprime as mulheres. Entrementes, a fragmentação do sujeito que assiste talvez desconstrua as funções femininas convencionais de recepção centrada no outro — a mulher colocada como nutriz, como prestadora de cuidados —, liberando novos modos de a espectadora se relacionar com os textos. O pós-modernismo oferece à espectadora o prazer das sensações — cor, som, padrões visuais — e da energia, do movimento corporal. Madonna representa novas possibilidades para o desejo feminino e para a mulher dotada de poder, ainda que queiramos que essas formas de desejo e conquista de poder sejam apenas uma fase transitória.

Por outro lado, poderíamos dizer que a cultura pós-moderna comercial baseia-se em qualidades masculinas já dominantes a que atende, como a violência, a destruição, o consumo, a sexualidade fálica e a apropriação do feminino na imagem não-masculina. Em boa parte do pós-modernismo, o doméstico e o familiar — modos que, no passado, proporcionavam uma certa satisfação às mulheres — já não funcionam. É possível que o novo "universo da comunicação" seja atraente para alguns teóricos do sexo masculino que estejam procurando libertar-se do antigo "período faustiano, prometeico (e talvez edipiano) de produção e consumo" de Baudrillard, simplesmente porque as mulheres começaram, através do discurso feminista, a formular exigências e conquistá-las dentro desse sistema, e a contestar a dominação masculina que existe nele.

Mas o discurso pós-moderno teorizado por Kroker e Cook não é antifeminista; ao contrário, contempla um mundo além do feminismo, tal como o conhecemos nos últimos vinte e cinco anos. No mundo pós-moderno, homens e mulheres são vítimas; todos os corpos são "invadidos" e explorados, porque já não são adequados às tecnologias avançadas. Marilouise e Arthur Kroker preocupam-se com o (ab)uso do corpo das mulheres na moda e com a redução da mulher a uma "máquina" de fazer bebês, através das novas tecnologias de reprodução. Esses recursos alienam a mulher de seu corpo e a desligam do bebê que ela produz. Mas os Kroker também apontam para a nova imagem "decadente" do pênis na era da AIDS e de outros vírus sexuais, e para as muitas outras maneiras pelas quais os seres humanos, tal como os concebemos durante séculos, estão sendo drasticamente alterados por meio de implantes e acréscimos eletrônicos.

De fato, um filme como *Videodrome* surpreende mais por sua representação do corpo masculino do que do feminino. As figuras femininas do filme, curiosamente, recaem nos estereótipos tradicionais (a "chata" masculinizada, a ninfômana, a masoquista), mas vemos o corpo masculino invadido e tornado monstruoso nas alucinações do herói, produzidas pelas máquinas. É verdade que a horrenda deformação do corpo implica sua transformação numa espécie de abertura sangrenta semelhante à vagina,[27] mas isso é uma referência ao horror da tecnologia, que deforma todos os corpos e obscurece sua distinção sexual. Há tantas imagens de castração (o braço deformado, o revólver descarregado) quanto de orifícios femininos. A questão é que o corpo do herói transforma-se numa máquina de reprodução de som e imagem; o corpo é controlado por freqüências eletrônicas que impedem seu dono de controlar a si mesmo. Entramos num mundo baudrillardiano (sendo Brian Oblivion um maldisfarçado Baudrillard) em que não há outra "realidade" senão o vídeo; o corpo humano fica reduzido à máquina de vídeo — ele e o aparelho de TV são a mesma coisa.

Como feministas, precisamos escutar esse discurso pelo que ele nos pode dizer sobre o futuro possível: como ética da descrição, esse tipo de discurso pós-moderno pode advertir-nos contra os resultados devastadores do abuso da ciência e da tecnologia pelo capital. A teoria da cultura popular precisa atentar para as exposições de Baudrillard/Kroker, evitando ao mesmo tempo seu extremismo mais sedutor, porém improvável. No que esperamos que seja apenas uma fase transitória, precisamos, mais do que nunca, construir análises críticas do novo panorama cultural e da mudança da consciência produzida pela ciência e pela tecnologia; precisamos empenhar-nos num trabalho que corrija as direções perigosas ou impeça aquilo que é contemplado de se materializar. Como seres humanos implicados a contragosto nos efeitos das novas tecnologias, também continuamos a existir como sujeitos históricos em contextos políticos específicos: devemos prosseguir nas lutas feministas onde quer que moremos e trabalhemos, estando cientes, ao mesmo tempo, das construções culturais mais amplas que nos implicam e em relação às quais as ideologias feministas talvez já não sejam adequadas.

Em termos de estudos culturais, os dois primeiros de minha trilogia de teóricos masculinos (isto é, Barthes e Bakhtin) são particularmente úteis, por terem sido teorizados por feministas francesas (Kristeva, Cixous, Montrelay); Lacan, Althusser e Foucault são igualmente importantes, novamente em conexão com as feministas francesas (Cixous, Irigaray). Permitam-me concluir listando os diferentes tipos de trabalho cultural que as feministas precisam fazer: discutirei esse trabalho em termos das três categorias principais anteriormente discutidas, a saber: a) o texto modernista/transgressor; b) o texto pós-moderno "utópico"; e c) o texto pós-moderno "popular/comercial".

Primeiramente, as feministas devem continuar a se valer de estratégias transgressoras, como têm feito algumas cineastas (p. ex., *Riddles of the Sphinx*, de Mulvey e Wollen; *Thriller*, ou então *Golddiggers, Sigmund Freud's "Dora"*, de Sally Potter; *Naked Spaces — Living is Round*, de Trinh T. Minh-ha, entre outros). Desse modo, as feministas poderão continuar a questionar e a desfazer a construção patriarcal da feminilidade, a colocar o problema da representação e a demonstrar as construções sociais do sexo. Ao contrário dos modernistas canônicos (a maioria dos quais se compõe de homens, muitos deles misóginos), essas feministas têm o benefício dos recentes trabalhos sobre a desconstrução e podem empregar teorias sofisticadas da representação e do sexo, que também foram recentemente desenvolvidas através da semiótica e da psicanálise. Como é inevitável, esses textos serão produzidos e exibidos principalmente em espaços alternativos, dadas as exigências que fazem ao espectador por suas estratégias contratextuais. Entretanto, não devemos subestimar o impacto de tais textos, agora que eles estão abrindo caminho para o meio acadêmico.

Esses textos variam em suas estratégias, especialmente em relação ao uso ou não-uso da narrativa. Algumas feministas, como Teresa de Lauretis, agudamente cônscias de que o movimento narrativo é o do desejo masculino, "o movimento de uma passagem, de uma transformação ativamente experimentada do ser humano em... homem", mesmo assim desconfiam da adoção automática de recursos antinarrativos. De Lauretis argumenta que devemos criar um novo tipo de narrativa baseado não no desejo masculino, mas num tipo diferente de desejo. Outras feministas crêem que toda narrativa implica a essencialização (isto é, a colocação de algum desejo "feminino" no lugar do desejo "masculino" anterior) e que, portanto, só podemos oferecer uma postura verdadeiramente transgressora através de técnicas antinarrativas.

Esse trabalho precisa ser diferenciado de uma segunda preocupação feminina, que poderíamos situar dentro do pós-modernismo "utópico" anteriormente discutido. Aqui, as feministas teorizam e tentam construir textos que descentrem, desarticulem e rejeitem radicalmente todas as categorias até então centrais no pensamento ocidental, muito ao estilo de Derrida. Os esforços no tipo de texto transgressor devem preparar o terreno para o texto pós-modernista utópico, ao conduzir-nos através dos problemas e emaranhados das oposições binárias rumo a um vislumbre de como pode afigurar-se o amanhã.

Uma terceira área importante de trabalho precisa abordar as possibilidades dentro do que chamei de pós-modernismo dominante cooptado de nossa época. Aqui, parece-me que podemos servir-nos de instrumentos desenvolvidos pouco antes do momento pós-moderno na análise das mulheres na cultura popular (o melodrama clássico de Hollywood, a televisão dos anos cinqüenta, as telenovelas). Uma questão importante, nesse aspecto, é saber em que medida o novo pós-modernismo aceito é uma tentativa agressiva de resgatar para os homens a cultura popular, tradicionalmente ligada a um "feminino" depreciado. Podemos começar a analisar as implicações das mudanças nos filmes e nos programas de televisão que antes se dirigiam a um público especificamente feminino — e que, portanto, dirigiam-se às necessidades, fantasias e desejos especiais das mulheres dentro do patriarcado. Se o pós-modernismo retira essas lacunas, talvez ofereça outras possibilidades. Precisamos explorar plenamente as contradições implicadas no pós-modernismo cooptado, pois, uma vez abandonados os arcabouços fixos e os gêneros tradicionais orientados pelo sexo, uma vez libertos os significantes das limitações impostas por essas estruturas e gêneros, podem ocorrer efeitos negativos e positivos para as mulheres. Uma vez que o pós-modernismo cooptado dirige-se a uma platéia feminina de massa, talvez ele constitua o terreno mais importante para os estudos culturais feministas. Precisamos resistir e questionar ativamente as qualidades masculinas de violência, agressão e misoginia que marcam boa parte do pós-modernismo cooptado, e para as quais as mulheres estão sendo atraídas, talvez na crença equivocada de que isso proporcione a libertação de limitações "femininas" anteriores. Também precisamos reconhecer os verdadeiros lugares onde são oferecidas novas possibilidades às espectadoras, em virtude da suspensão de limitações sexuais anteriores.

Não podemos esperar que um veículo comercial como a MTV resista às pressões do que pode, efetivamente, ser uma profunda mudança cultural. E precisamos encarar ambos os tipos de pós-modernismo no contexto do grande movimento modernista, da busca de uma consciência, uma prática cultural e uma representação alternativas às dominantes. Infelizmente, não poderemos realmente produzir o pós-modernismo positivo ou utópico enquanto não conseguirmos questionar suficientemente a ordem simbólica para permitir sua articulação. Ou seja, temos que elaborar as oposições binárias questionando-as constantemente, antes de conseguirmos ultrapassá-las. Grande parte do pós-modernismo utópico faz exatamente isso: apóia-se nos ombros do modernismo e dos grandes pensadores modernistas, enquanto luta para ultrapassar suas categorias críticas e estratégias estéticas. Desloca-se através delas, meditando sobre a possibilidade de transcendê-las.

Mas, muito do que as pessoas celebram como libertário no que chamo de pós-modernismo cooptado é uma evitação da luta, uma tentativa de contornar a tarefa de elaborar as oposições binárias limitantes, inclusive a diferença sexual. Os elementos libertários de parte da cultura popular, como os videoclipes de rock, são importantes, mas são amiúde superficiais. As mulheres estão investidas no movimento da cultura para além das polaridades sexuais disfuncionais, mas o desmoronamento superficial de representações femininas antes distintas, por exemplo, não nos leva a parte alguma. Esse tipo de estratégia, como muitas outras que se evidenciam nos videoclipes de rock, é preferível ao antigo discurso (masculino) essencializador e monolítico das "cabeças-falantes-realistas" do passado. Mas ainda devemos ter cuidado para não fazer afirmações demasiadamente extremadas sobre o que está acontecendo. Devemos também precaver-nos contra a presunção de que os sujeitos históricos femininos acolham o mundo pós-modernista cooptado. Há um trabalho a fazer sobre os vários tipos de resistência concebidos por esses sujeitos diante das violentas investidas comerciais e tecnológicas.

Como trabalhadores da cultura, não queremos recair no erro de insistir em pontos fixos de enunciação rotulados de "verdade"; ao contrário, como assinalaram Tony Bennett e Ernesto Laclau,[28] devemos continuar a articular os discursos oposicionistas — reconhecendo-os como discursos, e não como uma verdade ontológica sobre a qual a teoria tenha lançado dúvidas —, se é que queremos construir novos sujeitos, capazes de trabalhar pelo pós-modernismo utópico que todos esperamos que seja possível. Isso significa não validar ou celebrar o desgaste de todas as categorias e diferenças e fronteiras — como Baudrillard e seus seguidores às vezes parecem fazer. As feministas, em particular, precisam continuar a construir subjetividades estratégicas, e a usar a categoria "mulher" como um instrumento para prevenir o colapso demasiadamente fácil e demasiadamente precoce de uma diferença que continua a organizar a cultura. Enquanto essa diferença funcionar, precisamos opor-nos a ela com os únicos instrumentos de que dispomos, trabalhando simultaneamente por uma transcendência muito mais difícil — ou, nas palavras de Craig Owens,[29] por um conceito de diferença sem oposição.

Notas

1. Stephen Heath, citado por Teresa de Lauretis, "Oedipus Interruptus", *in Wide Angle*, 7, 1 & 2 (1985), pp. 34-40.

2. Marthe Robert, *The Origin of the Novel*, trad. de Sacha Rabinovitch (Bloomington, Indiana University Press, 1980), que discute e desenvolve um pouco mais os ensaios iniciais de Freud sobre "A Criação Literária e o Devaneio" e sobre "O Romance Familiar". Ver também Roland Barthes, *The Pleasure of the Text* (Nova York, Hill and Wang, 1975). Para excertos de textos teóricos de feministas francesas, versando sobre as estratégias textuais alternativas, ver Elaine Marks e Isabelle de Courtivron, *New French Feminisms* (Amherst, Mass., University of Massachusetts Press, 1980).

3. Ver Ortega y Gasset, *The Dehumanization of Art* (1925) (Princeton, NJ, Princeton University Press, 1948).

4. Martha Rosler, "Notes on Quotes", *Wedge*, 2 (outono de 1982), p. 69.

5. De Lauretis, "Oedipus Interruptus", p. 38. Os números de página referem-se a essa versão.

6. E. Ann Kaplan, "Feminist Film Criticism: Current Issues and Problems", *in Studies in the Literary Imagination*, XIX (primavera de 1986), pp. 7-20.

7. Toril Moi, *Sexual/Textual Politics: Feminist Literary Theory* (Londres, Methuen, 1985).

8. Ver Craig Owens, "The Discourse of Others: Feminists and Postmodernism", *in* Hal Foster (org.), *The Anti-Aesthetic: Essays on Postmodern Culture* (Port Townsend, WA, The Bay Press, 1983), p. 61.

9. Dado o ponto focal deste artigo, não será possível versar sobre o modo como o pós-modernismo afeta todos os diferentes tipos de feminismos; por conseguinte, peço a indulgência dos leitores para uma análise que postula um "feminismo" generalizado que incorpora, necessariamente, minhas próprias preferências.

10. As razões disso são fascinantes e talvez tenham a ver com as ligações de Bakhtin com Freud e com a semiótica, embora sem aderir inteiramente a qualquer dessas teorias. Ver o ensaio de Robert Stam neste volume.

11. Ver Julia Kristeva, "Word, Dialogue, and Novel", *in* Leon S. Roudiez (org.), *Desire in Language: A Semiotic Approach to Literature and Art*, trad. de Thomas Gora, Alice Jardine e Leon S. Roudiez (Nova York, Columbia University Press, 1980), p. 79. As referências de página posteriores aparecem entre parênteses.

12. Ver Allon White e Peter Stallybrass, *The Politics and Poetics of Transgression* (Londres, Methuen, 1986), p. 18.

13. Jean-François Lyotard, *The Postmodern Condition: A Report on Knowledge*, trad. de Geoff Bennington e Brian Massumi (Minneapolis, University of Minnesota Press, 1984).

14. Robert Stam, "Mikhail Bakhtin e a Crítica Cultural de Esquerda", neste volume.

15. Fred Pfeil, "Makin" Flippy-Floppy: Postmodernism and the Baby-Boom PMC", *in* Mike Davis, Fred Pfeil e Michael Sprinker (orgs.), *The Year Left: An American Socialist Yearbook*, I (Londres, Verso, 1985), pp. 272 e 292.

16. Ver Teresa de Lauretis, "Aesthetic and Feminist Theory: Rethinking Women's Cinema", *New German Critique*, 34 (inverno de 1985), pp. 154-75.

17. Alice A. Jardine, *Gynesis: Configurations of Woman and Modernity* (Ithaca e Londres, Cornell University Press, 1985).

18. Ver Paul Willemen, "An Avant Garde for the Eighties", *Framework* 24 (primavera de 1984), pp. 53-73. Uma das questões que complicam os debates sobre o pós-modernismo tem sido, é claro, a das diferentes teorias do modernismo de que partem os críticos. O artigo de Willemen é um esclarecimento proveitoso de algumas das confusões em torno do modernismo.

19. Ver Sandy Flitterman, "The *Real* Soap Operas: TV Commercials", *in* E. Ann Kaplan (org.), *Regarding Television: Critical Approaches — An Anthology* (Los Angeles, The American Film Institute, 1983), pp. 84-97.

20. Jean Baudrillard, "The Ecstasy of Communication", *in* Hal Foster (org.), p. 127.

21. Ibid., pp. 130-131.

22. Arthur Kroker e David Cook, *The Postmodern Scene: Excremental Culture and Hyper-Aesthetics* (Nova York, St. Martin's Press, 1986), p. 279.

23. Jean Baudrillard, "The Implosion of Meaning in the Media and the Implosion of the Social in the Masses", *in* K. Woodward (org.), *The Myths of Information: Technology and Postindustrial Culture* (Madison, Coda Press, 1980), pp. 138-48.

24. Ver, por exemplo, a edição do *Journal of Communication Inquiry*, 10, 1 (inverno de 1986), dedicada à MTV.

25. Ver meu *Rocking Around the Clock: Music Television, Postmodernism and Consumer Culture* (Londres e Nova York, Methuen, 1987), cap. 3.

26. Permitam-me observar aqui, para evitar confusão, que, nos comentários que se seguem, refiro-me ao espectador "modelo" que o aparelho constrói, e não aos possíveis modos de recepção específica — inclusive a resistência — em que espectadores históricos isolados possam se empenhar. Nas entrevistas com adolescentes, ficou claro que os sujeitos históricos não são necessariamente *tabulae rasae*, absorvendo posturas de espectador, mas empregam diversas estratégias para subverter ou alterar o que lhes é oferecido. Alguns adolescentes tiram o som e ligam sua própria música favorita para acompanhar as imagens; outros conversam e comentam as imagens, ridicularizando e caçoando dos artistas. As espectadoras aparentemente manifestam menos esse comportamento, mas seria necessário um estudo complexamente organizado da recepção para determinar a validade dessa generalização.

27. Ver Tania Modleski, "The Terror of Pleasure: The Contemporary Horror Film and Postmodern Theory", *in* Tania Modleski (org.), *Studies in Mass Enter-*

tainment: Critical Approaches to Mass Culture (Madison, WI, University of Wisconsin Press, 1986), p. 163.

28. Ver Tony Bennett, "Texts in History: The Determinations of Readings and Their Texts", *in* D. Attridge, G. Bennington e R. Young (orgs.), *Post-Structuralism and the Question of History* (Cambridge, Cambridge University Press, 1987); e Ernesto Laclau, "Populist Rupture and Discourse", *Screen Education*, 34 (primavera de 1980).

29. Ver Craig Owens, "The Discourse of Others: Feminists and Postmodernism", *in* Hal Foster (org.), *The Anti-Aesthetic*, pp. 57-82.

3

O pós-modernismo e a análise cultural na atualidade

DANA POLAN

Uma historieta. Eu estava na platéia da Convenção da Associação de Língua Moderna, onde Fred Pfeil fazia uma palestra sobre a classe profissional-empresarial, que acabaria constituindo sua contribuição para o primeiro volume de *The Year Left*. Enquanto Fred discutia incisivamente o trabalho de Laurie Anderson, para sugerir como uma certa nova arte pós-moderna norte-americana funcionava no sentido de atender aos interesses de um setor ascendente da América, que está preocupado e fascinado com a desintegração da subjetividade e a dissolução da família nuclear, um professor esquerdista mais velho, que estava em processo de compilar uma antologia de ensaios sobre as abordagens esquerdistas da cultura contemporânea, inclinou-se para mim e perguntou: "Quem é Laurie Anderson?" Já que ele tivera ao menos a curiosidade de saber, sua pergunta foi agradável, mas também me pareceu sintomática de um divórcio demasiadamente freqüente entre a obra dos analistas culturais e as próprias referências culturais que tanto parecem fazer parte da vida norte-americana cotidiana de hoje.

Mais do que nunca, o campo da consciência cotidiana vai-se transformando num campo cujas significações são indistinguíveis das imagens, espetáculos e mensagens que circulam pelos meios de comunicação e pela cultura de massa. Só nos é possível desenvolver uma teoria e uma prática da materialidade de nosso mundo se examinarmos detidamente os modos como o capital cultural torna-se uma parte central dessa materialidade. Ao dizer isso, não pretendo cair na posição dos críticos que simplesmente descartam a cultura de massa como um instrumento de dominação, uma força de pura regressão. Muito pelo contrário, minha posição entende a cultura como uma mistura complexa de elementos progressistas e retrógrados. Mas, quer entendamos a cultura cotidiana como progressista ou retrógrada, ou como uma mescla das duas coisas, nunca seremos capazes de compreender os desejos que motivam as pessoas de nosso mundo, que as vinculam a certos poderes e as fazem resistir a outros, enquanto não compreendermos o papel (ou os papéis) da cultura em relação ao desejo. Pretendo que os comentários que se seguem constituam um passo nessa direção.

Quero concentrar-me, especificamente, num interesse crescente em caracterizar a cultura atual como *pós-modernista*. A caracterização de pós-modernista sugere que nos afastamos da confiança otimista do modernismo na tecnologia, na visão e no empenho (todas refletidas nas linhas elevadas e no aço reluzente da arquitetura canônica moderna dos prédios empresariais do fim dos anos cinqüenta e início da década de 1960), em direção a um desinteresse por toda sorte de expressividade — um espetáculo de superficialismo que não visa a nenhuma celebração de mitos, a nenhum sentido superior. Cada vez mais, e significativamente, os teóricos esquerdistas da cultura começam a adotar os termos da crítica pós-modernista. Numa série de ensaios importantes, por exemplo, Fredric Jameson sugeriu que muitas das qualidades da vida no capitalismo tardio — em particular, o rebaixamento do indivíduo burguês por um vasto sistema monopolista de produção que já não precisa dele(a) e, muitas vezes, dispensa-o(a) intencionalmente — têm seu eco, no âmbito cultural, num novo fascínio pela confusão, pela desintegração da subjetividade, pelo que Jameson resume como uma espécie de esquizofrenia.

Esse tipo de análise é sumamente perspicaz e já levou a muitos trabalhos produtivos, mas duas questões devem ser abordadas nessa descrição de nossa condição atual como *pós-moderna*. Primeiro, até que ponto pode uma descrição de um pós-modernismo *em* nossa cultura ser estendida a uma descrição de nossa cultura *como um todo*? Já vários analistas do panorama norte-americano, como Mike Davis na *New Left Review*, afirmaram que "pós-moderno" aplica-se melhor apenas a alguns aspectos — setores, grupos, práticas individuais — da esfera cultural; como sugere Davis, a invocação de Jameson do Hotel Bonaventure, de Los Angeles, como um lugar que proporciona vislumbres utópicos de novas formas de interação social, talvez perca de vista até que ponto o Bonaventure baseia sua prática, por mais interagente que seja, numa necessária exclusão e divisão de classes. (Construído no *barrio* de Los Angeles, o hotel se divide entre os mundos muito diferentes de dentro e de fora.)

Significativamente, apesar da declaração de críticos como Jameson de que há *uma* prática pós-moderna da arquitetura, o discurso dos próprios arquitetos mostra um campo polêmico em que cada personagem julga seu pós-modernismo em oposição aos demais: Charles Jencks critica o pós-modernista predileto de Jameson, John Portman, como o último dos modernistas canônicos; Robert Venturi rejeita a *duck-architecture** de Jencks em favor da arquitetura de *decorated sheds*** que Jencks abomina; Kenneth Frampton ataca a Biennale de Paolo Portoghesi por sua noção de construções integradas a tradições regionais específicas, e Portoghesi acusa Jencks de subjetividade burguesa.

É perfeitamente possível, é claro, que haja um "inconsciente político", como poderíamos chamá-lo, subjacente a toda essa diferença, mas também precisamos reconhecer a irredutibilidade ideológica de boa parte dela, tal como incorporada na teoria e elaborada na prática. Por exemplo, a forma particular de pós-modernismo de Jencks passa cada vez mais a se apresentar em termos sagrados, como uma nova arte redentora para uma era agnóstica decadente. É bem possível que Jencks rejeite a expressão de espiritualidade do modernismo em majestosas linhas puras de força transcendental, mas ainda é adepto de uma noção de arte como revelação especialmente dotada — nesse caso, as revelações produzidas pelas impurezas dos adornos heterogêneos. Não é à toa que seu pós-modernismo rejeita a posição venturiana, que aprende com Las Vegas, não que a cultura de massa é a nova religião de nossa era, mas — o que é muito diferente — que a cultura de massa é uma forma não-simbólica inteiramente secular, que nada assinala, auto-referencialmente, senão sua própria condição de cultura de massa. Se as referências de Jencks estão em Milton e Blake, as de Venturi estão no Caesar's Palace e nas barracas de cachorro-quente, e essas diferenças de preferência derivam de uma completa diferença na concepção que ambos têm da arte e da sociedade, bem como das relações entre elas. Não é que queiramos valorizar Venturi

* *Duck-architecture*: expressão empregada para designar o edifício-escultura em que os sistemas arquitetônicos do espaço, da estrutura e da distribuição são englobados, distorcidos por uma forma simbólica complexa. (N.T.)

** *Decorated shed*: expressão que designa uma fachada deliberadamente inexpressiva que disfarça as complexidades internas do projeto. (N.T.)

em relação a Jencks: se Jencks se concentra, em *Towards a Symbolic Architecture*, em toda uma arquitetura de escapismo literal — retiros em Cape Cod, casas de veraneio irlandesas, mansões ultraluxuosas em Los Angeles e Londres —, um escapismo que deixa intacta a maioria das poderosas operações da vida cotidiana (de modo que uma das encomendas de Jencks envolve o projeto de um quarto para um rapaz que "pode, algum dia, vir a ingressar na vida pública como homem de negócios ou estadista"), a teoria e a prática de Venturi parecem ainda mais subservientes ao *status quo*, como em sua famosa (ou infame) declaração de desinteresse pelos espaços abertos das praças: "[A] praça aberta raramente é apropriada para as cidades norte-americanas de hoje. ... A praça, na verdade, é 'não-norte-americana'. Os norte-americanos sentem-se pouco à vontade sentados em praças: deveriam estar trabalhando no escritório, ou em casa com a família, vendo televisão." Significativamente, o esteticismo de Jencks tem um eco irônico ou parodístico em Venturi, para quem as necessidades do auto-referencialismo artístico às vezes sobrepujam o interesse pela função da arquitetura para seus usuários. Daí Venturi deixar as sacadas fora de sua versão de uma clínica de repouso, porque as janelas feias e planas expressam a situação dos idosos.

Este último exemplo, de uma prática pós-moderna que parece opor as necessidades da arte às necessidades da vida cotidiana, leva à segunda questão que precisamos levantar, se é que vamos interessar-nos pela análise pós-modernista. Ainda que isso seja exato como descrição, quais são as implicações de chamar (seja qual for a maneira totalizante) este ou aquele aspecto da cultura norte-americana de pós-moderno? Até que ponto a fidelidade ao conceito de pós-modernismo mapeia-se numa teoria do valor cultural, desta ou daquela prática como mais "progressista" do que alguma outra? À medida que nos voltamos cada vez mais para a pós-modernidade como modelo explicativo, temos que examinar até que ponto presumimos uma equivalência entre a pós-modernidade e o libertário, tomamos a cultura pós-moderna como uma cultura intrinsecamente revolucionária. Nosso objetivo, portanto, ao examinarmos o pós-modernismo, tem que ser simultaneamente teórico — em que medida podemos usar "pós-modernismo" como um conceito no estudo da cultura? — *e* prático — em que medida esse uso nos ajudaria a compreender a complexidade da política cultural na América de hoje? E, na medida em que uma análise do funcionamento do meio acadêmico tenha algum atrativo, a análise do crescente interesse pelo pós-modernismo nos esforços das ciências humanas e sociais também pode instruir-nos sobre a prática da cultura universitária, sobre seus modos de funcionamento como fonte de discernimento teórico (ou de limitação do discernimento).

Extraída do cerne do momento modernista, uma famosa carta de D.H. Lawrence a Edward Garnett pode oferecer alguns vislumbres precoces da emergência de uma estética pós-moderna:

> [O] interessante no riso da mulher é o mesmo que a ligação das moléculas de aço ou sua ação no calor: é a vontade desumana — chamemo-la fisiologia, ou, como Marinetti, fisiologia da matéria — que me fascina. Não me importa tanto o que a mulher *sente*. ... Isso pressupõe um *ego* com que sentir. Só me interessa o que a mulher *é* — o que ela *é* — desumanamente, fisiologicamente, materialmente. Você não deve buscar em meu romance o antigo ego estável do personagem. Há um outro ego, de acordo com cuja ação o indivíduo é irreconhecível e passa, por assim dizer, por estados alotrópicos, que é preciso um sentido mais profundo para descobrir que são estados do mesmo elemento único e radicalmente inalterado.

Embora essa formulação possa não parecer totalmente pós-moderna — por exemplo, ela não incentiva especificamente a mescla de erudito e popular que, para tantos críticos recentes, passou a caracterizar o pós-moderno, e além disso, ainda partilha demasiadamente daquela noção de estados mais profundos, de intensidades mais ricas de sentido, que é indicativa do modernismo —, ainda assim, podemos ler na carta de Lawrence várias das conhecidas táticas do pós-modernismo. Algumas delas — como a maneira como Lawrence *centraliza* sua conclamação ao *descentramento* na discussão da *mulher*, do que ela é, do que sente — eu retomarei mais adiante. Por ora, quero enfatizar outra coisa, menos um tema da carta de Lawrence do que parte de sua própria prática. Nesse aspecto, podemos observar como o pós-moderno, apesar de ser um conceito que ainda não estava à disposição de Lawrence, desempenha uma função facultadora em sua redação: funciona precisamente no sentido de permitir essa redação, de colocá-la em jogo. Repensar o ego como material e reformular a vontade como fisiologia permitem um desbloqueio das possibilidades de escrever, uma superação, talvez, do próprio bloqueio que Raymond Williams sugere, em *The English Novel*, ter-se resumido, na virada do século, no romancista composto cujo nome singular era Wells-Bennett-Galsworthy, e que tanto se afigurava uma força de pressão para novos romancistas como Lawrence.

"Pós-modernismo", portanto, oferece ao novo escritor todas as possibilidades de um aparelho gerador, de uma máquina de redação, um instrumento mecânico que estimula uma recodificação de formas anteriores e uma proliferação de formas novas. O poder do conceito de pós-modernismo funciona como uma máquina de gerar discursos, e esse é o fenômeno que mais necessita de análise. É sumamente óbvio que os últimos anos assistiram à furiosa emergência de um discurso do pós-moderno, uma emergência inescapável que exige uma reação, a tomada de uma postura ou posição. E, no entanto, é extremamente fácil sentir uma certa trepidação ao oferecer novas idéias sobre o pós-modernismo. Se o pós-modernismo é, realmente, uma máquina que estimula um extravasamento de discursos críticos, fica-se necessariamente a perguntar se essa máquina não tenta limitar a gama de resultados possíveis, através de mecanismos como a retroalimentação negativa e a ligação da saída com a entrada, que Jean-François Lyotard, em *La condition postmoderne*, sugere caracterizarem a própria performatividade das máquinas. Em outras palavras, poderíamos indagar-nos se, nesse caso, o objeto do discurso — o pós-modernismo como estado da cultura ou da política contemporâneas — não funciona no sentido de controlar seu discurso, e não o inverso. Pode alguém falar em pós-modernismo, adotar uma perspectiva em relação a ele, sem fazer parte do efeito pós-moderno?

É bem possível que a condição pós-moderna pareça contestar qualquer discurso que tente fazer dela um objeto fixo de referência ou de análise crítica. Lendo algumas das recentes coletâneas de textos sobre o pós-modernismo — por exemplo, em *New German Critique*, ou em *Theory, Culture and Society*, ou em *Telos* —, é fácil sentir que, apesar de todo o seu interesse, de sua capacidade de proporcionar novos ângulos, esses textos não conseguem dizer nada não-repetitivo. É como se as formas atuais da discussão pós-modernista estabelecessem, simultaneamente, um certo número de termos ou de elementos básicos e os métodos pelos quais é possível operar com esses termos. É-se antecipadamente obrigado a reportar-se a certos personagens, a certos textos fundamentais — por exemplo, Lyotard *versus* Habermas, ou Horkheimer e Adorno a respeito da sociedade administrada da racionalidade moderna — e obrigado a não fazer outra coisa senão assumir uma dentre várias posturas preestabelecidas a respeito deles. Por exemplo, acredita-se ou não na autonomia do âmbito estético; ou então, para tomar outro *topos* recorrente, acredita-se ou se duvida da possibilidade habermasiana de um campo da comunicação racional. O efeito pós-modernista molda intensamente o discurso crítico, como uma espécie de *combinatoire* mecanicista em que tudo é antecipadamente dado, em que não pode haver outra prática senão a interminável recombinação de peças fixas da máquina geradora.

Haverá algum modo de assumir uma posição diferente ou diferencial em relação ao efeito pós-moderno no discurso crítico contemporâneo? Quero sugerir que existem várias estratégias que podemos adotar para recompor a constelação dos termos do pós-modernismo, de modo a aumentar seu rendimento histórico. No mínimo, podemos começar por uma posição do que Jameson denomina de "metacomentário", ainda que o próprio Jameson pareça ser apanhado pelo efeito pós-moderno quando escreve sobre ele. Num metacomentário, menos fazemos teorizar o pós-modernismo do que mapear as condições necessárias para o pensamento padrão sobre o pós-modernismo: por que tornou-se tão necessário falar de *uma* condição pós-moderna, a que necessidades atende essa fala? A questão, pois, não são tanto os referenciais do discurso pós-moderno — o que é a condição pós-moderna, e se o discurso a descreve corretamente —, mas o que esse discurso permite e como funciona.

No pior dos casos, o discurso pós-modernista freqüentemente funciona no sentido de dar aos acadêmicos entrincheirados uma nova maneira de fazer o mesmo velho trabalho. É raro encontrar críticos que usem os termos do pós-modernismo para examinar a cultura popular cotidiana e suas complexidades (alguns exemplos contrários que me vêm à lembrança são Ann Kaplan e John Fiske, a respeito dos videoclipes musicais, ou Tania Modleski acerca dos filmes de terror). Em vez disso, o pós-modernismo transforma-se num modo de os acadêmicos insistirem mais uma vez na rica dificuldade da difícil arte. Negativamente, uma genealogia da crítica erudita na era capitalista poderia sugerir que essa crítica preserva para si um campo de liberdade e responsabilidade, perante o resto da sociedade, invocando repetidamente a noção de uma crescente heterogeneidade dentro das purezas da forma estética. Ao reconhecer a intromissão da cultura popular na espiritualidade ostensiva da alta cultura, a heterogeneidade permite ao escritor reivindicar uma importância coditiana do trabalho crítico (como, por exemplo, no prefácio de Wordsworth a *The Prelude*), enquanto o próprio fato da heterogeneidade como complexidade (como no título de Venturi, *Complexity and Contradiction in Architecture*) reserva ao crítico um privilégio, como alguém que tem uma superioridade sobre o gosto das massas, por ser capaz de conhecer e explicitar o que esse gosto só pode deixar escapar ou, no máximo, intuir acriticamente. Da capacidade negativa de Keats à mescla baudelairiana do permanente e do transitório no heroísmo de uma arte da vida cotidiana, à tensão e ambigüidade da Nova Crítica, à retórica e à alegoria manianas, ao texto hollywoodiano progressista, contrário à índole local, e ao pós-modernismo, a crítica tem procurado constituir um campo de prática capaz de preservar a pluralidade contra a lógica, a riqueza estética contra a função cotidiana.

Como insinuei no início deste artigo, todo discurso pós-moderno sobre a diferença implica um discurso sobre a diferença *sexual*, por mais alegórico que seja, por mais que continue abaixo da superfície, como parte do "inconsciente político" do discurso. Com extrema freqüência, as hierarquias pós-modernistas da diferença *versus* referência superpõem-se a hierarquias de um intrépido privilégio masculino, contraposto a um mundo perigosamente degradante e rasteiro de um feminino-em-si; observe-se, por exemplo, como um dos tropos mais importantes das *Allegories of Reading*, de Paul de Man, vem a ser a "sedução", vista como uma força retentiva que trabalha contra a alegoria e a leitura livres e está encerrada na figura da criada, Marie, interpretada por de Man como nada mais do que um simples efeito secundário do jogo da linguagem. Cada vez mais, como sugeriram em suas análises do pós-modernismo vários analistas das artes e da crítica da experimentação, como Tania Modleski, Andreas Huyssen e Alice Jardine, grande parte da aventura pós-modernista parece exigir a postulação de uma estabilidade degradante, geralmente associada ao feminino, em contraste com a qual os heróicos esforços do pós-modernismo podem ser julgados e valorizados. Nas palavras de Linda Williams, "[O] mito do herói individualista, dotado de uma dignidade humana madura, pode ser, na verdade, o reverso do estereótipo imutável: um, o sujeito, o outro, objeto". Em Lawrence, voltando à minha citação anterior, o exemplo pós-modernista centraliza-se na mulher como repositório do sentimento ingênuo, das limitações de um ego territorializado. Similarmente, apesar de toda sua ênfase numa espiritualidade generalizada, nascida dos poderes do vernáculo, a arquitetura simbólica de Charles Jencks representa o retorno de um arranjo bastante sistemático da diferença sexual. Se o livro de Jencks, *Symbolic Architecture*, começa com um frontispício que retrata o arquiteto como "uma mulher forte", o curso do livro trata de restituir a arquitetura a seu lugar "apropriado", evocando a espiritualidade das pirâmides (com as mulheres enterradas vivas juntamente com seus maridos) e seu culto faraônico, e depois retratando o ousado trabalho do próprio Jencks como um trabalho do qual as mulheres só participam acrescentando floreios ornamentais ou oferecendo conselhos (geralmente, sobre a cozinha ou o jardim), quando solicitadas.

Uma segunda tendência do discurso pós-modernista pode manifestar-se em sua atitude perante o popular. Com freqüência cada vez maior, um tema central do discurso pós-modernista tem sido a decomposição da arte áurica por uma nova cultura, em prol de uma hibridização em que o elevado e o popular instruem-se mutuamente. Essa temática parece provir de críticos que, anteriormente, eram analistas apenas da alta cultura e que, agora, informam-nos com empolgada excitação sobre a fascinante complexidade de uma nova cultura de massa. Embora certamente seja bom que os críticos atentem para a cultura popular, esse interesse recém-descoberto sanciona com demasiada freqüência algumas classificações avaliativas tradicionais. Em alguns casos, a complicada cultura popular que os críticos anunciam vibrantemente é uma cultura popular para intelectuais, para o que Fred Pfeil denomina de "classe profissional-empresarial", os *baby-boommers*, a geração nascida no pós-guerra. Não surpreende que a cultura popular enaltecida pelos pós-modernistas seja, muitas vezes, uma cultura de museus, ou uma cultura para um grupo endinheirado (como nas invocações de Fred Jameson sobre a cultura da esfera pública do Hotel Bonaventure, que, como assinala Mike Davis, destaca-se do *barrio* de Los Angeles como um marco da exclusão de classes e do isolamento fragmentador). Para tomar apenas um exemplo, quando Richard Wolin, o estudioso de Walter Benjamin, escreve sobre a cultura popular pós-moderna em *Telos*, o que ele consegue oferecer é pouco mais do que um repeteco de uma cultura típica do alto West Side de Nova York, fonte de paródias repletas de clichês nos filmes de Woody Allen:

> [E]xistem momentos significativos de alteridade em meio ao vasto deserto de conformismo cultural, nos campos da cinematografia (Woody Allen), da literatura (o romance sul-americano) e até da música popular (Talking Heads, Brian Eno), que apontam para além da costumeira compulsão à repetição e padronização inerentes aos produtos da indústria da cultura.

É minha convicção que os melhores trabalhos de análise cultural hoje em dia provêm das pessoas que cresceram na cultura popular e se sensibilizaram desde longa data para suas complexidades — suas limitações da experiência, mas também seus usos eficazes e potencialmente expansivos do prazer; seus realismos, mas também sua mescla heterogênea do provável e do improvável, da referencialidade e da auto-reflexividade; suas reificações da convenção, mas também suas descobertas da inovação e da alteridade. Essa complexidade da forma cultural popular é algo que tentei analisar em outro texto. Isso não equivale a sugerir que a libertação da cultura popular das restrições de uma lógica narrativa signifique, necessariamente, sua libertação das restrições de uma inscrição, por mais contraditória que seja, na ideologia. Muito pelo contrário, a análise cultural contemporânea tende a ser limitada por duas premissas correlatas: que a prática cultural das massas e popular tem uma forma primordialmente narrativa, *e* que a ideologia também existe necessariamente nas histórias. Enquanto não desenvolvermos uma análise cultural que vá além das pressões da teoria narrativa, não conseguiremos demonstrar as funções da cultura em nossa sociedade da informação, nossa sociedade do espetáculo. Precisamos, justamente, teorizar a função do espetáculo, os poderes da atuação artística, a distribuição e o movimento dos sinais e imagens não-narrativizados na vida cotidiana.

Para citar apenas um exemplo, para Stuart Kaminsky, em *American Film Genres*, os filmes de *kung fu* tornam-se ideológicos em sua apresentação de narrativas míticas do triunfo masculino individualista sobre grandes sistemas empresariais de controle e exploração. A interpretação aparentemente diferente dos filmes de *kung fu* dada pela derrideana Claudine Eizykman, em *La jouissance-cinéma*, talvez não seja realmente tão diferente, afinal. A visão eyzykmaniana do *kung fu* como forma experimental que escapa à representação, ao oferecer um balé puramente cinético de visões e sons, talvez descreva bem como é o *kung fu* fora da representação, mas não leva, necessariamente, a uma idéia dele como algo fora da ideologia. É bem possível que haja uma prática ideológica do espetacular, uma política do cinético em que o papel do sujeito como espectador seja, não absorver os mitos, mas evitar todos os mitos, deixar-se seduzir por uma aparência pura que não ofereça qualquer representação crítica das relações sociais, que funcione, precisamente, no sentido de substituir a análise do mundo por uma experiência cinética desse mesmo mundo. Na verdade, é bem possível que a própria concentração da distribuição desses filmes entre as minorias dos bairros pobres das cidades estimule uma ideologia do espetáculo: para o exército de reserva de mão-de-obra do capitalismo, talvez seja sumamente funcional não interpelar esses grupos à representação, como diria a teoria da ideologia de Althusser, e não lhes oferecer nenhuma representação, nenhuma posição narrativa.

A definição da ideologia em Althusser (a interpelação como meio de reprodução das relações de produção) confere à ideologia uma coerência e um caráter afirmativo que talvez supergeneralizem a diversidade das práticas ideológicas particulares. A noção althusseriana de ideologia parece aplicar-se melhor ao capitalismo expansionista, direcionado para a produtividade, que precisa predispor indefinidamente os trabalhadores para o mundo da produção. Mas o capitalismo de hoje talvez seja tanto uma questão de *des*industrialização quanto de industrialização e, nesse caso, talvez a ideologia tenha menos a função de reproduzir as relações de produção que a de privar os trabalhadores de seus direitos, não lhes oferecendo qualquer espaço interpelativo. Se a teoria althusseriana da ideologia teve seu efeito no interesse que os estudos sobre cinema manifestavam pela posição do espectador — pelo modo como os padrões de aparência e enunciação interpelam os espectadores —, também podemos examinar os modos como os espectadores são *des*posicionados, isolados do controle transcendental, privados de qualquer sentimento de poder, de qualquer lógica.

Contrariando uma noção da ideologia como algo que oferece mitos inspiradores (p. ex., *A Certain Tendency of Hollywood Cinema*, de Robert Ray, que aplica Althusser à crítica dos mitos, tratando os arquétipos fundamentais como representações carregadas de ideologia), poderíamos considerar um funcionamento da ideologia que rejeita os mitos, cultivando a incoerência. Essa me parece ser boa parte da função da cultura de massa de hoje, com sua crescente incorporação dos elementos que caracterizam o pós-modernismo: a superficialidade, o pastiche, o amadorismo e assim por diante. Essas qualidades talvez evidenciem uma rejeição da lógica narrativa do mito, mas podem, ainda assim, funcionar no sentido de dar esteio ao poder dominante, incentivando um sentimento serializado da totalidade social como algo que nunca se pode compreender e que sempre escapa à apreensão.

Tomemos o exemplo de *Rocky IV*. Num certo nível, ele não parece ser nada além da promoção do rigoroso mito do nós-contra-eles: o filme afigura-se intensamente óbvio, começando com luvas que trazem as bandeiras norte-americana e soviética, voando uma contra a outra e explodindo ao entrarem em contato. Essa simplicidade mítica encontra eco na ingenuidade estilística — a voz unívoca da propaganda, exibindo a montagem contrastante (que alterna tomadas do treinamento de Rocky e de Drago), e um *close* de rosto inteiro, no fim do filme, quando Rocky fala sobre a paz mundial.

Muito mais marcante no filme, entretanto, é a incoerência, a impossibilidade de todos os seus elementos de terem qualquer coisa a ver com esse mito dominante. Se, como sugere Susan Suleiman em *Authoritarian Fictions*, uma das estratégias da propaganda é a repetição enfática de um tema, *Rocky IV* parece ser uma enfática desarticulação da repetição, já que vagos motivos são sugeridos sem se cristalizarem em coisa alguma que tenha significação. Em todo o filme, os elementos criticam uns aos outros, mas a lógica dessa crítica é negada. Por exemplo, parece importante que o papel da mulher do oponente de Rocky seja desempenhado pela noiva de Sylvester Stallone; dado o poder dos meios de comunicação, essa informação desloca-se do pano de fundo para o primeiro plano ao assistirmos ao filme. Mas é difícil dizer exatamente *de que modo* essa informação ocupa o primeiro plano. Ela sugere um sentido que nunca se fecha. Tomando outro exemplo, o tema central da ineficácia da tecnologia contra o espírito humano — embutido na superposição das cenas do treinamento de Drago, usando computadores, e do de Rocky nos descampados — parece retomar a piada corriqueira que começa quando o simplório cunhado de Rocky ganha um robô, que terá de acabar submetendo a sua vontade. Mas essa vinculação das cenas só consegue transformar o filme numa paródia de seu mito: comparar Rocky a Pauley é fazer de Rocky uma piada. O filme chega até a brincar com essa piada, quando Pauley declara que gostaria de ser Rocky, e depois volta atrás nesse desejo ao ver a força dos socos de Drago. Parte da dificuldade da nova cultura pós-moderna de massa está em saber quanto ela acredita em seus próprios mitos. No caso de *Rocky IV*, a seriedade do mito é indistinguível de um pastiche da seriedade e de uma cultuação deliberada do lugar-comum (Rocky diz, a certa altura, que um homem tem que fazer o que um homem tem que fazer). Similarmente, o filme critica Apollo Creed por se enganar acerca da força de Drago e transformar o combate de ambos num espetáculo de Las Vegas; no entanto, apresenta isso em detalhes vibrantes, num número musical que se transformou num compacto e num videoclipe de enorme sucesso. Se a luta de boxe ofereceu a Sartre uma imagem da totalização histórica, em *Rocky IV* ela oferece a totalização da incoerência pós-moderna, uma explicação completa da vida como algo que transcende qualquer explicação.

Isso implica, entretanto, que uma teoria da pós-modernidade também requer a análise histórica, a investigação dos locais específicos em que circulam os espetáculos, os papéis e os sentidos. Isso não significa, porém, que essa história deva ser ensinada como um discurso totalizante, uma positividade plena que restaure o sentido da aventura pós-modernista, ao fornecer seu contexto necessário. Ao contrário, gostaríamos de ver a redação da história como uma reconfiguração em permanente movimento, ou, nas palavras de Walter Benjamin, como uma reconstelação que incorpora simultaneamente uma teoria e análise da produção social *e* uma teoria e análise da produção cultural.

Neste ponto, quero esboçar os primórdios de uma reconstelação desse tipo, empreendendo e depois me afastando de uma crítica preliminar de *La condition postmoderne* de Lyotard. À primeira vista, a análise de Lyotard realmente parece adequar-se a certos aspectos de nossa contemporaneidade, mas o que acaba emergindo é a seletividade dessa análise. Obviamente inspirado em Adorno e, de maneira diferente, em Daniel Bell, Lyotard apresenta a condição essencial da pós-modernidade como sendo a crescente cientificização do campo social — a perda dos grandes mitos explicativos e sua substituição por modelos de performatividade tecnicista. Como Adorno, Lyotard ainda acredita em campos essenciais de liberdade dentro de toda essa maciça falta de liberdade — por exemplo, o campo da proliferação de jogos de linguagem incompatíveis, que, em sua incompatibilidade, preservam uma integridade em relação uns aos outros.

Com seu caráter abstrato, o esquema de Lyotard tem lá seus atrativos, mas essa própria abstração torna-o inadequado para lidar com as complexidades da cultura num momento histórico específico. Contrariando a invocação de Lyotard de *uma* condição pós-moderna, poderíamos sugerir a existência assincrônica de várias condições, todas as quais exigem análises específicas. Por exemplo, no plano da representação cultural, a era Reagan pode afigurar-se tanto caracterizada por um reinvestimento nos grandes mitos quanto por uma proliferação de jogos táticos: até a tentativa de assassinato transforma-se num momento narrativo mítico, com herói épico e tudo o mais (um presidente que faz piadas a caminho do hospital e que pouco depois encena o mito do caubói — cortando lenha e andando a cavalo). De fato, se Lyotard pode afirmar que "A Comissão Trilateral não é um pólo de atração popular" — ou seja, que as novas fontes de autoridade não são focos de investimento mítico —, poderíamos observar como a década de 1980 levou a algumas tentativas de tornar as grandes empresas míticas e inspiradoras: se as linhas dos arranha-céus da arquitetura canônica moderna não conseguiram proporcionar mitos acalentadores da empresa e, em vez disso, sugeriram frias alienações em vidro e aço da prática empresarial, a nova estratégia populista consiste em apresentar o presidente da empresa como um despretensioso e rude homem do povo. O presidente da Remington, metido numa camiseta e falando de seu banheiro, faz uma apologia dos barbeadores elétricos, que é típica dos sujeitos parrudos e durões; com um curativo no olho, Ted Turner, o magnata dos cabos, retira-se de uma regata para travar batalhas com as megaempresas; Lee Iaccoca, da Chrysler, faz a imagem do típico salvador da empresa, e depois publica uma autobiografia que permanece semanas na lista dos campeões de vendagem do *New York Times*.

Contudo, seria reducionista encarar o momento atual como não passando do retorno de uma narrativa vigorosa. Muito pelo contrário, ele exibe um sortimento de práticas culturais com formas diferentes, funções diferentes, públicos subculturais diferentes e relações diferentes com as confirmações da ideologia. A lógica narrativa e a paralógica pós-moderna podem até coexistir numa mesma obra: parece perfeitamente apropriado que a importação mítica da tentativa de assassinato tenha sido acompanhada por uma fantástica ênfase nessa tentativa como um espetáculo arrebatador (roubando a cena da transmissão da entrega do Oscar programada para aquela noite), um grande espetáculo em que, por exemplo, a trajetória das balas era indefinidamente repetida em câmera lenta. A conclusão, ou a graça da história, é que tudo isso foi feito por amor a Jody Foster, tal como ela apareceu no filme *Taxi Driver*.

Em alguns casos, o mito e o espetáculo entram em conflito. Em *Speaking of Soap Operas*, Bobby Allen analisou essa forma de cultura de massa, a telenovela, como um texto plural que permite a cada subcultura sua própria leitura potencialmente incompatível. Noutros casos, podemos ver um reforço ideológico mútuo do mito e do pós-modernismo pós-mítico: nos anos oitenta norte-americanos, uma enorme profusão de narrativas sugere que se deve viver desregradamente, exceder-se, enlouquecer (como dizem os títulos de vários filmes), mas somente desde que a melhor maneira de fazê-lo continue dentro dos limites da produtividade norte-americana. Filmes como *Porky's*, *Loucademia de polícia* e especialmente *Stripes* reproduzem a mensagem de que a birutice, a desobediência e o egoísmo podem ser sumamente bem-vindos, todos eles, no novo espaço do exército moderno. Num registro diferente, e destinando-se a uma clientela distinta, filmes como *Totalmente selvagem*, *Veludo azul* ou *Procura-se Susan desesperadamente* reforçam esse mesmo ponto.

Ao mesmo tempo, precisamos passar de uma análise da *cultura* pós-moderna para a *estrutura política*, sugerindo que o entendimento que Lyotard tem da economia moderna como racionalidade crescente é também uma análise parcial. Assim como o nível da cultura exibe uma gama de práticas que vão do mito ao espetáculo e a formas combinadas, tampouco existe uma prática econômica única que caracterize a totalidade do capitalismo tardio. De fato, a teorização do capitalismo tardio tornou-se alvo de um intenso debate, no qual diferentes modelos conceituais e históricos lutam pelo privilégio de constituir o código explicativo último: a teoria da dependência, a teoria da acumulação e da mercantilização, da lógica do capital e da desacumulação, bem como da desindustrialização, todas oferecem explicações rivalizantes das estruturas econômicas do capitalismo tardio. É bem possível que cada uma dessas abordagens tenha validade em campos específicos do capitalismo tardio. Para citar apenas um exemplo, a economia do cinturão do sul dos EUA, que se estende desde o extremo sul, passando pelo oeste, até o mundo das indústrias de computadores no Vale do Silício, no norte da Califórnia, talvez seja sede de uma intensa performatividade lyotardiana — não há grandes mitos ali, apenas um mundo de técnicos que controlam a entrada e a saída — e um mundo cada vez mais voltado para a informação e o mercado de *commodities*. Mas é também um mundo que passa por desinvestimentos crescentes, crises periódicas, vigorosas reações dos ecologistas e um declínio dos serviços básicos. Nenhuma noção isolada de entrada/saída seria capaz de dar conta da complexa interação da cultura e da política num espaço dessa natureza. No momento em que escrevo, a Ópera de San Francisco acaba de anunciar que está cancelando toda a sua temporada — a crescente não-performatividade do cenário do Vale do Silício, onde o surto da computadorização parece estar definitivamente encerrado, tem um efeito que repercute na esfera cultural: os salários decrescentes e a inflação ascendente significam contribuições reduzidas para as produções culturais.

Significativamente, um dos pontos mais ao norte desse complicado sistema é o Hotel Bonaventure, em Los Angeles, projetado por John Portman e considerado por Jameson como um supremo exemplo do pós-modernismo. Mas o que se evidencia na análise de Jameson, que fala de *um* pós-modernismo, é a limitação de qualquer noção isolada do que implica esse hotel: o Bonaventure tanto é funcional (foi um dos hotéis que recebeu a Convenção da Associação de Língua Moderna em 1983) quanto disfuncional (suas lojas vão à falência); é um campo utópico de interação pública *e* um paradigma de todas as divisões que destroem a possibilidade de que tal público exista e se mantenha.

As contradições no interior dos textos do pós-modernismo também devem ser compreendidas em termos das contradições da produção social e da economia; que significa, por exemplo, eu estar escrevendo este ensaio numa cidade desindustrializada, onde a performatividade da máquina já não parece importar (algumas antigas cidades siderúrgicas ao redor de Pittsburgh têm taxas de desemprego que chegam a alcançar 90%), e onde as empresas pouco fazem por fomentar mitos grandiosos (por exemplo, a U.S. Steel, que tem sua sede na cidade em que fechou a maioria de suas usinas de produção de aço, recentemente trocou seu nome para um mais tecnicista "USX")? Mas Pittsburgh é também uma cidade em que a vida cotidiana demonstra uma espantosa proliferação de narrativas míticas. Por exemplo, ela nutre um intenso interesse pelas personalidades públicas, uma devoção fanática aos esportes e um extremo investimento em festejos e rituais (Oktoberfests, quermesses etc.). Como talvez não seja surpreendente, essas contradições encontram correspondência no âmbito cultural: Pittsburgh transformou-se numa cidade de entretenimento dirigido (é definida como uma cidade para filmes de ação) e, simultaneamente, num local de experimentação comercial (Pittsburgh é a cidade onde foi feito o teste de mercado do mais avançado sistema de TV a cabo, com as mais numerosas ofertas).

Tudo isso equivale a dizer que nossa meta em relação a este momento cultural talvez esteja menos em nos concentrarmos numa forma isolada — narrativa, por exemplo —, ou em incentivarmos uma proliferação de formas incompatíveis e não-comunicativas, do que em trabalharmos para conjugar formas aparentemente isoladas em novos arcabouços críticos abrangentes. Também é importante que essa montagem crítica não superponha elementos quaisquer, mas mescle uma teoria da cultura com uma teoria da produção social e uma teoria do desejo. Permitam-me terminar com um exemplo que talvez se encaminhe para essa conjunção: significativamente, trata-se de um exemplo cujo *status* — será uma obra primária da cultura pós-moderna, será uma obra de análise crítica? — é impossível de determinar. Sempre comprometida com uma postura de deboche, com uma técnica de improvisação inventiva, a revista punk de rock *Maximum Rocknroll* passou subitamente para uma nova prática, em sua edição de outubro de 1986. Enquanto a porção inferior da capa prometia os textos habituais sobre "Mutilado para sempre", "Carniceiro" e "Deformado", sua maior parte foi dedicada a um anúncio enfático:

Se você:

não se pergunta por que os Estados Unidos sentem-se tão ameaçados por países pequenos e insignificantes, e julgam necessário controlá-los ou esmagá-los no ostracismo...

não se frustra com o contínuo apoio econômico norte-americano ao regime racista da África do Sul...

não fica intrigado com a continuação dos testes de armas nucleares dos EUA, enquanto a URSS deixou unilateralmente de realizá-los...

poderia dar mais importância a saber por que tantos imigrantes são forçados a deixar sua pátria para "roubar" seu emprego nos EUA...

nunca pretende ler nenhum artigo extenso nesta revista, porque tem preguiça ou acha que somos um bando de comunistas hipócritas...

Então, se você ler a transcrição de um discurso de Noam Chomsky neste número, se o fizer com alguma coisa que se aproxime de uma mente aberta, e se fizer um mínimo de investigação subseqüente sobre as informações apresentadas, achamos que o tempo gasto nisso poderá mudar toda a sua maneira de pensar. Isso se aplica especialmente àqueles dentre vocês que se "orgulham" de seu país, aos que usam uma bandeira norte-americana nas jaquetas e aos que estão pensando em se alistar na carreira militar.

Dentro, em oito páginas compactas de duas colunas e espaço um, estava impresso um discurso de Chomsky sobre "A tendência global para a guerra nuclear".

É muito fácil esse artigo tornar-se parte de um efeito pós-moderno generalizado, mais um sinal desconexo a flutuar dentro da heterogeneidade dos espetáculos que proliferam; na verdade, uma reação inicial a todo esse fenômeno consistiria em registrar a esquisitice desse ato, o sublime surrealismo mediante o qual esse discurso pôde aparecer ali (e me ser dado a conhecer pelo dono de uma loja de livros de histórias em quadrinhos). Não obstante, alguns aspectos dessa combinação resistem à pura redução do texto a elementos interagentes cujo conteúdo se torne indiferente. Não que o discurso do rock ou o discurso sobre a guerra nuclear tenham referenciais reais inteiramente positivos; em nosso contexto imediato, entretanto — um contexto em que, com muita freqüência, o rock tece seu efeito pós-moderno através de um espetáculo de justaposição sem sentido —, essa combinação pode ter um novo efeito produtivo, um novo modo de configurar a cultura e a sociedade. Nesse exemplo, sem dúvida diminuto, pergunto-me se não podemos ver um caso de prática pós-modernista que ultrapassa certos efeitos do pós-modernismo e que os transforma num objeto de seu próprio metacomentário intenso e crítico.

4

Pegadores de panelas e subincisões: sobre *O homem de negócios*, *Fiskadoro* e o paraíso pós-moderno

FRED PFEIL

Há um célebre desenho — é comum aparecer em livros de arte ou de cinema sobre a percepção visual — que, dependendo de como seja captado por nós, parece uma donzela gibsoniana primorosamente trajada, o tipo ideal da feminilidade jovem da América do início do século XX, ou uma mendiga velha e feia:[1] o importante, é claro, é que é simplesmente impossível ver simultaneamente o desenho como ambas. No entanto, esse aspecto, tão rapidamente assinalado e deixado de lado nos livros didáticos, não chega a esgotar os sentidos da figura; afinal, não é para qualquer *trompe l'oeil*[2] intercambiável que estamos olhando, mas para um cujo poder de surpreender, chocar e divertir está imbricado e acumpliciado, ainda hoje, com todo um repertório de temas classistas e sexistas através dos quais se construiu e se manteve o sentimento de beleza/propriedade/valor e de feiúra/degradação/horror de uma geração passada.

Penso nesse desenho agora, na maneira como ele funciona e nas ideologias em que se baseia, porque *O homem de negócios* e *Fiskadoro*, os dois livros que quero descrever e discutir aqui, oferecem-nos um prazer similarmente ambíguo e complicado. Um prazer duplamente ambíguo, mais especificamente: primeiro, na medida em que o poder de ambos deriva de suas estratégias distintas mas correlatas de apagar as fronteiras entre a ordem e o pesadelo, o riso e o horror; segundo, na medida em que esse apagar, e os deslizamentos vertiginosos que produzem em nós, do deleite ao pavor, alternadamente, são um sintoma de nosso próprio enredamento numa trama ideológica de temas e discursos que passamos a descrever como o pós-moderno. Este ensaio começou pela curiosa e poderosa mescla de deleite e desconforto, *jouissance*[3] e asco que esses dois livros desencadearam em mim; depois, assumiu uma forma mais decidida, quando vim a perceber quão pronta e adequadamente as representações estranhas e os enredos desordenados que eles nos oferecem podem ser entendidos como celebrações da semiótica kristevana, como recusas de qualquer fronteira estável entre o fluxo impuro da abjeção e a sanificada zona edipiana da subjetividade ordeira e isolada, sob o signo do ego (masculino, branco e burguês). Minha afirmação quanto a esses textos, em suma, é que eles nos oferecem algo como o sabor de uma certa utopia feminista pós-estruturalista, ou, se vocês preferirem, proporcionam-nos uma encarnação de alguns dos mais fundamentais temas utópicos do pós-modernismo.[4] (E se, como tenho fortes desconfianças, Thomas Disch e Denis Johnson, nossos dois romancistas, desconhecerem os discursos teóricos em que esse utopismo foi expresso por Barthes, Kristeva, Cixous, etc., tanto melhor!) Mas, depois de iniciar e, espero, convencer vocês dessa afirmação nas descrições que se seguem, é a minha reação a essas representações, àquela repugnância inicial, que pretendo retornar, e é dela que espero finalmente extrair algumas conclusões teóricas e políticas.

Antes de entrarmos nas descrições seguintes, porém, cabe aqui uma palavra de defesa e de desculpa. Os romances, afinal, dificilmente constituem a forma dominante de expressão e representação culturais de nossa época e, por conseguinte, é improvável que sejam a matéria-prima com que elaborar a análise mais nova, mais aguda e mais contundente da situação pós-moderna. De fato, o que se segue pressupõe que a maioria dos leitores deste e de outros ensaios sobre a cultura e a política pós-modernas sejam tão desconhecedores da ficção de Disch e Johnson quanto o são os autores da teoria pós-estruturalista; portanto, será necessário citar e descrever cada um desses livros com certa minúcia, simplesmente para transmitir a vocês seu sabor específico e peculiar. Para justificar escolhas tão retrógradas, ofereço duas linhas de defesa: primeiro, o argumento levemente perverso de que a própria marginalidade do romance dentro do conjunto das formas e práticas culturais contemporâneas *acentua* o destaque e a sintomaticidade das representações das estruturas pós-modernas do sentimento, tal como as encontramos aqui — inclusive, por assim dizer, justamente nesses dois *livros*; segundo, o argumento de que a desvantagem das citações necessariamente extensas é compensada, pelo menos em certa medida, pelo fato de os livros serem diretamente citáveis em forma impressa, de um modo que os filmes, os clipes e o Westin Bonaventure obviamente não são.

Ainda assim, é possível que os melhores termos introdutórios de comparação para *The Businessman: A Tale of Terror* [*O homem de negócios: um conto de terror*] provenham do cinema, afinal; ele certamente tem menos em comum com outros livros que li (exceto outros do próprio Disch) do que com filmes como *Os caça-fantasmas* ou *Um lobisomem americano em Londres*, que oferecem algo semelhante à mesma mistura dialeticamente subversiva de comédia e terror que ele proporciona. A piada básica — e também a fonte de horror — desses filmes, como vocês hão de lembrar, é precisamente a grotesca coincidência do aterrorizante com o banal: como no *Lobisomem*, por exemplo, todas as vezes que o amigo não-morto de Jonathan aparece num novo estágio de putrefação, para ver como vão indo as coisas, que está acontecendo na vida sexual de seu amigo e quando ele irá se matar ou arranjar um jeito de ser morto, para que seu camarada putrefaciente possa morrer por completo e partir em paz; ou, nos *Caça-fantasmas*, especialmente quando o perverso e arquidiabólico nêmesis finalmente entra em cena, subindo com passadas monumentais pela Central Park West, sob o disfarce de Sta-Puff, o Homem de Marshmallow. O mesmo acontece no "conto de terror" de Disch, em que um rapazola demoníaco assume o disfarce de um *cocker spaniel*, de um tordo e de um típico garoto norte-americano chamado Jack, onde um dos caminhos para o paraíso sobe pela escada rolante principal do prédio da Sears na rua Lake, no centro de Minneapolis, e onde, como logo veremos com maiores detalhes, a dissolução pessoal e a bem-aventurança celestial são atingíveis mediante uma espécie de fusão extasiante com um pegador de panelas vermelho e branco, preso por um ímã à porta da geladeira.

Todavia, essas misturas jocosamente fortuitas do banal com o horripilante e o sublime chegam bem perto de sugerir toda a extensão da jovial transgressividade de Disch, que também aparece no enredo marcantemente anticonvencional e nas suaves e irreverentes mudanças de tom e de enunciação de *O homem de negócios*, passando do sumo formalismo para a loquacidade bronca. Esses traços sempre caracterizaram o estilo de Disch, mas são aqui levados a novos extremos. Na verdade, basta ler a sobrecapa (escrita pelo próprio Disch) da edição norte-americana encadernada para ver ambos os traços abundantemente evidenciados, ao lado das mesclas de terror, deslumbramento e da mais banal vida cotidiana mercantilizada, assim descrita:

Assassinar sua mulher pode não parecer tão difícil, e no caso de Bob Glandier foi certeiramente simples. Agenda: voar para Las Vegas, entrar no estacionamento Dama da Sorte, estrangular, voltar no avião para Minnesota e recomeçar a vida como executivo de primeiro escalão. O que veio depois não foi tão simples.

Ainda no túmulo, quando se inicia o romance, e nem um pouco satisfeita, a mulher de Bob, Giselle, prevê que será obrigada a persegui-lo. Não há muito mais em que pensar na situação em que se encontra. Inadvertidamente, a mãe de Giselle, Joy-Ann, um dia liberta o espírito da filha, sendo o único acidente o fato de ela perder a própria vida nesse processo.

Enquanto Giselle vai descobrindo quão desagradável é assombrar seu marido, Joy-Ann chega ao Paraíso (que não se deve confundir com "Céu", que é a etapa seguinte e concebida em termos menos mortais, mais do tipo "Ficar cara a cara com Deus"). Joy-Ann encontra a coordenadora do Paraíso, a famosa atriz do século XIX, Adah Menken, que explica a utilização da "Caixa Postal Doméstica", onde é possível manejar em qualquer ordem os acontecimentos da própria vida e da dos parentes. Adah e Joy-Ann percebem que têm muitas intervenções a fazer para reparar o mal iniciado no estacionamento Dama da Sorte.

O fantasma do poeta John Berryman desempenha um papel fundamental — amiúde heróico — nesse drama, o que aliás é ótimo, pois, na ocasião em que conhece Giselle, ele já está absolutamente farto das sessões espíritas de subúrbio (onde sua dislexia o deixa particularmente desamparado nas tábuas de mensagens mediúnicas). Complexas assombrações estão reservadas para Berryman e Giselle, transfigurações e, acima de tudo, uma batalha contra a força que irá transformar em assassinos um *terrier* escocês branco e uma garça — para não falar num garotinho encantador que logo ficará conhecido como "Charlie Manson em miniatura".

Como pode um romance ser, ao mesmo tempo, tão jovial e tão profundamente aterrador, eis algo que só Thomas M. Disch pode responder. *O homem de negócios* é como *O exorcista* em clima jocoso. Os vivos, os mortos e os indeterminados compõem um elenco de personagens que interagem de uma maneira desconcertantemente lógica. "Quem haveria de supor que a vida pós-morte teria tantas regras?", indaga Berryman. Muitos assassinatos e inomináveis horrores depois, parece estranhamente claro que nunca seria possível acertar as contas com o homem de negócios de nenhum outro modo.[5]

Salvo, talvez, pela afirmação flagrantemente falsa de que as ações retratadas no correr do romance são "desconcertantemente lógicas" — tanto que, ao final dele, fica "estranhamente claro" por que as coisas tinham que acontecer da maneira que aconteceram —, tudo isso é perfeitamente exato quanto ao modo como *O homem de negócios* realmente soa e funciona. Ao contrário de outros autores pós-modernos, que procuraram livrar a narrativa do jugo duplamente articulado do antecipatório ("que acontece depois?") e do hermenêutico ("qual é o sentido?"), como fez o próprio Disch em obras anteriores (seu *334*, que acabou de ser reeditado em brochura, é nada menos do que uma obra-prima estruturalista, o romance da vida urbana do capitalismo tardio como *combinatoire*), aqui Disch destrói a trama de dentro para fora, por assim dizer, multiplicando seus códigos e fazendo suas linhas narrativas e seus personagens proliferar e emaranhar-se a tal ponto que o enredo se transforma num borrão difuso e absurdo. Sua heroína, Giselle, morta e apodrecendo no começo do romance, torna-se uma árvore semi-senciente a três quartos do correr do livro e efetivamente desaparece, como a rigor o faz o homem de negócios do título, o gordo assassino Bob Glandier, durante boa parte do tempo. Enquanto isso, o jogo de códigos em torno do que a sobrecapa chama de "os vivos, os mortos e os indeterminados" — todas as regras fortuitas da vida depois da morte para a comunicação entre, a possessão de e até as relações sexuais com os ainda vivos — prolifera e se transmuda com tamanha constância e arbitrariedade, em meio a tanta ação frenética, que, como diz Adah Menken, a certa altura, à mãe defunta de Giselle, Joy-Ann, "Não há tempo para entrar na teoria do que é real e do que não é" (p. 110). Não mais tempo do que há, na verdade, para pensar nos códigos e no discurso que funcionam nos luminosos que passam como relâmpagos nos elevados perimetrais que levam à cidade, ou na torrente de anúncios de trinta segundos que passam zunindo durante as paradas na estação do metrô.

E essa comparação com o discurso rápido e fluente dos comerciais de TV, simultaneamente sofisticados na técnica e na capacidade alusiva e toscos ou até infantis em seu apelo fundamental, é adequada como via de acesso também ao funcionamento do estilo de Disch. Como ele mesmo a descreveu em outro texto, trata-se de "uma prosa que desliza em semínimas e salta às oitavas; de explosões de lirismo que levam a banalidades mortíferas; de detalhes repisados com um vagar inexplicável e massas inteiras de exposição descartadas com um dar de ombros; e do eterno sentimento de que o todo não se equilibra muito bem, de que o narrador é inteiramente maluco e, ao mesmo tempo, completamente comum".[6]

Será que a sobrecapa que citei acima é prova suficiente da exatidão dessa autodescrição? Talvez não; portanto, eis aqui três passagens, cada qual voltada para uma ou outra das múltiplas ações ou desfechos culminantes da emaranhada trama de *O homem de negócios*. Na primeira, um trecho a que depois teremos oportunidade de voltar, a defunta Giselle, agora liberada da tarefa de perseguir seu marido, Bob Glandier, consegue finalmente penetrar no êxtase do pegador de panela vermelho pelo qual ansiou durante tanto tempo:

> Quando ela o tocou, os latidos ou os gritos ficaram mais altos. A ponta de seu dedo formigou. A sensação espalhou-se em ondas por seu corpo, e em seguida o corpo desapareceu por completo e ela penetrou no espaço em que tantas vezes tentara entrar antes e fracassara: uma padronagem de linhas cruzadas, um imenso véu quadriculado de vermelho, que então se partiu para revelar outro véu, idêntico a ele mesmo, no qual ela despencou como quem caísse numa rede. Mas a rede se partiu, ou ela atravessou seus interstícios, e o padrão se repetiu descuidadamente, sem nenhum sentido, vez após outra, até que os espaços brancos dentro das linhas vermelhas foram gradualmente escurecendo, como um pôr-de-sol que se aprofunda lentamente na noite. De quando em vez, ela ouvia o latido do cachorro, e depois houve uma escuridão maior e um silêncio mais profundo, e o sono a envolveu como um cobertor ajeitado no lugar por uma mão gigantesca. (pp. 196-7.)

Observe-se a languidez suave e indolente das frases aditivas que retratam esse êxtase; a qualidade esmaecida e *recherchée*[7] das imagens do entardecer-escuridão, que começa como uma símile e depois, na frase seguinte, desliza para uma verdade ("uma escuridão maior") que, por sua vez, dá margem a uma figura de linguagem ainda mais convictamente batida e chã ("como um cobertor ajeitado no lugar..."); e a curiosa quietude, ao mesmo tempo reverente e insípida, que paira sobre a passagem como um todo.

Agora, observe-se o jogo equivalente, embora numa montagem diferente, entre o erudito e o banal, nesta descrição do pavoroso fim de Bob Glandier, quando o garoto e rebento demoníaco que lhe farejou o rastro durante toda a segunda metade do romance penetra de um salto no cadáver putrefaciente de sua falecida mulher, na casa funerária, e atrai Glandier com um truque para a esteira móvel que conduz ao crematório:

> Os gritos de Glandier, ao ser puxado pela gravata pela rampa de roldanas metálicas situada atrás da porta de vaivém (mais ou menos como uma caixa de enlatados entra no porão de um supermercado), não puderam fazer-se ouvir acima da jubilosa conclusão do hino. As portas fecharam-se

> atrás dele e, por um momento, tudo se fez negrume. Então, pelo crivo da grade em que jazia, ele viu a centena de chamas azuis do crematório piscando cada vez mais perto, fileira após fileira, enquanto a boca sorridente e descarnada de sua mulher elevava-se até a dele para lhes selar a união com um derradeiro beijo. (p. 276.)

Aqui, naturalmente, a piada é a comparação aparentemente apressada, inserida entre parênteses no coração da frase, de outro modo elegantemente retórica, que abre o parágrafo e estabelece seu requintado horror oficial: uma espécie de aparte casual que, ainda assim, persiste ao longo da sintaxe ("por um momento, tudo se fez negrume") e da enunciação ("para lhes selar a união com um derradeiro beijo") levemente cediças e elevadas que se seguem, neutralizando as intenções e efeitos convencionais desse estilo tão superior com sua presença comezinha, e plantando negligentemente, no âmago do horror, uma imagem vestigial da vida semimorta da produção e do consumo mercantilizados. Mas esse elemento ou registro do indiferente, do corriqueiro, do mercantilizado, é capaz, em outros momentos, de praticamente suplantar por completo o erudito e/ou o sagrado. Consideremos o trecho seguinte, quando Adah Menken e John Berryman (ou suas almas, de qualquer modo) são encontrados no meio de uma paisagem do outro mundo chamada Mississippi Espiritual, e são apanhados por Jesus em pessoa, num dirigível

> pelo menos tão grande quanto a nave-mãe que aterrissa no Penhasco de Satã, no fim de *Contatos imediatos*. Sua vasta carcaça estava tomada por um complicado aparato de luzes coruscantes, que alternavam a única e animadora exclamação
>
> SALVOS!
>
> com explosões e gêiseres e rodinhas de cor tremeluzente, cada qual um anúncio e uma promessa de celestial bem-aventurança. (p. 281.)

Tradicionalmente, como afirmou Rosemary Jackson, a literatura do gótico e do fantástico funciona voltando a encerrar os elementos psicossociais ignóbeis e/ou demoníacos que inicialmente libertou: os fantasmas são exorcizados, os transgressores, castigados ou destruídos, e o interminável emaranhado ou amontoado de situações maléficas é substituído pelo domínio ordeiro do racional, enquanto as forças das trevas são trocadas pelas forças da luz.[8] Para Jackson, e ainda mais decididamente para Julia Kristeva em seus *Pouvoirs de l'horreur*, esses elementos degradados e demoníacos no cerne do texto de horror têm sua origem no drama edipiano, precisamente no momento em que o sujeito edipiano é inteiramente separado e distinguido de uma figura materna que, a partir de então, deve ser temida e desprezada como o *abjeto*: o perigoso lodaçal em que a ordem do simbólico edipiano desmorona e afunda, onde reinam o monstruoso, o perverso, o poluído e o abominável; o lugar, dentro do patriarcado, da própria feminilidade desprezada, invocado no texto de horror apenas para que possa ser ainda mais resolutamente dominado e energicamente expulso por seu encerramento.[9] Uma definição do texto *feminista* de horror seria, portanto, um texto que recusasse esse encerramento, que valorizasse e deixasse desembaraçado o livre funcionamento dos elementos abjetos, libertos do jugo do ego; mas outra definição, que se diria igualmente válida, seria o texto que simultaneamente observasse e subvertesse a resolução convencional e, ao fazê-lo, empanasse a demarcação entre o abjeto e o sujeito, o pré-edipiano e o edipiano, o próprio feminino e masculino, tão inerentes à ordem e à dominação patriarcais. E, a considerarmos esta última definição, não será *O homem de negócios*, tal como o descrevi acima, com todas as suas regras e códigos proliferando ao acaso, seu deslizante estilo deco-pastiche, suas resoluções parodísticas e seu exagero difuso e fluente de personagens e trama, precisamente um exemplo de um texto assim — o texto como "a pessoa desinibida que mostra o traseiro ao Pai Político", realmente?[10]

Muitos leitores cujos bancos de dados estejam suficientemente bem providos de linhas fundamentais dos textos canônicos da teoria crítica pós-estruturalista hão de ter percebido, sem verificar a última nota de rodapé, que passei de *Pouvoirs de l'horreur* para *Le plaisir du texte*, de Kristeva para Barthes. E, quando o fazemos, encontramos também *O homem de negócios* a nossa espera para nos saudar, dessa vez como *le texte de jouissance*, o "texto do gozo: o texto que impõe um estado de perda ... que desarruma os pressupostos históricos, culturais e psicológicos do leitor, a coerência de seus gostos, valores e memória, que põe em crise suas relações com a linguagem"; o texto que "lemos ... como uma mosca a zumbir por um aposento: com súbitas guinadas ilusoriamente decididas, fervorosas e inúteis"; o texto em que "as forças em oposição já não se acham reprimidas num estado de devir: nada é realmente antagônico, tudo é plural", e em que "eu [o leitor extasiado] atravesso agilmente a escuridão reacionária".[11]

Ou então, já que estamos nesse desfraldar de bandeiras, por que não observar, também, o quanto *O homem de negócios* se enquadra, de modo igualmente adequado e satisfeito, na campanha de Hélène Cixous contra a hegemonia repressiva do sujeito unitário (isto é, masculino e edipiano) e a "fetichização do 'personagem'", que é a principal expressão dessa hegemonia na ideologia literário-estética? "O 'eu'", escreve Cixous, "deve tornar-se uma 'ópera fabular', e não o campo do conhecido. Compreendam-no tal como é: sempre mais do que um, vário, capaz de ser todos aqueles que queira ser num dado momento, um grupo atuando em conjunto, uma coleção de seres singulares que produzem a enunciação. Sendo múltiplo e insubordinável, o sujeito pode resistir à subjugação."[12] Teremos oportunidade, na seção final deste ensaio, de voltar a esta última frase e examinar mais de perto sua adequação como receita para uma política radical. Por ora, quero apenas sugerir que, no turbilhão de personagens metamorfoseantes de *O homem de negócios*, inclusive os mortos, os como-que-mortos e os como-que-vivos, temos um texto quintessencialmente pós-moderno, que atende também a essas exigências feministas/pós-estruturalistas; que mais poderia Cixous desejar senão um texto em que os personagens ostensivamente principais (um dos quais, como já mencionei, transforma-se no espírito de uma árvore) são deslocados de qualquer influência central ou posição estável, nas ações do livro, por uma confusão de outras entidades, várias das quais são capazes, seguindo as "regras" caprichosas e voláteis da vida pós-morte, de assumir a forma de um sapo, ou um cão, ou uma estátua de um jóquei negro ou da Virgem Maria, para citar apenas algumas das mudanças por que *O homem de negócios* faz seus "personagens" passarem? Na verdade, dadas essas qualidades, e mais seu estilo curioso e sua trama errante e cheia de volteios, acaso não poderíamos indicar o romance de Disch para exame como um "texto-mulher", nos termos de Cixous, ou seja, um texto "que transmite um desapego, uma espécie de descompromisso, não o desapego que é imediatamente tomado de volta, mas uma verdadeira capacidade de afrouxar as rédeas e largar, [que] assume a forma metafórica da errância, do exagero, do risco do incalculável"?

Introduzi exatamente agora essas definições, pressupostos e problemáticas quintessencialmente pós-estruturalistas, e os citei extensamente, não apenas por sua estranha pertinência a *O homem de negócios*, mas em virtude das maneiras equivalentes, apesar de muito diversas, como muitos deles parecem aplicar-se também a *Fiskadoro*, de Denis Johnson, mais outro romance contemporâneo norte-americano escrito por um homem que, provavelmente, não sabe coisa alguma sobre a teoria crítica pós-estruturalista. Quanto a esse romance, entretanto, em vez de começarmos pelo material promocional,[13] comecemos pelo parágrafo de abertura, que introduz a estranha voz narrativa, desencarnada e impossível de situar, que flutua para dentro e para fora do restante do livro.

> Aqui, e também ao sul de nós, as praias têm uma tonalidade amarela, mas, ao longo dos baixios da Flórida, a areia é como mármore estilhaçado. Nas partes rasas, seu branco faz da água um azul-marinho tão ideal que, ao olhá-lo, a gente acha que deve estar morto, e os arrozais, em algumas estações, são de um esmeralda profundo. As pessoas que moram nessas cores, louvadas sejam a compaixão e a misericórdia de Alá, não têm muita coisa que as perturbe. É verdade que, começando um pouquinho ao norte delas, os corpos ainda se estendem indefinidamente, e o Senhor, como vaticinado, esmagou as montanhas; mas é difícil imaginar que essas coisas tenham algum dia ocorrido no mesmo universo que contém os baixios da Flórida. É exigir demais da fé supor que sejam estes os lugares a que o deus Quetzalcoatl, o deus Bob Marley e o deus Jesus prometeram voltar para construir seus reinos. Em ilha após ilha, exceto pelos canaviais que crepitam ao vento, tudo parece adormecido. (p. 3.)

Eis aí uma abertura em que as tarefas introdutórias convencionais de situação espacial e temporal são tão desdenhadas quanto observadas. Certo, somos remetidos aos baixios da Flórida, cuja paisagem e clima são descritos com algum detalhe, mas onde fica o "Aqui, e também ao sul de nós" de onde parte a narração? Do mesmo modo, embora possamos suspeitar, acertadamente, pela referência a Bob Marley e à destruição maciça, que os acontecimentos a serem retratados no correr do romance situam-se num futuro pós-apocalíptico, o parágrafo inicial sugere que a narrativa subseqüente será retrospectiva, ou que, em outras palavras, a narração se deslocará entre dois planos indetermináveis de futuro: um tempo originário anterior ao do ponto de vista do narrador anônimo, de onde vêm as ações a serem resgatadas e contadas, e um segundo futuro, o presente-futuro da própria narração, situado no contexto de uma nova civilização poliglota (como se evidencia pelas referências de peso aparentemente equiparável a um deus asteca, um superastro afro do *reggae* e o filho de Deus na religião cristã), cujas dimensões e caráter nos permanecem tão incognoscivelmente misteriosos quanto são tidos como certos pelo narrador (pela narradora?).

Assim, o equivalente das forças dissolutas do estonteante mundo espiritual de *O homem de negócios*, como tropas de assalto contra a ordem estabelecida do espaço-tempo convencional na narrativa clássica, é, em *Fiskadoro*, a própria futuridade pós-apocalíptica; a história estilhaçada e fragmentada que ele tem para contar, informa-nos o narrador, situa-se "num tempo entre as civilizações e num lugar ignorado pela autoridade" (p. 12), numa suspensão espaço-temporal entre o holocausto nuclear, atrás (e ao norte) dos baixios da Flórida, e a emergência de um novo reino e ordem religiosos algum tempo depois, em algum outro lugar. E, em todo o restante do livro, as súbitas e inexplicáveis mudanças de ponto de vista da narrativa, de personagem para personagem, bem como a trama frouxa e enviesada, colaboram para manter esse sentimento de suspensão e perambulação. O menino Fiskadoro, personagem-título e, segundo o(a) narrador(a), em seu futuro indeterminado, também uma espécie de futuro herói ("Fiskadoro, aquele que nos é mais conhecido dentre todos, o único que estava pronto quando chegamos", p. 12), tal como Glandier e Giselle em *O homem de negócios*, fica ausente do livro grande parte do tempo, enquanto a atenção e o ponto de vista deslocam-se para diversos outros personagens, dentre os quais se destacam o sr. Cheung, empresário da Orquestra Sinfônica de Miami, que não é lá grande coisa, morador e ex-candidato a prefeito de Twicetown (ou seja, Key West, na nomenclatura pré-apocalíptica), e sua avó, uma sobrevivente meio-inglesa e meio-chinesa da derrocada de Saigon e do holocausto, agora com mais de cem anos, "a pessoa mais velha sobre a terra" (p. 12).

Cada um desses personagens vive um relacionamento quase inteiramente anômalo e assincrônico com o mundo atual de objetos parciais, fragmentos e línguas compactadas, em que todos habitam tangencialmente. Fiskadoro, quando o encontramos pela primeira vez, está imerso na transição da adolescência para a idade adulta, precariamente situado numa constelação sexual edipiana entre a primitiva aldeia pesqueira de Exército (em certa época, em nosso tempo, presumivelmente uma base militar), onde vivem sua mãe e sua família, o impreciso vilarejo de Twicetown, onde mora o sr. Cheung, e as praias noturnas, onde Fiskadoro dança ao redor de fogueiras montadas em tambores de petróleo radioativo, junto com a gente da tribo que sai dos charcos depois do escurecer. O sr. Cheung, por sua vez, dedica-se a preservar os poucos retalhos malcasados da história e do conhecimento que conseguiu resgatar e enfurnar em local seguro — os nomes dos Estados, uma versão popular da Declaração da Independência, a música clássica a que ele se refere como "o *blues*", e sua própria avó: "A história", reflete ele, "a força do tempo — ele tinha consciência de estar doentiamente obcecado com essas idéias — inundam-nos como esse rock. Alguns de nós alinham-se com uma pequena força, uma frágil resistência que molda as coisas para melhor — creio realmente nisto: ergo-me contra as forças da destruição, contra as forças que levaram as máquinas embora" (pp. 122-3). Mas, para a velha senhora, vovó Wright, que se comporta "como se esquecesse tudo tão logo acontece" (p. 32), o fim do mundo começou "no dia em que seu pai se matou" (p. 72), e desde então não parou de acontecer — nem com sua fuga do Vietnã, nem com o holocausto nuclear, nem com qualquer outro acontecimento: "Fosse o que fosse, estava acontecendo agora, hoje, tudo aquilo, neste exato momento. Neste exato momento — *agora*, mudando e continuando o mesmo — havia o incêndio" (p. 125).

Além de se centralizar num protagonista apresentado como um sujeito unitário, um ideal de eu relativamente não-problemático e em evolução, na verdade, o romance tradicional, que Barthes e Cixous opõem ao "texto do gozo" ou ao "texto-mulher", oferece-nos uma acumulação coerente da experiência, representada, rotulada e ordenada para consumo imediato. No universo descentrado e gelatinoso de *Fiskadoro*, porém, afora as tênues circunstâncias que ligam os personagens (através do sr. Cheung, significativamente, como neto da anciã e ex-professor de música e quase-mentor de Fiskadoro), qualquer senso de desenvolvimento narrativo é solapado e dissipado pelas mudanças constantes e oblíquas de cronologia e de ponto de vista, desfazendo-se numa complexa e obscura música temática da memória, que leva à contracorrente de perda, distração e esquecimento e é arrastada por ela. Na verdade, os dois acontecimentos principais do romance começam, ambos, com a morte de um pai — o suicídio do pai de vovó Wright, quando ela ainda era menina em Saigon, e o afogamento do pai de Fiskadoro no mar. Ambos só são narrados retrospectivamente, e ambos terminam numa perda tão completa da memória e da identidade a ponto de constituir, simultaneamente, uma vida absolutamente vivida num puro presente e uma morte do eu. Fiskadoro foge da "fronteira desse país negro [o oceano] em que seu pai viveu" (p. 112), indo para os pântanos em busca de uma jovem negra dos charcos — rumo ao que se afigura, a princípio, em outras palavras, uma paisagem quintessencial do desconhecido, do feminino, do abjeto kristevano:

> Ela desaparecera no nada, mas ele sabia seguir-lhe os passos tão certeiramente quanto se portasse um mapa — não havia outro caminho a seguir senão para baixo. Abaixo do nível da duna, o vento ficava preso. Era como ser engolido vivo. O ar o sufocava; e ele reconheceu o odor — era o dela; ela exalava o cheiro dos pântanos, como sua terra natal e sua casa. Segui-la pelas dunas, para fora do alcance dos ouvidos e dos olhos de sua gente, com a cabeça girando e a garganta entravada pelo mel das lágrimas, era não saber se iria viver ou morrer. Não olhe para o que estou fazendo! implorou ao mar escuro. (p. 114.)

Contudo, se já existe algo de insuficientemente estável ou convencional nessa oposição oceano/pântano, como representação da cisão edipiana entre o Pai fálico e o Abjeto feminino — o mar, afinal, é o elemento em que se afogou Jimmy, o pai de Fiskadoro, e é também, na imaginação poética e psicanalítica convencional, precisamente uma imagem da imersão pré-edipiana na Mãe onipresente —, o que se segue à fuga de Fiskadoro complica e turva ainda mais essa paisagem psíquica. É que o próprio pântano, como ficamos sabendo retrospectivamente, muitas páginas depois, torna-se o local de um ritual de iniciação masculina, que tanto fracassa — e talvez se pretenda que fracasse — quanto logra introduzir Fiskadoro na ordem do Simbólico. Confundido pelo povo do pântano com um jovem de sua tribo, que, na realidade, afogou-se na rebentação — isto é, confundido como um novo corpo que carrega a mesma alma —, ele é arrastado por um complexo rito de iniciação em que as drogas que lhe são dadas dotam-no, a princípio, de uma total rememoração de sua vida inteira, e depois — mais ou menos no mesmo momento em que ele pratica uma subincisão em seu pênis com uma pedra afiada —, obliteram sua memória completamente: "Sua cabeça tornou-se um branco, e ele não sentia dor alguma. Agora, era como os outros homens" (p. 185).

Se essa é a introdução de Fiskadoro na masculinidade, trata-se, então, de uma introdução perversamente não-edipiana, ou até antiedipiana: como diz posteriormente um dos personagens secundários do romance, um contrabandista, traficante e vigarista ambulante chamado Martin, "Acho ... que as coisas que eles têm de lembrar de novo pra cerimônia, é tudo uma porção de porcaria. Nada importante. Os pais velhos só quer mesmo é que os meninos esquece. Quando 'tá tudo feito e acabado, os menino nem sabe o nome deles" (p. 163). Assim, através dessa abjeção-sujeição, Fiskadoro é mergulhado num perpétuo presente não-lingüístico em que "Todas as vezes que ele olhava para alguma coisa, ela surgia diante de seus olhos pela primeira vez, inexplicada e impossível de compreender" (p. 185), e no qual, uma vez de volta a sua casa em Exército, até sua mãe, Belinda, é apenas um corpo que se descobre deitado ali por perto à noite, algo que tatear, tocar e sondar, até ser afastado por ela com um tapa. Eventualmente, graças, em parte, aos serviços do sr. Cheung, a memória recente de Fiskadoro retorna em certa medida; mas, mesmo então, nas páginas finais do livro, "Fiskadoro não sabia do que seu professor estava falando, como raramente sabia do que qualquer um falava" (p. 217). Apesar disso, como até o sr. Cheung reconhece e admite na mesma cena, essa própria incompreensão e esquecimento são também uma fonte de força. "— Você será um grande líder", profetiza Cheung; "— Esteve no mundo deles e agora está neste mundo, mas não tem lembranças que o enlouqueçam" (p. 217).

Esse esquecimento, além disso, é o mesmo ponto derradeiro que vovó Wright atinge, em sua perpétua repetição de sua horripilante fuga de Saigon e do acidente de helicóptero que se segue a ela, em decorrência do qual a menina Marie Wright tem que ficar boiando no mar por pouco mais de dois dias e duas noites, muito depois de quase todos os outros a seu redor terem-se afogado:

> À hora do ocaso, ela era apenas um bebê, sem pensar em nada, absolutamente à deriva, acordando para tossir e começar a chorar, flutuando a esmo e chorando, dormindo e afundando, acordando para se desengasgar da água em sua boca e choramingar, indistinguível daquilo que via, que era o céu cinzento que não tinha identidade, interesse ou pensamento. Foi nesse ponto que ela atingiu o fundo de tudo, sem ter nenhuma idéia do que havia atingido ou de quem o atingira, ou sequer de que fora atingido. (p. 220.)

Somente nesse estado de perfeito esquecimento ela pode ser salva, do mesmo modo que somente agora, aliviado do fardo de sua história, sua língua e seu passado, Fiskadoro é capaz de abrir caminho para o novo futuro que, no fim do romance, talvez esteja vindo na direção deles três através da névoa que paira sobre o mar — "um barco branco, ou seria uma nuvem" (p. 220). Caracteristicamente, nunca descobrimos de qual se trata; ao contrário, no parágrafo final do romance, a linha entre o que ficou para trás e o que paira à frente, entre a lembrança e o esquecimento, a vida e a morte, esfumaça-se ainda mais, com o deslocamento do ponto de vista para vovó Wright, que ou está ainda relembrando, ou vendo o que está ali, no presente real, ou talvez finalmente morrendo: "Pendendo a cabeça num cochilo sob o pálio de suas recordações, ela acordou num sobressalto e viu outra vez a forma na bruma primeira da segunda manhã e do terceiro dia — uma pedra, uma baleia, um lugar branco a que se agarrar, dormir e respirar. E, em seu estado de despertar, despertou num sobressalto. E desse despertar, acordou" (p. 221).

Assim, essa análise descritiva dos temas e manobras de *Fiskadoro* leva a uma conclusão semelhante à que já havíamos chegado a propósito de *O homem de negócios*. Eis aí um romance, afinal, que não apenas subverte as categorias e convenções fixas da narrativa clássica — estabilidade da narração, especificidade e racionalidade do espaço-tempo, caracterização unitária e trajetória linear do desenvolvimento da trama —, como também toma como seu próprio tema a problematização e a demolição dos constructos edipiano-burgueses de identidade, continuidade e riqueza de acontecimentos. Um romance, além disso, em que até o único personagem que representa essas idéias retrógradas admite a atração (como diriam Deleuze e Guattari, para invocar mais dois teóricos pós-estruturalistas franceses[14]) do novo eu esquizóide e irrefreado, imerso em seus fluxos desejantes, flutuando livremente nas cálidas correntes amnióticas da semiótica kristevana ou barthesiana, não acorrentado pela memória a nenhum sentimento fixo do eu: "Havia algo de invejável naquilo", pensa o sr. Cheung, o ineficaz antagonista do esquecimento, na presença do novo não-eu de Fiskadoro: "Num mundo em que nada fosse conhecido, tudo seria novo. E, se você não consegue recordar os passos anteriores de seu dia, não presumirá que esteve simplesmente parado? Se não consegue lembrar de ter vivido ontem, sua vida não passa a ter apenas a duração de um dia?" (p. 192).

A pergunta, para o sr. Cheung, é mais ou menos retórica; expressa uma fantasia do que lhe parece, naquele momento, uma espécie de estado de bem-aventurança que ele é capaz de imaginar, mas que, dado seu apego à continuidade, à cultura e à história, não consegue compartilhar. É justamente neste ponto que quero insistir também nessa mesma pergunta, bem como num conjunto de perguntas rudes de minha própria lavra. Como é esse abençoado estado de ser, esse perpétuo presente esquizóide, esse êxtase em que entra Fiskadoro do outro lado de sua subincisão, e que a Giselle de *O homem de negócios* descobre ao penetrar no pegador de panelas e atravessá-lo, rumo a sua encarnação final como espírito de uma árvore?

> Pensar não passava de uma espécie de melodia que ela podia cantarolar ou não, como desejasse. ... Havia algo de muito agradável em não ter

> pensamento algum. Bem parecido com nadar embaixo d'água, só que sem a necessidade de prender a respiração. No entanto, de certo modo, ela *estava* pensando. Mesmo esse lento deslizar subaquático de tênue prazer era uma *espécie* de pensamento, o pensar de uma árvore, uma maneira de balançar na brisa e não ir a parte alguma. (*O homem de negócios*, p. 211.)

Se esses textos pós-modernos, como afirmei até aqui, realmente nos oferecem uma encarnação, uma corporificação, um *sabor* de algo como a utopia radical que um pós-estruturalismo ostensivamente feminista e anticapitalista nos assinalou teoricamente, será que nossa experiência desses momentos, como leitores, tenta-nos, inequivocamente, a nos desconstruirmos e disseminarmos (se é que já não o fizemos), a atravessarmos o pegador de panela, tomarmos a droga do povo dos pantanais e nos transformarmos, nós mesmos, em espíritos?

Essas são perguntas retóricas, é claro, provocações grosseiras contra as quais, a menos que eu vá com cuidado, poderão ser levantadas objeções muito mais substantivas do que apenas as que poderiam ser levantadas contra minha falta de tato. Portanto, permitam-me apressar-me a dizer que não considero que nenhuma das representações que nos são proporcionadas por esses romances, ou, aliás, nenhuma de nossas reações a essas representações, por mais claras, ambíguas ou complexas que sejam, se origine em alguma terra do nunca além da ideologia, na Experiência desentravada ou não-mediada em si, na sólida terra firme do Real. Nem tampouco, como talvez já esteja claro, creio que a teoria pós-estruturalista emane de qualquer zona transcendental desse tipo. Contudo, admitir a natureza intrinsecamente ideológica de todas essas representações, reações e argumentos, inclusive os meus aqui, não precisa nem deve levar a um repúdio simplista deles como *mera* ideologia: não, se o ideológico (e o discursivo) só emerge em conjunção com uma prática social ativa, com coletividades e instituições específicas; não, na medida em que, de fato, os discursos ideológicos dados surtem efeitos, irrefutavelmente, e literalmente deixam suas marcas no mundo.

É nesse sentido, e com essas ressalvas em mente, que ainda podemos, mesmo nesta era pós-althusseriana, seguir o dito de Frank Kermode de que "as ficções são feitas para descobrir coisas; e mudam conforme se modificam as necessidades de dar sentido".[15] Então, que significa termos, de um lado, o que a esta altura é um verdadeiro legado de textos, conceitos e argumentos teóricos que criticam a narrativa clássica e o eu unitário burguês, em nome da heteroglossia, da disseminação, do descentramento, do fluxo do semiótico e de uma nova subjetividade pós-edipiana e não-unitária que, "sendo múltipla e insubordinada ... pode resistir à subjugação" (Cixous), e, de outro lado, termos esses dois romances pós-modernos, com suas representações e encarnações, suas *experimentações*, quero dizer, justamente desses estados tão radicais do ser-em-fluxo — experimentações que, por sua vez, excitam em nós um deleite ambivalente e temeroso, uma mescla de *jouissance* e repulsa, na melhor das hipóteses? Com que práticas, instituições e coletividades sociais estão alinhados esses vários discursos e reações intrinsecamente ideológicos, e que tipos de prática, instituições e coletividades sociais eles refletem, profetizam e reforçam?

Uma completa elaboração genealógica dessas questões exigiria, obviamente, uma argumentação muitas vezes mais longa do que este ensaio. Em vez de tentar empreendê-la, portanto, tentarei, ao contrário, formular algumas proposições e sugestões superpostas provisórias e, espero eu, instigantes, como ponto de partida para o trabalho teórico e político que está diante de nós para ser feito. Um aspecto central desse trabalho, tal como o imagino, implicaria tomar a questão do campo sócio-histórico em que nossas atuais ideologias estruturalistas e pós-estruturalistas *das* relações entre a ideologia e a formação do sujeito surgiram pela primeira vez e assumiram sua forma atual; primeiro, na obra de Althusser e, posteriormente, nas de Barthes, Kristeva, Cixous e, na Inglaterra, de seus pelotões de *epigoni*, no e em torno do jornal cinematográfico *Screen*. Não pretendo denegrir ou enodoar o valor de grande parte dessa obra; na verdade, parece-me que a concepção althusseriana do sujeito como sede da intersecção de toda uma mistura sobredeterminada de discursos e apelos ideológicos que o mantêm unido, por assim dizer, no lugar, produziu um amplo e importante espaço para novas estratégias políticas e trabalhos teóricos. Mas o que agora me parece constituir, quase vinte anos depois do famoso ensaio sobre os aparelhos ideológicos do Estado,[16] o traço mais historicamente sintomático dessa obra influente é a ênfase que, dentro dela, Althusser deposita na espúria *unidade* do sujeito efetivamente interpelado. Essa ênfase, combinada com seu interesse bastante exclusivo pelos aparelhos ideológicos *do Estado* — em outras palavras, pela interpelação exclusivamente como *sujeição* à condição de trabalhador dócil, consumidor satisfeito e cidadão obediente —, ajudou a abrir caminho para uma virtual equação entre a subjetividade unificada e a subjugação, na obra outrora radical que se seguiu àquele ensaio durante os anos setenta e até um ponto bem avançado da década atual.

Chamo-a historicamente sintomática porque essa ênfase, bem como a equação que foi posteriormente colocada em suas costas, são sumamente suspeitas como pressupostos fundamentais de uma compreensão da natureza do sujeito e da sujeição ideológica nas metrópoles do capitalismo avançado do Primeiro Mundo. Aqui, pelo menos para nós (um *nós* que pretendo especificar logo adiante), parece que o problema a ser elaborado e, em última instância, politicamente transformado numa estratégia, é justamente o do sujeito *des*unificado e *des*centralizado, o de uma vasta gama de aparelhos ideológicos, desde a propaganda até a educação, desde a política até a MTV, que tanto funcionam para *des*articular o sujeito quanto para interpelá-lo, e que oferecem, não os antigos prazeres do "autoconhecimento", do conhecer e aceitar nosso lugar, mas os novos deleites proporcionados por uma *bricolage* e uma indistinção em constante mudança. "Essa", escreve John Brenkman, "é a dupla tendência do capitalismo tardio e de sua cultura — fazer da separação do sujeito no objeto consumido o cerne da experiência social, e destruir o espaço em que as contra-ideologias proletárias podem-se formar. ... O capital não sabe falar, mas sabe se acumular e se concentrar nos meios de comunicação, nos acontecimentos e nos objetos imbuídos do poder de transformar os discursos da experiência coletiva num discurso que se assemelha à intersubjetividade como serialidade."[17]

Assim, parece haver alguma coisa quase nostálgica na ênfase althusseriana na espúria unidade do sujeito ideologicamente interpelado, um componente nostálgico ou regressivo em sua oposição a um modo de sujeição cujo tempo está passando ou já passou. Nesse aspecto, o trabalho de Althusser sobre a ideologia no ensaio *Os aparelhos ideológicos do Estado* compartilha com os acontecimentos de maio de 1968 (aos quais se diz que ele constituiu uma reação simpatizante) uma curiosa e irônica cumplicidade com as forças desarticuladoras do presente perpétuo do capitalismo de consumo. Como disse o próprio Regis Debray, em retrospectiva, sobre os eventos de maio de 1968, "Içamos nossas velas rumo à China de Mao e acabamos no sul da Califórnia". Essa cumplicidade, pois, aprofundou-se em boa parte do trabalho pós-estruturalista que se seguiu, na esteira daquele momento originário, e tornou-se um elemento significativo das formas e projetos utópicos que aquele trabalho tentou descrever. A questão ainda continua a ser "*desacoplar* e *desintegrar* o conjunto vigente de discursos através dos quais se formam as identidades de sujeito";[18] a meta é o eu desacoplado, desintegrado, o "texto-mulher" ou a "ópera fabular" descritos por Cixous, dissolvendo-se num caldo de *jouissance* barthesiana. Ou, talvez, como parece sugerir ao menos um crítico pós-marxista e pós-estruturalista, essa meta já tenha sido atingida, o mundo nos pertença agora mesmo:

> Assim, descobrimos viver num mundo em que, por opção ou circunstância [?!], todos nos tornamos especialistas. Deparamos com sinais e usamos sinais — roupas e penteados, programas de rádio e TV, jornais, filmes, revistas e discos — que, circulando nas linguagens leigas das visões e sons habituais, não têm nenhum autor evidente. E, no final das contas, o que importa não são os sinais individuais, que exigem atenção isolada, mas sim as ligações ou a "montagem" resultantes — o estilo, a moda, a imagem.[19]

É o horror a esse paraíso, dentro dessa bem-aventurança, que os romances pós-modernos de Johnson e Disch desencadeiam em nós, permitindo-nos experimentar esse estado paradisíaco de nos encontrarmos em algum ponto próximo ou além da linha assintótica para onde nos impele a mágica viagem misteriosa do capitalismo de consumo: rumo à passagem de Fiskadoro, através de uma paisagem pós-nuclear e pós-edipiana montada, para um estado de presentificação e receptividade puras, uma vida que "sempre dura um só dia"; rumo à passagem de Giselle, através do pegador de panelas, com seu padrão que se repete "descuidadamente, sem nenhum sentido, vez após outra", para um "lento deslizar subaquático de tênue prazer ... o pensar de uma árvore, uma maneira de balançar na brisa e não ir a parte alguma". Ou então, de maneira ainda menos ambígua, rumo à percepção que a sra. Hanson tem de sua vida, na metrópole pós-moderna do *334* de Disch, como puro "passatempo":

> Não era um jogo, pois isso implicaria que alguns ganhavam e outros perdiam, e ela raramente tinha consciência de qualquer sensação assim tão vívida ou ameaçadora. Era como as tardes de Monopólio com seus irmãos, quando ela era menina: muito depois de seus hotéis, suas casas, seus títulos e seu dinheiro terem desaparecido, eles a deixavam continuar a movimentar seus naviozinhos de guerra de chumbo ao redor do tabuleiro, coletando seus 200 dólares, assaltando a Caixa Lotérica e Comunitária, indo para a cadeia e safando-se dela. Nunca venceu, mas não tinha como perder. Apenas continuava girando e girando. Vida.[20]

No entanto, a avaliação negativa do projeto pós-estruturalista e de sua utopia pós-moderna que fiz até agora é dura demais, global demais e simples demais, tal como se apresenta; por conseguinte, precisa de algumas ressalvas e complicações em pelo menos dois sentidos, apesar de serem sentidos que só posso indicar muito sucintamente aqui. Antes de mais nada, quero insistir mais uma vez num ponto que discuti mais extensamente em outro texto: em que o pós-modernismo (e, *a fortiori*, o pós-estruturalismo, sua mais destacada expressão filosófico-teórica) não pode ser compreendido, da maneira mais valiosa ou exata, como uma secreção essencial do capitalismo tardio *tout court*,[21] e menos ainda como um conjunto de discursos e práticas sem seu próprio sujeito ou alvo social.[22] Esse alvo ou epicentro ainda me parece ser o que se tem chamado de classe profissional-empresarial do Ocidente desenvolvido, situada como está numa relação contraditória tanto com o Capital, acima, quanto com o Trabalho, abaixo (e, cada vez mais, além) de seu âmbito, sua posição e seu alcance constantemente ampliados, e também autora e público-alvo primordial da maioria das obras, das principais correntes de influência (ou seja, inclusive um número ainda maior de comerciais de televisão, pelo menos nos EUA de hoje) e da vanguarda pós-modernistas.[23] Fazer uma extrapolação dessa estrutura de sentimento a que chamamos pós-modernismo, para além das fronteiras dessa classe reconhecidamente ampla, heterogênea, desigualmente desenvolvida e ambiguamente posicionada, como se todo o mundo no Ocidente estivesse uniformemente sujeito a seus ritmos, êxtases e horrores, parece uma maneira certa de contornar ou fechar antecipadamente todas as importantes questões políticas de como podem o pós-modernismo e a classe profissional-empresarial ser mobilizados e radicalizados: ou seja, de saber com que outros discursos, práticas e sujeitos sociais eles podem estar ligados, de que maneiras e com que fins. Ou o pós-modernismo está em toda parte, saturando igualmente o universo dos advogados empresariais brancos, das mães solteiras que dependem da assistência social e dos (ex-)operários negros de fábricas, tal como os resíduos das descargas dos automóveis, que agora podem ser encontrados até mesmo nas encostas mais baixas do Everest — caso em que, na melhor das hipóteses, só podemos esperar pelo soar da trombeta revolucionária em algum lugar do Terceiro Mundo, em algum futuro desconhecido —, ou então, se o pós-modernismo é simplesmente um novo conjunto de discursos e práticas, estamos livres para incorporá-los, a eles também, em nossos intermináveis e desgastados jogos de montar, como consumidores avançados que somos. De qualquer modo, as dificuldades e possibilidades realmente políticas que emergem do pós-modernismo e de nossa posição dentro do atual modo de produção são evitadas e obscurecidas com muito sucesso — e, por conseguinte, serão retomadas e elaboradas, politicamente, por outras potências das "trevas reacionárias" que Barthes nos convida a "atravessar agilmente".[24]

Minha segunda ressalva provém de uma direção bem diferente: do feminismo. Ou, mais especificamente, de uma posição, dentro do feminismo, a partir da qual o ataque pós-estruturalista ao sujeito edipiano burguês e a hostilidade em relação a qualquer conceito normativo do eu unificado fazem muito mais sentido político do que, até o momento, dispus-me a conceder-lhes aqui. Não se trata, meramente, de a grandiosa unidade do edipiano (ou o mito dela proveniente) ser, notoriamente, construída em oposição e através da contraconstrução de um não-eu Feminino dominado e abjeto, como seu Outro assimétrico; trata-se, como afirmou recentemente Denise Riley, de que a própria categoria "mulheres", ao longo de toda a história, tem sido empregada por homens e mulheres, em conjunção com um assombroso sortimento de outras categorias (especialmente, sugere ela, as de "o social" e "o corpo"), para promover uma variedade e um espectro igualmente vastos de agendas. "'Mulheres'", escreve ela, "é, ao mesmo tempo, uma base e um irritante do feminismo, e o é constitucionalmente":

> Na verdade, a compensação pela miríade de denominações dadas às "mulheres" pelas psicologias, pelas políticas e pelas sociologias é que, mediante esse custo, as "mulheres" realmente se transformam numa força a ser levada em conta. Mas o senão é que, apesar disso, os elementos arriscados dos processos de consolidação nas classes sexuadas nunca estão muito longe; a coletividade que a distingue também pode ser manipulada, mesmo que muitas vezes inintencionalmente, contra você. ... A perigosa intimidade entre subjetivação e sujeição precisa de uma calibragem cuidadosa.[25]

Tendo por pano de fundo essa suspeita historicamente justificada, a hostilidade de feministas pós-estruturais como Cixous diante de qualquer identidade ou nome estáveis para as "mulheres", bem como a defesa de uma subjetividade escorregadia, resistente e inconstante, tornam-se, em larga medida, *estrategicamente* compreensíveis. Contudo, ainda vale notar que a eficácia dessas recusas estratégicas a nomear, identificar e consolidar fica estritamente limitada à resistência. A *transformação* radical, em contraste, seja em direção ao feminismo ou ao socialismo, exige mais do que ruptura, desacoplamento e esquiva; requer, precisamente, a construção de novas subjetividades e comunidades *coletivas*, capazes de uma ação deliberada em prol de finalidades e metas comuns. Como diz Terry Eagleton, ao final de sua exposição predominantemente favorável da obra de Kristeva:

> Tampouco a demolição do sujeito unificado é em si um gesto revolucionário. Kristeva percebe, acertadamente, que o individualismo burguês viceja nesse fetiche, mas seu trabalho tende a se deter no ponto em que o sujeito é fragmentado e lançado na contradição. Para Brecht, em contraste, a desarticulação de nossas identidades dadas, através da arte, é inseparável da prática da produção de um tipo inteiramente novo de sujeito humano, que necessitaria conhecer não apenas a fragmentação interna, mas também a solidariedade social, que vivenciaria não apenas as gratificações da linguagem libidinal, mas também as realizações de combater a injustiça política.[26]

Minha intenção conclusiva aqui, no entanto, não é apoiar um modernismo marxista em oposição a um feminismo pós-moderno, e emitir um endosso inflamado, nostálgico e, em última instância, inútil de Brecht, em detrimento de Kristeva. Ela consiste, antes, em clamar por um reconhecimento, precisamente, da separação que *de fato* existe para nós — como socialistas, como feministas, como membros da classe profissional-empresarial — entre "demolir" e "construir": um reconhecimento que deve não apenas ser acompanhado por uma insatisfação com a inadequação da estratégia anterior, isoladamente — como aqui afirmei através do uso das poderosas, adoráveis e perturbadoras encarnações da bem-aventurança pós-moderna que nos são proporcionadas por Disch e Johnson —, mas também acompanhado por um projeto de autocompreensão histórica. Com uma compreensão apropriadamente histórica e materialista das origens sociais do pós-modernismo e do pós-estruturalismo no capitalismo tardio e na sociedade de consumo, e de nosso lugar específico e nosso dúbio e cúmplice fascínio/repulsa dentro dessa estrutura de sentimento e do universo social particular que nos é próprio, poderíamos ser capazes de acionar a verdadeira tarefa estratégica de construir novas subjetividades e vontades políticas, entre nós e junto com os outros. Sem essa compreensão, entretanto — e essa é minha última provocação vulgar —, estaremos condenados a reciclar nosso fascínio/repulsa em ensaio após ensaio, conferência após conferência, antologia após antologia sobre a cultura pós-modernista e sobre a subjetividade delirante, horrorizante e descentrada com que vivemos, amamos e vilipendiamos: condenados a encenar e reencenar, como intelectuais de esquerda, nossa própria versão da travessia do pegador de panelas, rumo a nosso esquecimento conquistado num paraíso duvidoso, num céu em que, como canta David Byrne, dos Talking Heads, "nada jamais acontece", e no qual não mereceremos nada além do que — eventualmente, incessantemente, *ad nauseam* — recebermos.

Notas

1. A figura é conhecida como "Wife or Mother-in-Law" ["Esposa ou Sogra"] e foi apresentada por W. E. Hill no *American Journal of Psychology* (vol. 42, p. 144, 1930). (N. da T.)

2. Truque visual que leva a ilusões de ótica, em francês no original. (N. da T.)

3. Gozo, em francês no original. (N. da T.)

4. Ver a discussão de E. Ann Kaplan sobre as possibilidades feministas de um pós-modernismo utópico em "Feminismo/Édipo/Pós-modernismo: O Caso da MTV", incluído neste volume.

5. Sobrecapa da primeira edição encadernada de *The Businessman* (Nova York, Harper & Row, 1984). As referências de página subseqüentes remetem a essa edição.

6. *Fundamental Disch* (Nova York, Bantam Books, 1981), p. 379.

7. Rebuscada, em francês no original. (N. da T.)

8. *Fantasy: The Literature of Subversion* (Nova York, Methuen, 1981), p. 3.

9. Ver Julia Kristeva, *Powers of Horror*, trad. de Leon S. Roudiez (Nova York, Columbia University Press, 1982), *passim*; e também a perspicaz discussão de Barbara Creed, "Horror and the Monstrous-Feminine: An Imaginary Abjection", em *Screen*, 26, 2 (primavera de 1987), pp. 47-68.

10. Roland Barthes, *The Pleasure of the Text*, trad. de Richard Miller (Nova York, Hill & Wang, 1975), p. 53.

11. Barthes, pp. 14 e 31.

12. "The Character of 'Character'", tradução de Keith Cohen, in *New Literary History*, 5 (1974), p. 387.

13. Embora o material sobre minha edição em brochura de *Fiskadoro*, significativamente, também oscile entre a "alta" cultura e a "inferior" para expor seus termos comparativos. Observem-se, por exemplo, as referências mistas à literatura canônica e à cultura popular contemporânea nos seguintes excertos, extraídos, respectivamente, de críticas laudatórias no *New York Times* e no *Washington Post*, citadas na capa da brochura:

> Desvairadamente ambicioso ... o tipo de livro que um jovem Melville poderia ter escrito, se vivesse nos dias atuais e houvesse estudado obras tão

díspares quanto a Bíblia, "The Waste Land", *Fahrenheit 451* e *Dog Soldiers*, assistido várias vezes a *Guerra nas estrelas* e *Apocalipse*, tomado um bocado de ácido e ouvido horas de Jimi Hendrix e dos Rolling Stones.

Ele [Johnson] é um esplêndido contador de histórias, e se *Fiskadoro* parece, às vezes, uma mistura de Samuel Beckett, Philip K. Dick e *Road Warrior*, isso só faz conferir-lhe mérito.

Todas as referências de página subseqüentes dizem respeito a essa edição (Nova York, Vintage Contemporaries, 1986).

14. Ver, por exemplo, *Anti-Oedipus: Capitalism and Schizophrenia*, trad. de Robert Hurley, Mark Seem e Helen R. Lane (Nova York, Viking, 1977) [*O Anti-Édipo: Capitalismo e Esquizofrenia*, trad. de Georges Lamazière, Rio, Imago, 1976].

15. *The Sense of an Ending: Studies in the Theory of Fiction* (Nova York, Oxford University Press, 1966), p. 39.

16. "Ideology and Ideological State Apparatuses", *in Lenin and Philosophy*, trad. de Ben Brewster (Nova York, Monthly Review Press, 1971), pp. 127-86.

17. "Mass Media: From Collective Experience to the Culture of Privatization", em *Social Text*, 1 (primavera de 1979), pp. 100-101 e 105.

18. Tony Bennett, "Text and History", *in* Peter Widdowson (org.), *Re-reading English* (Nova York, Methuen, 1982), grifo meu.

19. Ian Chambers, *Popular Culture: The Metropolitan Experience* (Nova York, Methuen, 1986), p. 12.

20. *334* (Nova York, Carroll & Graff, 1987), pp. 169-70.

21. Puro e simples, em francês no original. (N. da T.)

22. O tema é muito extensamente discutido em "'Makin' Flippy-Floppy: Postmodernism and the Baby-Boom PMC", *in* Mike Davis, Michael Sprinker e Fred Pfeil (orgs.), *The Year Left* (Londres, Verso, 1985), pp. 263-95. Mas os leitores interessados devem também verificar a análise descritiva de Richard Ohmann sobre a hegemonia cultural dessa classe, no tocante à literatura e aos estudos literários, na segunda metade de *English in America* (Nova York, Oxford University Press, 1973) — uma análise que pode e deve agora ser estendida também a outros campos culturais e meios de comunicação.

23. A expressão Capital e Trabalho origina-se no clássico ensaio do mesmo nome, de Barbara e John Ehrenreich, que pode ser facilmente encontrado em Pat Walker (org.), *Between Labor and Capital* (Boston, South End Press, 1979), pp. 5-45. Os outros ensaios dessa coletânea, respondendo ao texto dos Ehrenreich, também são dignos de nota, na medida em que são indicativos do debate que se seguiu e no qual houve pouca discordância direta das asserções dos Ehrenreich, assim como também não houve grande compromisso real com elas. Em vez disso, fez-se uma tentativa de enfurnar a análise e os prementes problemas políticos que ela coloca diante da esquerda norte-americana num denso matagal de altercações terminológicas mal-humoradas e de obscuras minudências bizantinas.

24. *The Pleasure of the Text*, p. 31. Mas cabem aqui mais uma ou duas palavras, nem que seja apenas nesta nota, sobre a natureza e as origens sociais de alguns dos elementos dessas "trevas reacionárias", nos dois livros abordados. Devo a minha amiga Sohnya Sayres a observação de que *Fiskadoro* e *O homem de negócios* reconhecem e afastam o desafio ideológico do discurso religioso ressur-

gente — *Fiskadoro*, através do desapego estetizado de seu elevado estilo poético, e *O homem de negócios*, através de seu elaborado solapamento de qualquer fronteira convencional entre o sagrado e o secular e/ou banal, sua intransigente e jovial excentricidade. Em *Fiskadoro*, além disso, essa operação é especificamente vinculada à promessa e à aflição diante da ascensão de mais uma civilização, presumivelmente não-branca e não-ocidental, após o colapso autodestrutivo da atual. Não será possível, nesse caso, entendermos esses dois livros como uma medicina homeopática para a classe profissional-empresarial, introduzindo e retirando a explosividade dos discursos potencialmente ameaçadores provenientes de outras raças, classes e regiões, fora de nosso próprio complexo? Ou ainda, colocando essa mesma questão de maneira ligeiramente diferente: sob que ponto de vista esses discursos se afiguram como "trevas reacionárias", mais ou menos por definição — trevas que, de um modo ou de outro, devem ser suficientemente dissipadas para que *nós* possamos "atravessá-las agilmente", sem nenhum desconforto desnecessário e nenhum sentimento de ameaça?

25. "Does Sex Have a History? 'Women' and Feminism", *New Formations*, 1 (primavera de 1987), p. 44.

26. *Literary theory: An Introduction* (Minneapolis, University of Minnesota Press, 1983), p. 191.

5

O renascimento urbano e o espírito do pós-modernismo

MIKE DAVIS

É costumeiro os historiadores falarem da morte da era vitoriana em 1914, ou da persistência do reinado de um longo século XVI político-monetário até meados do século XVII do calendário. Ademais, há inúmeras incitações, na análise cultural (senão política) contemporânea, a encararmos o antigo século XX — predominantemente definido pelas duas grandes guerras e suas revoluções concomitantes — como havendo chegado ao fim em algum ponto entre os beats e os punks, Sartre e Foucault. O ensaio de Fredric Jameson, "The Cultural Logic of Late Capital" (*New Left Review*, 146), é uma audaciosa tentativa de argumentar em favor dessa transição memorável. De fato, registrando uma cesura a partir do início dos "longos anos sessenta", Jameson chega a ponto de sugerir a predominância de uma nova sensibilidade ou atitude cultural "pós-modernista", esmagada num Presente ilusório e sem profundidade e privada de coordenadas históricas, empatia imaginativa ou mesmo *Angst* [angústia] existencial. Com uma extraordinária facilidade para estabelecer conexões e contrastes inesperados (como entre a arquitetura e as reportagens de guerra), ele persegue a lógica da nova ordem cultural — baseada no reprocessamento e "canibalização" maníacos de suas próprias imagens — através de várias manifestações da literatura, poesia, música e cinema atuais. É a arquitetura, entretanto, "a linguagem estética privilegiada", que revela a relação mais sistemática e praticamente "não-mediada" entre a experiência pós-moderna e as estruturas do capitalismo tardio. Assim, segundo Jameson, o "novo espaço mundial do capital multinacional" encontra sua representação "impossível" nos "hiperespaços" de vidro espelhado e aço do Hotel Bonaventure, em Los Angeles, e de outras megaestruturas urbanas contemporâneas.

Essa visão do fim do século XX como o triunfo do pós-modernismo — e, correlativamente, a concepção do pós-modernismo como a "dominante" cultural que corresponde ao estágio mais elevado e "mais puro" do capitalismo — tem um toque revigorante. Ela arregimenta uma miscelânea de observações parciais e discrepantes num foco coerente, ao mesmo tempo que proporciona uma certa base de segurança no que é o mais escorregadio dos terrenos para os marxistas: a teorização da contemporaneidade. A capacidade de sintetizar vastos trechos da história moderna e pós-moderna, de focalizar seus respectivos vetores em ocasiões ou momentos exemplares, e de fornecer uma visão sinóptica de como se encaixam as peças desse complexo quebra-cabeça, tudo isso é uma realização que poucos podem reivindicar, e pela qual os trabalhadores contemporâneos dos campos da cultura, da política e da história devem ser permanentemente gratos. Mas, como todas as totalizações imponentes (modos de pensar com que Althusser, entre outros, nos ensinaram a ter cautela), o pós-modernismo de Jameson tende a homogeneizar os detalhes da paisagem contemporânea, a agrupar num conceito-mestre um número demasiadamente grande de fenômenos contraditórios, que, apesar de indubitavelmente visíveis no mesmo momento cronológico, ainda assim estão separados em suas verdadeiras temporalidades.

Começando com uma queixa meramente formal. A categoria de "dominante cultural", que ocupa uma posição epistemológica tão crucial na argumentação de Jameson, parece constituir-se em apenas mais um nome para a esquiva Grande Baleia Branca da crítica cultural — seu *objeto* específico —, que tantos têm perseguido, com que têm lutado por algum tempo (alguns vindo a afogar-se no devido tempo) e, depois, invariavelmente deixado escapar. Descrito em Jameson como um "campo de forças", uma "norma cultural sistemática" ou uma "linguagem cultural", o pós-modernismo, em sua posição dominadora ou hegemônica, parece assumir, alternadamente, a condição de "sensibilidade", "estética", "aparelho cultural" ou até "episteme". Um contínuo deslizar entre os momentos subjetivos e objetivos, entre espectador e espetáculo, esquiva-se da introdução do esclarecimento necessário, embora insuficiente, que faz Perry Anderson (num debate com Marshall Berman sobre o sentido do modernismo, em *NLR* 144) entre a *experiência* da (pós-)modernidade e a *visão* do (pós-)modernismo.

Mais problemática ainda é a afirmação de que o pós-modernismo é a lógica cultural do capitalismo tardio, o sucessor do modernismo e do realismo como culturas, respectivamente, dos estágios monopolista e competitivo do capitalismo. Esse conceito de três estágios do capital e dos três estágios da cultura burguesa pode afigurar-se a alguns como o violento retorno do essencialismo e do reducionismo. Sem dúvida, há pelo menos uma semelhança superficial com o mundo ordeiramente arrumado e antiquado das superestruturas convenientemente correspondentes que associamos ao marxismo do Comintern depois de Lenin. Mas, mesmo que ponhamos de lado a questão de determinar se Jameson está funcionando como uma espécie de Lukács fracassado, há dificuldades incontornáveis no estabelecimento de um "encaixe" inicial entre o pós-modernismo e o conceito mandeliano de estágio capitalista tardio.

Para Jameson, é crucial demonstrar que os anos sessenta foram um ponto de ruptura na história do capitalismo e da cultura, e estabelecer uma relação "constitutiva" entre o pós-modernismo, a nova tecnologia (mais de *reprodução* que de produção) e o capitalismo multinacional. Entretanto, *Late Capitalism*, de Mandel (originalmente publicado em 1972), declara em sua primeira frase que seu objetivo central é compreender "a longa onda *pós-guerra* de crescimento rápido". Todos os seus textos posteriores deixam claro que Mandel considera que a verdadeira ruptura, o fim definitivo da longa onda, foi o "segundo declínio" de 1974-75, e que a rivalidade interimperialista exacerbada foi um de seus traços primordiais (ele criticou a ênfase na "multinacionalização" como principal característica do capitalismo contemporâneo). A diferença entre o esquema de Jameson e o de Mandel é crucial: terá o capitalismo tardio nascido em torno de 1945 ou de 1960? Serão os anos sessenta o alvorecer de uma nova era, ou apenas o ápice superaquecido do surto de desenvolvimento do pós-guerra? Onde se encaixa o declínio numa exposição das tendências culturais contemporâneas?

Quando a arquitetura norte-americana é tomada como exemplo, fica claro que o esquema de Mandel é melhor para traçar a relação entre as formas culturais e as fases econômicas. Como sabe qualquer leitor de Tom Wolfe,[1] as "casas de abelhas" coletivas do Estilo Moderno Superior (ou Internacional) dominaram completamente a renovação urbana do pós-guerra, chegando a uma espécie de apoteose no final dos anos sessenta, com a construção de superarranha-céus como o World Trade Center e os prédios da John Hancock e da Sears. O "modernismo", ao menos na arquitetura, permaneceu como a estética funcional do capitalismo tardio, e os anos sessenta devem ser vistos como uma década predominantemente *fin-de-siècle*, mais culminação do que começo.

Se a equação de Jameson entre o pós-modernismo e o capitalismo tardio *tout court* não se sustenta, com que tendências político-econômicas podemos correlacionar a mudança de sensibilidade representada pelo pós-modernismo? A preservarmos a hipótese de que o Renascimento norte-americano do centro das cidades e seus ambientes futuristicamente construídos constituem chaves para decifrar um padrão cultural e vivencial mais amplo, eu sugeriria a reinterpretação do pós-modernismo em termos de duas coordenadas alternativas: primeiro, a ascensão de novos circuitos internacionais de renda na atual fase de crise do capitalismo; segundo, o abandono definitivo do ideal da reforma urbana como parte da nova polarização de classes que vem ocorrendo nos Estados Unidos.

O espírito do pós-modernismo

Num estilo floreado tipicamente schopenhaueriano, Mies van der Rohe declarou, certa vez, que o destino da arquitetura moderna era traduzir "a vontade da era no espaço"; de fato, a silhueta dos arranha-céus da década de 1960 trouxe a assinatura da era do fordismo e do poder das 500 maiores empresas industriais da *Fortune*. A tendência pós-moderna na arquitetura, entretanto, tem pouca relação orgânica ou expressiva com a produção industrial ou com a tecnologia emergente; ela não está erguendo "catedrais de microcircuitos integrados", nem tampouco, primordialmente, cantando os hinos da IBM. Em vez disso, tem dado uma liberdade de exibição maior do que nunca ao espírito do capital ficcional. Rebelando-se contra a austeridade do funcionalismo miesiano, ela rompeu com todas as alusões ao processo de produção e desprendeu a forma-mercadoria dos prédios de seus esteios no valor de uso. Ao fazê-lo, conseguiu uma jocosa inversão da relação anterior entre a monumentalidade e a mercadoria individual: o prédio da ATT em estilo Chippendale, de Philip Johnson (ou o "telefone público cor-de-rosa", como é às vezes chamado), é um dos exemplos mais popularmente célebres do cômico ou patético triunfo do objeto conhecido sobre a estrutura abstrata funcionalizada. Nas mãos da arquitetura pós-modernista, o arranha-céu passa de máquina monumental a elemento colecionável maciço. (Assim, Johnson propôs, com seu sócio John Burgees, substituir o famoso marco de Nova York, o prédio nº 1 da Times Square, por uma gigantesca maçã!)

Como podemos interpretar essa transformação warholesca senão como uma completa usurpação dos princípios residuais do produtivismo capitalista pela lógica da especulação e das técnicas de comercialização? Enquanto o arranha-céu "clássico" romanceava a hegemonia da burocracia empresarial e da produção em massa, a torre pós-moderna é meramente "um pacote de espaços padronizados a ser embrulhado para presente conforme o gosto do freguês".[2] Na verdade, o fenômeno pós-modernista parece ser irredutivelmente específico da superconstrução inconseqüente de espaços comerciais que vem ocorrendo desde 1974, e que prosseguiu freneticamente até mesmo durante a depressão da aguda recessão de 1981-82. Como todos sabem, essa grande bolha da construção foi inflada, não pela expansão da produção industrial civil, mas pelos lucros do petróleo, pelas dívidas do Terceiro Mundo, pelos gastos militares e pela evasão global do capital para o porto seguro da América de Reagan. Essa expansão hipertrofiada do setor financeiro de serviços não é um estágio novo e superior do capitalismo — nem mesmo na América os especuladores podem continuar a construir arranha-céus pós-modernistas interminavelmente, para que outros especuladores os comprem —, mas um mórbido sintoma da superacumulação financeira, prolongada pela fragilidade do movimento trabalhista norte-americano e pelos temores do capital produtivo diante de um colapso geral. Assim, embora a exposição jamesoniana da realidade fenomenal do pós-modernismo seja aguda e penetrante, sua teorização desse momento como o sentido superficial de uma estrutura mais profunda de integração multinacional no sistema capitalista mundial (significativa e incorretamente, Jameson combina as exposições diferentíssimas do capitalismo fornecidas por Wallerstein e Mandel) perde de vista o aspecto crucial das estruturas capitalistas contemporâneas de acumulação: que elas são sintomas de uma crise global, e não sinais do triunfo do irresistível impulso do capitalismo para a expansão.

A história da reurbanização do centro da cidade de Los Angeles é um exemplo particularmente vívido de como o novo "renascimento" urbano tem-se tornado, cada vez mais, uma função da especulação financeira internacional, numa escala sem precedentes. Na primeira fase imediata do pós-guerra, a maltratada área de Bunker Hill, adjacente ao centro cívico de Los Angeles, foi destinada à habitação popular em larga escala. Entretanto, os interesses tradicionais do centro da cidade, orquestrados pelo principal operador político do *Los Angeles Times*, Asa Call, sabotaram esse projeto, tachando de comunistas os defensores da habitação popular e expulsando o prefeito progressista Fletcher Bowron. Seguiu-se uma segunda fase, marcada pela desapropriação generalizada dos bairros da classe trabalhadora pobre (como o famoso *barrio* de Chavez Ravine, demolido para dar lugar ao Dodger Stadium) e pela revogação das limitações do gabarito da construção civil impostas pela ameaça de terremotos, dando margem aos primeiros arranha-céus de Los Angeles. Sob a égide do "Comitê dos Vinte e Cinco" de Call, várias grandes empresas foram convencidas a construir novas sedes na área do centro da cidade na década de 1960. (Datam desse período algumas típicas afirmações modernistas, como os monolitos negros gêmeos das Torres da ARCO e o prédio de aço inoxidável da Wells Fargo.) Nos anos setenta, porém, o ritmo acelerado da reurbanização passou para o controle de administradores estrangeiros de fundos realmente vastos de capital móvel, e os prédios isolados deram lugar a empreendimentos de vários quarteirões, como o Westin Bonaventure (financiado pelos japoneses) e o California Plaza (344.500m^2 de área de escritórios, 23.700m^2 para lojas comerciais, 750 unidades residenciais, um museu de 10.800m^2 e um parque de 2.000 hectares — tudo construído com US$ 1,5 bilhão de fundos canadenses expatriados). Em termos gerais, os investidores estrangeiros agora dominam totalmente a construção no centro da cidade, financiando 32 dos 38 principais arranha-céus construídos na última década.[3]

Essa transformação de um bairro decadente do centro de Los Angeles num grande centro de controle financeiro e empresarial da economia da Orla do Pacífico (que também prospera na galopante inflação imobiliária do sul da Califórnia e de suas indústrias de defesa em acelerado crescimento)[4] caminhou de mãos dadas com uma vertiginosa deterioração da infra-estrutura urbana geral e com uma nova onda de imigração que trouxe, segundo se estima, um milhão de asiáticos, mexicanos e centro-americanos sem documentos para o centro da cidade. O capitalismo do pós-modernismo, longe de eliminar os últimos encraves de produção pré-capitalista, como sugere Jameson, trouxe de volta, descaradamente, as mais primitivas formas de exploração urbana. Pelo menos 100.000 trabalhadores labutam em casa, produzindo artigos de vestuário e acessórios a um raio de poucas milhas do Bonaventure, e o menor trabalhador voltou a ser um problema chocante. Essa reestruturação das relações de produção e do processo produtivo é, com certeza, inteiramente capitalista, mas representa, não um estágio superior da produção capitalista, e sim um retorno a uma espécie de acumulação primitiva, onde a valorização do capital ocorre, em parte, através da produção de uma mais-valia absoluta, por meio da superexploração do proletariado urbano.

O barão Haussmann em Los Angeles

É somente dentro do contexto dessa "reurbanização" maior — da fervilhante cidade de imigrantes do Terceiro Mundo que cerca e sitia totalmente as suntuosas torres dos especuladores — que se pode apreender o verdadeiro sentido da linguagem arquitetônica usada por John Portman e outros eminentes incorporadores do centro da cidade. Para fazê-lo, convém distinguir entre a última grande teorização marxista da cidade capitalista e o esquema muito diferente proposto por Jameson. Jameson evoca o Bonaventure como um equivalente contemporâneo do papel das Arcadas parisienses na análise do modernismo de Walter Benjamin: um prisma exemplar, que reflete e esclarece as tonalidades constitutivas de uma "urbanidade" específica. Mas, enquanto Jameson se interessa primordialmente por focalizar a coisa em si, Benjamin, em sua busca da "lógica cultural" da era de Baudelaire, reconstituiu as condições políticas e econômicas específicas que deram origem ao mundo do *flâneur*.[5] Em particular, ele ligou a fantasmagoria dos passeios públicos, das multidões e das arcadas à famosa precursora da moderna renovação urbana: a reestruturação contra-revolucionária de Paris, na década de 1850, pelo barão Haussmann.

Antes de considerarmos o contexto "contra-revolucionário" específico da atual revitalização do centro das cidades, porém, talvez seja útil examinarmos brevemente a genealogia das modernas megaestruturas, como o Bonaventure. É lícito dizer que todos os atuais empreendimentos de vários quarteirões e finalidades múltiplas descendem do exemplo do Rockefeller Center, construído entre 1931 e 1940. O marxista italiano Manfredo Tafuri,[6] em sua brilhante exposição da história arquitetônica do Rockefeller Center, enfatizou como as esperanças de reforma arquitetônica de uma geração de projetistas e planejadores concentraram-se no grande projeto dos Rockefeller, com sua proposta de centralização de trabalho, moradia e recreação em estruturas coordenadas. No fim, entretanto, "todos os conceitos aceitos foram despojados de qualquer caráter utópico" e o plano final do empreendimento foi "uma concentração contida e racional, um oásis de ordem — uma intervenção fechada e circunscrita". Construído no auge do New Deal, o Rockefeller Center mostrou claramente os limites do planejamento urbano capitalista — a rigor, a impossibilidade de planejar a cidade norte-americana em qualquer escala ampla ou abrangente.

Ainda assim, comparado às atuais megaestruturas do centro das cidades, o Rockefeller Center interagiu de maneira vital com a Nova York de La Guardia: sua famosa Plaza (originalmente projetada para ser um Jardim da Babilônia dos tempos modernos) e seus entretenimentos de massa converteram-se num pólo de atração magnética para um público variado e representativo de Manhattan. No primeiro período do pós-guerra, seu projeto foi copiado em diversos planos de reurbanização do norte (notadamente no Penn Center de Filadélfia, no Centro Cívico de Chicago e no Golden Triangle de Pittsburgh). Cada vez mais, no entanto, a estratégia de Rockefeller de usar espaços públicos vitalizados para valorizar a especulação privada foi solapada pela crise do centro das cidades, à medida que a indústria fugiu para os subúrbios, seguida pela classe trabalhadora branca, e os bairros residenciais do centro encheram-se dos pobres deslocados do sul. A onda de insurreições de guetos entre 1964 e 1969 concentrou poderosamente a atenção dos urbanistas e arquitetos empresariais no problema de criar um cordão em torno dos distritos financeiros do centro e de outras zonas de alto valor imobiliário, isolando-os dos bairros residenciais centrais. Autênticos espaços públicos, fossem eles parques, ruas, áreas de lazer ou de transporte urbano, eles foram desvalorizados como pontos de atração e redefinidos como problemas de planejamento a serem eliminados ou privatizados.[7]

Embora, em algumas cidades norte-americanas (em geral, com economias dominantes de universidades-hospitais-escritórios, como acontece em Boston e San Francisco), as novas classes alta e média estejam aristocratizando todo o centro urbano, na maioria dos centros das grandes cidades a reurbanização produziu apenas encraves de arranha-céus/fortalezas. Para a insignificante minoria abastada de trabalhadores assalariados e executivos do centro da cidade que realmente escolhe morar nos arranha-céus, surgiram duas soluções arquitetônicas diferentes para o problema de garantir sua segregação e segurança. Uma é a construção de superarranha-céus que integram o espaço residencial, ou do que Tafuri acertadamente denomina de "gigantescas máquinas antiurbanas". A outra estratégia, inaugurada pelo arquiteto de hotéis John Portman, e destinada a atenuar a desumanidade dos arranha-céus, consiste em incorporar espaços pseudonaturais e pseudopúblicos na própria construção. Baseando-se nas muitas experiências de Frank Lloyd Wright em busca de uma estética dos espaços abertos e do movimento interminável — ensaios que incluem o "desperdiçado" Edifício Larkin, o Edifício da Johnson Wax e o Museu Guggenheim —, Portman modificou a teoria e a economia do planejamento hoteleiro, mostrando que os espaços interiores consideravelmente amplos podiam ser um investimento prático. O protótipo do espaço portmaniano — elevadores como naves espaciais, saguões de entrada de vários andares e assim por diante — foi o Hyatt-Regency, construído em 1967 no Peachtree Center de Atlanta. É importante oferecer uma imagem concisa do ambiente e da função externa dessa "mãe do Bonaventure": "O centro de Atlanta eleva-se acima da cidade circundante qual uma fortaleza murada de outras eras. A cidadela é amparada, ao sul, pelo centro de comércio internacional, e escorada pelo estádio municipal. Ao norte, os muros e passarelas do Peachtree Center de John Portman vigiam os hectares de automóveis que abarrotam os dois flancos do longo cume da cidade. O fosso rebaixado da 1-85, com suas pistas rolantes de tráfego, contorna a base oriental da colina de norte a sul, protegendo advogados, banqueiros, consultores e executivos regionais da intromissão de bairros de baixa renda."[8]

Não surpreende que o novo centro de Los Angeles, construído por Portman (como os de Detroit ou Houston), reproduza mais ou menos exatamente a paisagem sitiada do Peachtree Center: os novos complexos de Figueroa e Bunker Hill formam-se no mesmo emaranhado de vias expressas, fossos, parapeitos de concreto e terras-de-ninguém asfaltadas. O que falta à descrição que Jameson fornece do Bonaventure, que de outro modo seria vívida, é a brutalidade de sua inserção na cidade ao redor. Dizer que uma estrutura desse tipo lhe "vira as costas" é certamente dizer pouco, enquanto falar em seu caráter "popular" é deixar passar despercebida sua sistemática segregação da grande cidade hispano-asiática do lado de fora (cujas multidões preferem o espaço aberto da antiga Plaza). A rigor, isso é praticamente endossar a magistral ilusão que Portman procura transmitir: a de haver recriado, nos preciosos espaços de seus supersaguões, a autêntica textura popular da vida citadina.

Na verdade, Portman apenas construiu amplos viveiros para a alta classe média, protegidos por sistemas de segurança espantosamente complexos. A maioria dos novos núcleos dos centros urbanos bem poderia ter sido construída na terceira lua de Júpiter. Sua lógica fundamental é a de uma colônia espacial claustrofóbica, que tenta miniaturizar a natureza em seu interior. Assim, o Bonaventure reconstrói um nostálgico sul da Califórnia de alfazema: laranjeiras, fontes, vinhedos floridos e ar puro. Do lado de fora, numa realidade envenenada pelo *smog*, vastas superfícies espelhadas refletem para longe, não apenas a miséria da cidade maior, mas também sua irreprimível vibração e busca de autenticidade (que inclui o mais estimulante movimento mural de bairro da América do Norte).

Por fim, convém notar que, enquanto o objetivo de Portman é dissimular e "humanizar" a função de fortaleza de seus prédios, outra vanguarda pós-modernista vem transformando cada vez mais essa função num ícone em seus projetos. Recém-inaugurado na Wall Street, 33, o Maiden Lane de Philip Johnson é uma imitação de 26 andares da Torre de Londres, anunciada como a "última palavra em acomodações de luxo ... com ênfase na segurança". Enquanto isso, Johnson e seu sócio, John Burgees, trabalham no projeto do "Trump Castle" para o próprio JR de Gotham City, o bilionário construtor de 37 anos, Donald Trump.[9] Segundo a publicidade do pré-lançamento, o Castelo Trump será um Bonaventure medievalizado, com seis cilindros guarnecidos por torres cônicas e ameias, revestimento folheado a ouro e cercado por verdadeiros fossos com pontes levadiças. Esses projetos atuais de arranha-céus fortificados indicam uma moda de ameias que não se vê desde o grande surto de fábricas de armas subseqüente à Rebelião Trabalhista de 1877. Com isso, eles também apontam para a intenção coercitiva da arquitetura pós-modernista, em sua ambição, não de hegemonizar a cidade, à maneira dos grandes prédios modernistas, mas antes, de polarizá-la em espaços radicalmente antagônicos.

Esse impulso profundamente antiurbano, inspirado por forças financeiras desenfreadas e por uma lógica haussmanniana de controle social, parece-me constituir o verdadeiro *Zeitgeist*[10] do pós-modernismo. Ao mesmo tempo, entretanto, ele revela o "pós-modernismo" — ao menos em suas encarnações e sensibilidades arquitetônicas — como pouco mais do que um tropo decadente de um modernismo massificado, um correlato solidário do reaganismo e do fim da reforma urbana.

Como tal, dificilmente parece constituir uma via de acesso possível para as novas formas de prática social coletiva com que, em última instância, o ensaio de Jameson nos acena.

Notas

1. Escritor e jornalista norte-americano, nascido em Richmond, VA, em 1931, que, através de sua obra romanesca e crítica, produziu um retrato cáustico da América contemporânea. (N. da T.)

2. Ada Louise Huxtable, "The Tall Building Artistically Reconsidered: The Search for a Skycraper Style", *Architectural Record* (janeiro de 1984), p. 64.

3. *Business Week* (23 de abril de 1984), p. 17.

4. Para uma instigante análise da Los Angeles contemporânea como um híbrido de "Cingapura-Houston-Nova York", ver Edward Soja, Rebecca Morales e Goetz Wolff, "Urban Restructuring: An Analysis of Social and Spatial Change in Los Angeles", *Economic Geography*, 59, 2 (abril de 1983).

5. Flanador, o que perambula ociosamente, em francês no original. (N. da T.)

6. Giorgio Ciucci *et al.* (orgs.), *The American City: From the Civil War to the New Deal*, trad. Barbara Luigia La Penta (Cambridge, Mass., MIT Press, 1979).

7. Em sua discussão da propensão do modernismo arquitetônico para um "pastoralismo" urbano de elite, Marshall Berman cita o lema de Le Corbusier de 1929, "precisamos matar a rua!". Segundo Berman, a lógica intrínseca do novo meio urbano, "da Peachtree Plaza de Atlanta até o Renaissance Center de Detroit", tem sido a segmentação funcional e a segregação de classe da "antiga rua moderna, com sua mistura volátil de gente e tráfego, empresas e casas residenciais, ricos e pobres" (*All That Is Solid Melts Into Air*, Londres, Verso, 1983, p. 168 ed. bras.: *Tudo que é sólido desmancha no ar*, São Paulo, Cia. das Letras). Infelizmente, a evocação bermaniana da Nova York modernista, que de outro modo seria esplêndida, não presta mais atenção do que o retrato jamesoniano da Los Angeles pós-modernista ao papel decisivo da contra-insurgência urbana na definição dos termos essenciais do ambiente construído contemporâneo. Desde as rebeliões dos guetos do fim dos anos sessenta, um imperativo racista e classista de separação espacial tem preponderado do desenvolvimento urbano. Não surpreende, portanto, que os centros das cidades norte-americanas contemporâneas a nada se assemelhem tanto quanto à clássica cidade colonial, com as torres dos soberanos brancos e colonos militarmente isoladas da casbá ou cidade nativa.

8. Carl Abbott, *The New Urban America* (Chapel Hill: University of North Carolina Press, 1983), p. 143.

9. O Trump Castle deverá complementar as já construídas Trump Plaza e Trump Tower. Esta última gaba-se de ser o endereço mais exclusivo do mundo, com apartamentos tão caros, de até US$ 10 milhões cada um, que "só gente como Johnny Carson e Steven Spielberg pode arcar com seu preço" (*New York Times Magazine*, 8 de abril de 1983).

10. Espírito de época, em alemão no original. (N. da T.)

6

O que está em jogo no debate sobre o pós-modernismo?

WARREN MONTAG

Ler *La condition postmoderne*, de Lyotard, *Simulations* e *À l'ombre des majorités silencieuses*, de Baudrillard, bem como vários textos de Jameson, Eagleton e Habermas, e *In the Tracks of Historical Materialism*, de Perry Anderson, é ver forças irredutivelmente divergentes unirem-se de maneira objetiva para forçar o conhecimento a retornar ao domínio que lhe é considerado próprio pela ordem teórica estabelecida.[1] Para os marxistas, a tarefa é não apenas rebater essa contraofensiva aos princípios do materialismo histórico, mas também compreender por que ela ocupa agora uma posição privilegiada no debate teórico.

Observem-se os termos do debate sobre o pós-modernismo e os dilemas disjuntivos que ele impõe: (1) o marxismo tem que ser transcendental, ou não pode existir (Jameson afirma e Lyotard fica satisfeitíssimo em concordar); (2) ou as obras de arte representam algo mais real do que elas mesmas, que é, portanto, a profundidade abaixo de sua superfície (o que as torna suscetíveis de uma leitura hermenêutica), ou são absolutamente autônomas, indeterminadas e, por conseguinte, "inanalisáveis"; (3) ou o sujeito é senhor de si, de seus pensamentos e ações, ou simplesmente desapareceu na pura sistematicidade do presente histórico. Além disso, o primeiro conjunto de alternativas (a transcendentalidade, a arte como representação e o sujeito como centro originário) é freqüentemente colocado em oposição histórica ao segundo conjunto (a ausência de transcendentalidade, a indeterminação da arte e a morte do sujeito), como um passado que um dia existiu e deu lugar ao presente, como faz uma totalidade histórica a outra. Assim, por exemplo, o sujeito classicamente concebido existiu um dia, porém não existe mais, assim como a arte antes representava a realidade, mas, de algum modo, deixou de fazê-lo.

Esses são, é claro, os próprios dilemas que ordenaram as especulações políticas, filosóficas e estéticas durante séculos. Mesmo assim, quem haveria de imaginar que um dia se afirmaria que a filosofia só se tornou uma luta entre tendências antagônicas *depois* que Lenin (ou até Althusser) a descreveu como tal? Ou que as obras de arte um dia realmente refletiram uma realidade que lhes era externa, mas depois, subitamente, ficaram à deriva, sem nenhuma causa ou sentido? Os que se posicionaram dentro do espaço aberto pela ruptura testemunharam uma reorganização ou reformulação de todo o campo organizado em torno do conceito de representação, que transformou suas próprias origens. De repente, a angústia de Platão perante a obra de arte tornou-se muito mais clara. Sua hostilidade para com os sofistas (como defensores do não-ser) foi um deslocamento. É que não era a falsidade ou a imaterialidade da obra de arte que ele temia, mas sim sua materialidade, não era sua indeterminação, mas sua sobredeterminação (e a complexidade de seus efeitos).[2]

A irreversibilidade de qualquer ruptura teórica está necessariamente vinculada a sua desigualdade e incompletude, aos obstáculos que ela inevitavelmente ergue a seu próprio desenvolvimento. A filosofia, por sua vez, nunca é simplesmente a guardiã de uma verdade teórica; é o espaço em que o sentido dos desenvolvimentos do conhecimento é constantemente determinado e disputado. É um conflito entre tendências que buscam anular uma determinada ruptura ou mutação (ou, na impossibilidade de fazê-lo, explorar esse "acontecimento" para seus fins, de modo a minimizar seus efeitos) e tendências que procuram abrir caminho para seu desenvolvimento ulterior. Portanto, não há, em nenhum sentido, qualquer irreversibilidade na filosofia. Ao contrário, ela está constantemente sujeita a "recuos e inversões, e até ao risco da contra-revolução".[3] Como disse Althusser repetidamente depois de 1967, a filosofia é uma guerra perpétua entre tendências antagônicas, uma guerra em que não há regras, em que vale tudo, nenhum domínio é proibido, e para a qual não existe nenhum fora dos limites, nenhum território neutro. Em *Philophie et la philosophie spontanée des savants*, Althusser escreveu: "Desde o início, só pudemos falar de filosofia ocupando uma posição definida na filosofia. É que, na filosofia, não podemos, como o Nobre Selvagem de Rousseau, ocupar um canto vazio da floresta. Na filosofia, todos os espaços já estão sempre tomados. Nela, só podemos ocupar uma posição contra o adversário que já ocupa essa posição."[4] Esse lado da obra de Althusser e de seus discípulos atraiu pouca atenção, fosse de seus admiradores ou seus críticos. Ele nos dará o ponto de partida para a presente discussão do debate sobre o pós-modernismo.

Em certa época, teria sido possível entrar no debate sobre o pós-modernismo com as seguintes perguntas: qual das posições opostas aproxima-se mais de perto do objeto definido no debate? Ou ainda: em que medida o objeto em questão corresponde ao objeto real a que supostamente se refere? Poder-se-ia perguntar: que é o pós-modernismo? (uma indagação sobre a essência), ou: quando foi que ele começou? (uma indagação sobre a periodização). Mas essas são as perguntas que o debate formula a si mesmo, perguntas que foram antecipadamente liberadas e que todos os participantes foram autorizados a responder. Seguindo Althusser, formulemos um tipo muito diferente de pergunta, do tipo que Nietzsche chamava de *Hinterfrage* — perguntas insidiosas, que as normas não-escritas do comportamento civilizado dizem-nos que nunca devemos formular, porque é certo causarem embaraço e transtorno.

Contra que teorias e posições filosóficas se colocam os enunciados sobre o pós-modernismo, para ocupar o lugar que ocupam? Que afirmações teóricas foram expulsas, forçadas a sair para dar lugar a esse debate? E, finalmente, de que maneira o debate alude a essa exclusão que é seu objetivo tático, e à qual, portanto, não pode deixar de aludir?

Talvez pareça estranho falar de todo um debate que constitui uma intervenção, especialmente quando a própria importância do marxismo parece estar em pauta. Falar do debate como uma unidade é correr o risco do idealismo, algo assim como uma conciliação hegeliana de opostos.

Donde uma primeira tese: o debate é uma aliança *de facto* entre forças teóricas irredutivelmente diferentes. Nada é dado ou natural nessa aliança. Na verdade, ela não é nada além de uma convergência temporária e instável de objetivos. Além disso, é uma aliança de que alguns são participantes desavisados ou inconscientes. Ao trazer à luz suas condições e premissas, é bem possível que consigamos romper essa aliança.

Um dos termos desse acordo pode ser vislumbrado no argumento de Jameson de que "qualquer posição possível acerca do pós-modernismo na cultura, seja de apologia ou de estigmatização, é uma postura implícita ou explicitamente política sobre a natureza do capitalismo multinacional de hoje".[5] Essa breve afirmação expressa volumes inteiros sobre os perigos do recuo para a fortaleza teórica: (1) a redução de "qualquer interpretação possível" a um "pró" ou "contra" e, portanto, também a redução da crítica a um juízo (mas, com base em que normas?); (2) a identificação mecanicista da mera "apreciação" de um movimento, na arte, na arquitetura ou na literatura, não apenas com uma análise específica do capitalismo mundial, mas até com uma atitude política em relação a ele (a favor ou contra). Não é por acaso que, no mesmo ensaio, Jameson nos pede para reconsiderar as virtudes de uma arte "pedagógica e didática" (purgada, é claro, de todos os vestígios do stalinismo e do zhadanovismo) que a esquerda possa oferecer como sua alternativa a um pós-modernismo imperialista.

O importante aqui é a maneira como a análise desliza para a celebração ou a condenação: será que devemos chorar a perda das autenticidades e essências que foram as únicas a permitir a oposição à ordem estabelecida, das verdades que desmentiram a falsidade que garantia a dominação, ou, ao contrário, devemos celebrar sua morte como uma libertação, como a inauguração de uma era de atividade livre e desembaraçada, uma era em que a "inocência do vir-a-ser" de Nietzsche se realizará de uma vez por todas?

Podemos relembrar a análise hegeliana da luta entre a Fé e o Iluminismo. Ambos, afirmava Hegel, viam diante de si uma realidade idêntica, uma realidade da qual, simplesmente, aproximavam-se saindo de diferentes pontos de partida.[6] Uma presença havia desaparecido do mundo: o Iluminismo celebrou esse desaparecimento como uma libertação. A Fé lamentou-o como uma perda. Assim, a oposição entre Fé e Iluminismo não foi a contradição da época, mas a oposição mediante a qual uma certa forma de pensamento se dividiu em si mesma para chegar à identidade. Hegel afirmou que a contradição da época só pôde emergir quando o Iluminismo separou-se da Fé para descobrir que a diferença que havia imputado ao outro era realmente sua, uma diferença interna a ele mesmo. De maneira similar, talvez o marxismo, ao separar-se do pós-modernismo, descubra sua própria diferença interna, a diferença que o separa do que ele teme a seu próprio respeito.

Assim, tentemos apreender o conflito interno ao campo demarcado no debate, à parte a aparente oposição entre santificação e abominação. Se me referi a uma solidariedade desmentida entre as posições díspares que compõem o debate, contra que força ou forças teóricas firmou-se essa aliança?

Uma das posições teoricamente mais decisivas, assumidas pelo debate como um todo, não é, transparentemente, uma posição. Cada intervenção toma o grande cuidado de falar da mais ampla gama possível de assuntos: arte, arquitetura, música, cinema, filosofia, política e ciência. Como disse Lyotard: "Não apenas se pode falar de tudo, deve-se."[7] Obviamente, um dos principais objetivos da análise filosófica nos últimos trinta anos foi rastrear e desarticular todos os estratagemas de uma razão totalizante que reunissem os mais diversos fenômenos históricos apenas para reduzi-los a uma única essência. Portanto, não chega a surpreender que o retorno da totalização não tenha sido proclamado como tal. Ele ressurgiu sem ser anunciado e sem ser reconhecido, sob o disfarce de um modo de exposição. Um crítico favorável de *Na trilha do materialismo histórico*, de Perry Anderson, chamou-o de "asserção sem demonstração".[8] Esse método certamente tem suas vantagens, sendo a principal delas a brevidade. Assim, Lyotard consegue escrever a metanarrativa do fim das metanarrativas na política, na arte, na crítica, na filosofia e na ciência em meras oitenta páginas. Do mesmo modo, Anderson afirma a rápida ascensão e queda do estruturalismo e do pós-estruturalismo na lingüística, na psicanálise, na filosofia e na política num texto aproximadamente da mesma extensão. Os partidários das duas obras hão de assinalar, sem dúvida, que elas nos fornecem uma "visão global" ou um "resumo" de uma era reconhecidamente complexa e confusa. Infelizmente, essas visões globais situam-se a tamanha distância dos diversos objetos que procuram descrever, que as verdadeiras especificidades dissolvem-se numa totalidade harmoniosa e embaçada. Como observou Hegel sobre os formalismos totalizantes de sua época, eles só conseguem conceber o todo como "uma noite tenebrosa em que todos os gatos são pardos".[9]

Mas, assim como o retorno de uma razão totalizante (recalcada) é sobredeterminado, também são múltiplos os seus efeitos. Primeiro, a agora crescente rejeição do mais importante dos pensadores franceses contemporâneos é o efeito, sumamente previsível, da maneira como eles foram inicialmente recebidos pelo mundo acadêmico anglo-americano: a adoração do herói, a imitação vulgar e a redução de sua obra a uma questão de estilo, ou até de tom. Eles foram erigidos em ídolos a serem idolatrados e adorados, mas nunca estudados ou trabalhados. Assim, o pensamento continua a hesitar entre o exotismo e o provincialismo, entre um ecletismo simplesmente "inteligente" e uma laboriosa reafirmação do senso comum. Na verdade, os marxistas, que são tão ávidos de abraçar as certezas da experiência dos sentidos, da lógica formal e da natureza humana, esqueceram por que essas doutrinas foram questionadas, para começo de conversa. A geração que agora se apressa em direção à razão analítica se esquece de que um dia rejeitou Wittgenstein, Austin e Quine com o mesmo descaso com que agora rejeita Derrida, Deleuze e Foucault. Tendo-se contentado em denunciar a filosofia analítica sem apreender seus conflitos internos, eles se acham agora em condições de voltar àquilo que nunca entenderam.[10]

Um estudo sucinto como o de Anderson, mesmo que não conseguisse fornecer uma visão geral, poderia ter simplesmente designado uma série de problemas a serem investigados. Poderia ter servido de mapa (por mais tosco que fosse) para nos guiar através de uma era teórica extraordinariamente complexa. Infelizmente, isso não aconteceu.

Tomemos como exemplo o tratamento que Anderson dá a Lacan. Num total de não mais de cinco páginas, o caso Lacan é aberto e encerrado. Todo o *corpus* lacaniano assume uma coerência e homogeneidade tão extraordinárias, que se sustenta ou desmorona no simples enunciado, hoje conhecido por qualquer estudante universitário de literatura comparada, de que "o inconsciente se estrutura como uma linguagem". De um estudioso marxista da estatura de Anderson, teríamos esperado uma discussão rigorosa que ao menos tocasse nas seguintes questões: (1) contra que doutrinas ou conceitos Lacan interveio com esse lema (que, afinal, remonta ao início dos anos cinqüenta)?; (2) Lacan modificou de algum modo essa afirmação entre 1953 e 1977?; (3) será que o conceito de linguagem funciona de maneira idêntica no "Discurso de Roma" (1953), nos *Quatro conceitos fundamentais de psicanálise* (1964) e em *Mais, ainda* (1973)? Ao contrário, é-nos oferecida uma "objeção conclusiva": dado que a concepção freudiana do inconsciente é incompatível com a gramática gerativa transformacional, Lacan está simplesmente errado. Caso encerrado.[11]

Se esse juízo é verdadeiro ou falso, não vem ao caso (na verdade, a afirmação é vaga demais para permitir uma validação). Ele funciona, de maneira muito decisiva, no sentido de bloquear um exame sério do desdobramento desigual e contraditório do pensamento de Lacan. O mesmo se pode dizer do tratamento que Anderson confere a Derrida, Foucault e Deleuze. Esse tratamento não levanta problemas, enterra-os. Não analisa e intervém, mas denuncia e recua. Qualquer um que diga que estamos conversados no que diz respeito a Lacan (boa parte de cuja obra ainda está por ser publicada) precisa, primeiro, desenvolver um corpo de argumentos e demonstrações. Vamos admitir não apenas que esse trabalho não está concluído, mas que ainda nem sequer começou.

De maneira precisamente simétrica, Lyotard reduz todas as tendências do marxismo à metanarrativa da emancipação do trabalho alienado, como se a história fosse, para o marxismo, simplesmente a internalização progressiva de uma essência humana expropriada. Já que "não há mais metanarrativas", o marxismo — que, segundo Lyotard, está logicamente restrito a essa forma narrativa (basta de abertura infinita!) — deve ser jogado fora e, com ele, conceitos ultrapassados como "luta de classes" e "revolução".[12] Não é difícil ver a teleologia implícita que aí está em ação (e parece primordialmente reservada ao marxismo). Concede-se ao marxismo começo, meio e fim, apenas para se lhe dar sumiço numa progressão que conduz o pensamento para além do progresso. Para desviar a atenção desse já desgastado passe de mágica teórico, é-nos dito que "é sabido" que as lutas da classe trabalhadora no capitalismo tardio não podem fazer mais do que regular o sistema, assim como "é sabido" que o marxismo é o modelo totalizante e totalitário dos aparelhos burocráticos de Estado do leste.[13] O marxismo é a exceção num mundo sem finalidade; não tem futuro. Os conflitos e antagonismos que perpassam toda a história do marxismo desaparecem na obscura noite da metanarrativa que pretende acabar com todas as metanarrativas.

Por fim, o exemplo mais extremado: o "Pós-modernismo ou a Lógica Cultural do Capitalismo Tardio", de Jameson. Nesse longo ensaio, Jameson descreve o pós-modernismo como uma "ruptura radical", ou algo como uma mudança paradigmática kuhniana que abarca todo o conjunto das práticas teóricas e culturais. Além disso, ele é uma "dominante cultural" cuja dominação é constantemente efetivada pela lógica do capital. Assim, "a produção estética de hoje integrou-se na produção de mercadorias em geral".[14] A arte é regida pela mesma lógica de mercado que impulsiona a moda: a inovação pela inovação. Essa arte (Jameson cita o exemplo de Andy Warhol) escapa ao sentido. Em oposição direta à obra de Van Gogh, que exibe uma plenitude de efeito, a arte pós-modernista é superficial e anestésica. Controlada pela mesma lógica, "a crítica pós-estruturalista da hermenêutica ... nos é útil como um sintoma muito significativo da própria cultura pós-modernista que aqui constitui nosso tema".[15]

Neste ponto, podemos começar a nos indagar em que sentido a dominante cultural é meramente dominante, ou seja, quais são as resistências subjacentes a sua dominação. Não será ela, mais propriamente falando, uma essência que permeia todas as instâncias da totalidade social? E que sentido há em falar de "instâncias", afinal, quando a arte, a literatura e o cinema (a produção estética *in toto*) foram integrados na produção de mercadorias? A "lógica cultural" aqui em questão é, na verdade, a lei de uma totalidade cuja essência é igualmente expressa em Althusser, Edie Sedgewich e o Clash. Para Jameson, a única alternativa a essa concepção específica da dominante cultural (que foi exatamente o que Althusser descreveu como a essência de uma totalidade expressiva) seria "recair numa visão da história atual como pura heterogeneidade, diferença aleatória, coexistência de uma multiplicidade de forças distintas cuja efetividade é impossível de determinar".[16]

Na verdade, a dominação da "norma cultural sistemática" descrita por Jameson é absoluta. Assim, sendo marxista, ele é confrontado com um problema pequeno, mas altamente sintomático: como voz oposicionista, não há lugar para ele na plenitude homogênea dessa totalidade. É nesse ponto que Jameson nos mostra seu jogo: não há oposição porque "a crítica e a resistência dependem da possibilidade do posicionamento do ato cultural fora do maciço Ser do Capital, que então serve de ponto arquimediano de onde atacar este último".[17] Infelizmente, a análise de Jameson da totalidade pós-modernista levou-o a concluir

> que a distância em geral, incluindo a distância crítica em particular, foi abolida com muita precisão no novo espaço do pós-modernismo. Estamos submersos em seus volumes, doravante repletos e inundados, a ponto de, agora, nossos corpos pós-modernos estarem desprovidos de coordenadas espaciais e praticamente (e mais ainda, teoricamente) impossibilitados de um distanciamento; entrementes, já se observou como a prodigiosa nova expansão do capital acaba por penetrar nos próprios encraves pré-capitalistas (a Natureza e o Inconsciente) que ofereciam bases extraterritoriais e arquimedianas para a efetividade crítica.[18]

Há vários aspectos a registrar aqui. Os marxistas revolucionários sempre tentaram conduzir suas intervenções de acordo com o exemplo estabelecido por Marx (*O Dezoito Brumário*), Lenin (os textos a partir de 1917) e Trotski (*A história da Revolução Russa* e vários textos sobre a Alemanha, a França, a Espanha etc.). A lição a ser aprendida desses textos é o oposto de qualquer dogmatismo: eles nos mostram que uma dada conjuntura só pode ser apreendida com base nos antagonismos que lhe são internos. Na verdade, a conjuntura não passa de uma acumulação de forças contraditórias e conflitantes, de origens diferentes e que produzem efeitos diferentes.[19] Na exposição jamesoniana do presente, o conflito irredutível e sobredeterminado é obscurecido por uma sistematicidade pura. Esse presente histórico torna-se uma totalidade indiferenciada de momentos contemporâneos, na qual as instâncias perdem sua autonomia relativa e a arte, a arquitetura, a literatura e a filosofia — até mesmo a filosofia marxista de Althusser — não passam de expressões não-mediatizadas do "Ser do Capital". A tese clássica de que a "luta de classes é o motor da história", ou seja, de que, à medida que estabelece sua dominação, o capitalismo simultaneamente constrói e organiza a força que se opõe a essa dominação (o proletariado industrial), começa a soar decididamente pós-moderna! Em seu desejo de escapar às teorias da diferença e da desordem aleatórias, Jameson abraça uma teoria da dominação sem resistência ou revolta, e uma teoria do desenvolvimento capitalista desprovida de desigualdade ou de contradições.

O mais notável aqui, entretanto, é a cumplicidade teórica fundamental entre Jameson e Lyotard. Ambos concordam em que o marxismo é realmente uma metanarrativa, uma narrativa de todas as narrativas, que, por sua própria natureza, requer um espaço transcendental superior, externo à totalidade que descreve. Tanto Jameson quanto Lyotard parecem concordar em que essas instâncias transcendentais um dia existiram, mas agora desapareceram no puramente presente. Jameson cita dois exemplos do que denomina de "encraves pré-capitalistas", os quais, em virtude de sua "extraterritorialidade", ou seja, de sua exterioridade em relação a uma dada conjuntura, permitem a "efetividade crítica".[20] Confrontados com a intrigante afirmação de que um desses "encraves" é o inconsciente, só nos resta perguntar em que sentido é possível falar do inconsciente como um "encrave" (e, ainda por cima, "pré-capitalista"). Tal afirmativa pertence mais apropriadamente à psicologia junguiana do que à psicanálise, tal como entendida por Freud e Lacan. Na verdade, a reivindicação da transcendentalidade traz à mente a Bela Alma hegeliana, de que Lacan tantas vezes falou. A Bela Alma denuncia a desordem de um mundo do qual se retirou, precisamente para evitar ter que reconhecer a extensão de sua própria participação nessa desordem: "Ela vive no pavor de macular o esplendor de seu ser interior através da ação e da existência. Para preservar a pureza de seu coração, foge do contato com a realidade e persiste num estado de impotência voluntária."[21]

Assim, segundo Jameson, o marxismo é confrontado com uma situação impossível, na medida em que só pode conduzir sua teoria e sua prática a partir da própria metaposição que o pós-modernismo aboliu. Mas, vamos ser muito claros: um fosso intransponível separa a idéia de que "não mais existem metanarrativas", comum a Lyotard e Jameson, da afirmação de Lacan de que "não existe metalinguagem", ou da assertiva de Althusser de que "não existe metafilosofia".[22] É que o fato de muitas filosofias (inclusive algumas tendências do marxismo) terem-se imaginado metanarrativas não transforma essa fantasia em realidade. Como gracejou Marx certa vez, "Não se julga um indivíduo pelo que ele pensa a seu próprio respeito". Não existe hoje, nem nunca existiu, metanarrativa ou espaço transcendental. A teoria existe em toda parte em estado prático. O marxismo, quaisquer que sejam as conceituações que ofereceu de sua prática, nunca funcionou como uma metanarrativa. Em sua existência prática, ele não fala de outra coisa senão de uma luta na qual não existe exterioridade e que nunca se estrutura segundo a ordem de uma lógica ou de uma lei. A prática política age dentro de uma conjuntura para agir sobre ela, apanhada ou "enredada" (Lenin) na própria correlação de forças que tenta modificar.

Na totalidade descrita por Jameson, não há correlação de forças, porque não há forças oponentes. Assim, é-nos oferecido o tragicômico espetáculo de marxistas que não apenas se retratam num canto do quadro, mas inteiramente fora dele, deixando-nos com a dúbia esperança de uma transcendência impotente e irrelevante (o "esplêndido isolamento" da fortaleza). Não devemos confundir as grandes totalidades construídas em todo esse debate com a filosofia hegeliana. É que Hegel ao menos retratou uma razão que só se atualizava por meio de suas contradições, e uma verdade que era sempre imanente ao movimento do pensar. Numa famosa frase, ele escreveu que "o verdadeiro é o festim licencioso em que nem um único participante permanece sóbrio".[23] Talvez nem mesmo Lyotard ou Jameson.

Na totalidade pós-modernista que funciona como um pressuposto em todo o debate, a arte, a literatura e a cultura em geral perderam sua relativa autonomia. A cultura não desapareceu, muito pelo contrário. Expandiu-se a ponto de explodir em meio ao todo social. A cultura foi superada, generalizada e preservada — numa palavra, *aufgehoben*,[24] no sentido mais clássico do termo. De acordo com

Jameson, a *Aufhebung* [revogação] da cultura resultou numa sociedade do simulacro, na qual o real transformou-se "numa porção de pseudo-acontecimentos".[25] Mais uma vez, a análise do marxista Jameson coincide, num grau impressionante, com a de um antimarxista declarado e defensor do liberalismo clássico — no caso, Jean Baudrillard. Mais uma vez, somos confrontados com um dilema disjuntivo, desta feita organizado em torno do tema da representação. Como nos enganamos ao pensar que a interrogação do conceito de representação que caracterizou o pós-estruturalismo no seu apogeu havia constituído, em algum sentido, um deslocamento irreversível! Na verdade, o debate funciona no sentido de restabelecer as velhas antinomias e, com isso, excluir o que havia de novo. É que Jameson é apenas o mais recente de uma longa fila de marxistas que se revelaram inteiramente incapazes de conceber uma forma de determinação própria da literatura ou da arte fora da representação. Por conseguinte, ou uma obra é escorada e controlada por uma realidade que é a garantia de seu sentido, na medida em que lhe é externa e, portanto, alheia, ou a obra não tem nenhuma relação com a realidade e, desse modo, é simplesmente falsa, ilusória. Do interior da ordem que constrói esse dilema, qualquer questionamento das idéias de representação ou referencialidade, mesmo de uma posição materialista, só pode ser sentido como um ataque à própria noção da determinação da obra de arte. Evidentemente, isso não equivale a negar o que objetivamente aconteceu como resultado da demolição parcial da imensa armação conceitual que constitui a representação, tal como esta organiza nosso pensamento sobre as obras de arte, a literatura e a cultura em geral: os imaterialistas (Baudrillard, Lyotard e a Escola de Yale, entre outros) apressaram-se a afirmar a "indeterminação", a "liberdade irrestrita" e até "o fim da representação". Althusser mostrou que as forças teóricas da ordem estabelecida sempre exploram essas "aberturas", isto é, crises, rupturas, transformações do saber (científico ou outro), para fins apologéticos, para a santificação daquilo que existe.[26] Quanto mais importante é uma transformação do saber, mais ela permite e convida a uma intervenção pelas forças do regime conceitual dominante, cujo objetivo é anular e neutralizar os efeitos da transformação.

Se os marxistas argumentam que a cultura não pode ser apreendida como uma representação verdadeira ou falsa da realidade, isso não equivale a afirmar, como faz Baudrillard, que "o real já não é real", que não existe realidade alguma, mas apenas ilusão.[27] Na verdade, Baudrillard move-se antecipadamente para ocupar o lugar que, de outro modo, poderia estar aberto à afirmação diretamente contraposta de Macherey: "A arte e a realidade não são dois campos independentes, externos um ao outro, entre os quais só possamos descobrir relações mecânicas. Ao contrário, devemos entender que a arte é algo completamente real, completamente material."[28] O que está em jogo nesse conflito é, precisamente, a *cognoscibilidade* das diversas práticas que resumimos como "cultura". Declará-las livres e imateriais é torná-las *incognoscíveis*, colocá-las fora do alcance do conhecimento, que, por sua vez, é apanhado na luta entre forças sociais opostas. Mas, ao mesmo tempo, devemos deixar muito claro que recuar para a noção da arte como representação, como defesa contra os imaterialistas, só faz intensificar a força da intervenção deles, conservando, paradoxalmente, uma realidade externa, à custa da realidade da própria obra de arte. É realmente estranho um materialismo que insiste na natureza ilusória dos produtos sociais que confronta e os converte em simulacros obscuros, para denunciar mais prontamente sua falsidade. Quanto a esse aspecto, os dois campos, que no mais revelam-se opostos, concordam, e os efeitos dessa união não-reconhecida multiplicam-se por todo o pensamento marxista, bloqueando caminhos que mal tinham sido abertos.

O custo desse recuo teórico é claro. Além da denúncia, Jameson tem muito pouco a dizer sobre "a arte do simulacro". Ele teme, por exemplo, que os *Diamond Dust Shoes* de Andy Warhol "realmente não nos digam nada".[29] Mera superfície sem profundidade, a obra de arte como parte da cultura pós-moderna é, paradoxalmente, uma pura "expressão superestrutural de toda uma nova onda de dominação militar e econômica norte-americana por todo o mundo" (isso não constituiria um sentido?) e um artefato inanalisável que, na medida em que questiona a mimese, possui "a contingência de um inexplicável objeto natural".[30]

Assim, uma determinação absoluta (a cultura como expressão), simplificada em grau máximo, converge com um conhecimento dúbio, que consiste unicamente no desalentador reconhecimento de que a obra de arte pós-moderna é, de fato, incognoscível. Jameson parece incapaz de apreender que essa incognoscibilidade reflete o caráter inadequado das construções teóricas mediante as quais o objeto é conhecido, e não a natureza do objeto em si. Resultado: as fantasias apocalípticas tão comuns nessa discussão. A obra de arte, antes plena de sentido e afeto e dotada de uma profundidade que parecia infinita, tornou-se agora vazia, estranha e fria, já não constituindo uma representação da realidade, mas um simulacro do simulacro, uma falsa representação do que em si mesmo é falso.

O simulacro: terá sido isso que as grandes leituras pós-estruturalistas de Platão desvendaram? Dificilmente. A atual descrição da arte e da cultura como simulacros é platônica, muito simplesmente, no sentido mais tradicional do termo. Além disso, ela restitui a Platão o sentido que lhe era próprio antes que Derrida e Deleuze questionassem esse sentido. Na *República*, como se sabe, Platão afirmou que o particular é uma representação da forma e que a arte é uma representação do particular, e portanto, uma representação da representação. A arte é aquilo que se distanciou demasiadamente da atração gravitacional da forma. Sua denúncia da arte como mera aparência não se baseia na hipótese da imaterialidade dela, mas justamente no oposto: em sua irredutível materialidade. Platão teme que os efeitos produzidos pela obra de arte escapem ao controle da forma determinante, dispersando-se como sementes para brotar onde quer que caiam. Similarmente, a obra nunca é indeterminada ou *causa si*, mas "ilegitimamente gerada".

A arte e a literatura atormentam o sistema platônico por serem impensáveis em seus termos. Elas constituem uma realidade que precisa ser negada, porque não pode ser apreendida. Mas, em todas as acusações emitidas contra a arte, o que se descreve é sua materialidade. Aristóteles, à sua maneira, reconheceu esse dilema, apenas para descartá-lo, no início da *Poética*, como um não-problema, que só poderia constituir um obstáculo para a formulação correta do problema da natureza específica da arte. Assim, Aristóteles deu vários passos gigantescos para longe da noção da arte como representação, rumo a uma exploração de sua existência material.

Uma última palavra sobre o tema da arte. Assinalei a notável ausência do conceito de contradição nas considerações jamesonianas da cultura em geral. Essa ausência estende-se a sua abordagem da literatura e da arte. Jameson expressa sua preocupação de que "nossa crítica recente, a partir de Macherey, tem-se ocupado em enfatizar a heterogeneidade e as profundas descontinuidades da obra de arte, não mais unificada ou orgânica, mas agora um virtual saco de quinquilharias ou quarto de guardados, feito de subsistemas desconexos, matérias-primas ao acaso e toda sorte de impulsos".[31] Aqui, mais uma vez, o pensamento oscila entre uma nostalgia da unidade orgânica da obra de arte e um temor da aleatoriedade de suas partes heterogêneas. Façamos a Macherey a simples justiça de lê-lo. Eis o que ele diz:

> Não se trata de postular ... o caráter indefinivelmente aberto das obras, sua desordem radical, etc. A desordem, a não-ordem — ou seja, a totalidade das contradições reais mediante as quais devemos explicar os produtos literários — não é uma ausência de ordem, um poder primitivo e indeterminado do negativo dentro dela, que dissolva as obras, restituindo-as a uma espécie de violência primeva, a de sua transgressão. O caráter incompleto e inacabado das obras, sua decomposição interna, deve ser tratado como a forma de sua determinação material.[32]

Não foi por acaso nem por falta de erudição que Jameson atribuiu a Macherey idéias opostas às deste. É que a própria noção que constitui o *ponto de partida* de qualquer exame sério da arte a partir de uma posição materialista, a noção de sobredeterminação, é completamente esquecida em todo o debate. Digo ponto de partida porque é óbvio que ainda não se iniciou um trabalho sério nesse campo — o próprio debate é a mais vigorosa confirmação desse fato. Na ausência de um conceito da existência material e sobredeterminada da obra de arte, o marxismo, confrontado com uma arte e uma literatura que questionam as próprias bases da reflexão filosófica tradicional (e que, portanto, são objetivamente uma ajuda à retificação da teoria marxista), não consegue fazer melhor do que gritar "Apocalipse!", tomando pelo fim da arte o que é, na realidade, uma crise de sua própria teoria.

Agora podemos ver como o conceito de história como sucessão de totalidades expressivas, separadas por rupturas radicais, combina-se com uma série de transformações e torções teóricas muito distintas dentro do marxismo, produzindo o que Derrida chamou "tom apocalíptico adotado na filosofia recente".[33] Ao postular o declínio do afeto, a perda do sentido e da autenticidade, esses marxistas abriram caminho para Lyotard e Baudrillard, que simplesmente acrescentam o marxismo à lista das perdas radicais. Ainda mais instrutivo é o modo como uma crítica intransigente da razão teleológica permitiu, imperceptivelmente (com a ajuda do pensamento dominante), a ascensão da idéia improvável do *fim da teleologia* (que tem um caráter mais paradoxal do que as teorias correlatas e igualmente incorretas do fim do sujeito e do fim da representação). É que a idéia de que o pensamento teleológico chegou ao fim nunca poderia ser totalmente desvinculada da idéia de que esse fim era seu fim, seu telos, sua realização. Agora, é como se todas as forças teóricas da ordem estabelecida se juntassem para uma "ofensiva final". Num ensaio extremamente divertido, Derrida capta o elemento de ridículo na atual proliferação de fantasias apocalípticas:

> Não é apenas o fim disto, mas também, e antes de mais nada, o fim daquilo, o fim da história, o fim da luta de classes, o fim da filosofia, a morte de Deus, o fim das religiões, o fim do cristianismo e da moral ... o fim do sujeito, o fim do homem, o fim do Ocidente, o fim do Édipo, o fim da terra, o Apocalipse Agora, estou-lhes dizendo, no cataclismo, no fogo, no sangue, no terremoto fundamental, no napalm caindo dos céus de helicóptero feito prostitutas, e também o fim da literatura, o fim da pintura, a arte como coisa do passado, o fim do passado, o fim da psicanálise, o fim da universidade, o fim do falocentrismo e do falogocentrismo e sei lá mais o quê.[34]

Em seu obituário zombeteiro do pensar, Derrida alude a um dos principais objetivos de seu próprio trabalho, um objetivo que ele compartilha com Althusser e Deleuze, entre outros. Ele mostrou que, desde a origem da filosofia, o conceito de representação, por exemplo, tem sido foco de descrições e interpretações conflitantes, alguma das quais, num momento qualquer, escaparam à lógica do que seria concebível chamar de representação para lhe fazer oposição. Similarmente, ao tomar de Kant o título de seu ensaio, Derrida mostra que a questão do "fim" é perene na filosofia, é sintoma de um conflito interno a ser analisado. Mas, além do fato de a filosofia já ter morrido mil vezes, ou seja, além de sua interminável preocupação com um fim que nunca chega, porque ocorreu desde o início, surge uma questão mais pertinente: quais são os objetivos ou os fins dos que declaram o fim disto ou daquilo?

Tomemos rapidamente o exemplo desse verdadeiro legista do pensamento contemporâneo, Baudrillard. Não satisfeito, em meados dos anos setenta, em anunciar a morte do marxismo e da psicanálise (ambos os quais, desde então, ele tem exumado periodicamente para declará-los mortos outra vez), Baudrillard anunciou a morte de algo chamado "o social", em seu *À l'ombre des majorités silencieuses*. Em certa época, as massas pareciam fazer a história. Mas isso era apenas um simulacro, talvez o simulacro de nossa era. Aqui, Baudrillard simplesmente inverte a noção tradicional de alienação para nos devolver, a despeito de seu enaltecimento da indeterminação, do caos e do fluxo, a um mundo tão perfeitamente ordenado, que tolera com facilidade as contingências e os acidentes. Em estado de revolta, as massas se perdem e, com isso, deixam de ser o que real e verdadeiramente são. Por conseguinte, o "retraimento das massas para sua esfera doméstica, seu refúgio da história, da política e do universal, e sua absorção numa estúpida existência rotineira de consumo" constituem, precisamente, um *retorno* das massas ao estado que lhes é próprio, um estado que é seu fim (*telos*) e sua essência (*ousia*).[35] Em repouso, elas abandonaram seu estado anteriormente alienado de simulacro, para converter-se no "único referencial que ainda funciona ... o da maioria silenciosa".[36] Baudrillard celebra um mundo silencioso, um mundo que se livrou de qualquer indício de conflito ou contradição. E, já que nenhum conflito perturba a homogeneidade desse mundo, falar em revolta é condenar as massas, tal como realmente são, em nome de algum ideal ultrapassado. Mais uma vez, como em todo o debate sobre o pós-modernismo, a transcendência é sustentada como condição da revolta (na ausência sumamente decisiva da contradição). Baudrillard explora o questionamento da transcendência em benefício da ordem estabelecida, proclamando uma "paz perceptiva" baseada no silêncio, na passividade e na despolitização das massas. Pronuncia a derradeira exclusão ritual das massas: "a massa é muda como os bichos, e seu silêncio é igual ao silêncio dos bichos ... não tem verdade nem razão. São-lhe atribuídos todos os comentários arbitrários. Ela é desprovida de consciência e de inconsciente".[37]

O trabalho inteiro é uma bruxaria que busca fixar as massas de uma vez por todas, tal como são, num período de desmobilização de derrota. Repete, com freqüência sintomática: a revolta existiu, mas não existe mais. O feitiço se assemelha, na verdade, a um ritual obsessivo destinado a afastar uma eventualidade temida. Assim, embora Baudrillard nos garanta que a revolta já não é possível, não consegue deixar de nos advertir sobre as conseqüências desse evento "impossível": "a verdadeira ingenuidade é a dos socialistas e humanistas de todos os matizes, que querem que toda a riqueza seja redistribuída. ... É o *uso equivocado da riqueza* que salva a sociedade. Nada mudou desde Mandeville e sua *Fábula das abelhas*. E o socialismo nada pode fazer para impedir isso".[38] Assim espera Baudrillard, fervorosamente.

"Sem lembrança da manhã ou esperança da noite" (Beckett), sem paraísos perdidos ou apocalipses iminentes, as classes antagônicas continuam travando uma luta sumamente desordenada e imprevisível. Agora podemos ver o que o marxismo tanto teme no pós-modernismo e no pós-estruturalismo, e por que, em seu medo, tem sido incapaz de distinguir seus amigos de seus adversários. Ele teme a si mesmo, ou antes, sua própria prática, cuja imagem não suporta contemplar. A teoria marxista confrontou-se com sua inadequação a sua prática e, portanto, com seu próprio desenvolvimento desigual, suas próprias contradições. Justamente quando supúnhamos ter escapado a nosso destino, caímos diretamente em seus braços.

Talvez todos nós, de um modo ou de outro, tenhamos sido ludibriados pela astúcia sem sujeito da luta na teoria. Uma fantasia racionalista de ordem, um sonho de garantias lógicas que norteassem nossa prática e validassem nossa teoria, desarmou-nos e nos impediu de apreender o conflito de forças interno ao campo que continua a ser inescapavelmente nosso. Pois não há metanarrativa, não há transcendentalidade. Agimos dentro de uma conjuntura específica, apenas para vê-la transformada sob nossos pés, talvez por nossa própria intervenção, mas sempre de modos que, em última instância, escapam a nossa intenção ou controle, com isso exigindo novas intervenções *ad infinitum*. Num campo de forças conflitantes, cujo equilíbrio de poder desloca-se incessantemente, não temos pontos de referência fixos, nada que nos guie senão o conhecimento de nossos erros. Um desses erros, cujo conhecimento, a esta altura, deve ter emergido com bastante clareza, é o próprio conceito de pós-modernismo. Em suas pretensões totalizantes e transcendentais, esse conceito impede justamente o progresso do pensar, negando a possibilidade de que as fissuras, as disjunções e as rupturas da realidade social contemporânea sejam sintomas de uma crise iminente. É que o traço característico do pós-modernismo que mais o indispõe com o materialismo histórico é sua pretensão de ser o fim de todas as crises, o fim de todas as narrativas, o fim da resistência e da transformação revolucionária. O debate sobre o pós-modernismo provará ter sido produtivo na medida em que desperte em nós a consciência de seus próprios limites, que não são os limites da história em si (como alegam os partidários do pós-modernismo), mas as fronteiras do território em que a teoria marxista sempre interveio com maior eficácia: a conjuntura atual. O único erro verdadeiramente irremediável seria acreditar que esse presente durará para sempre.

Notas

1. Fredric Jameson, "Postmodernism, or the Cultural Logic of Late Capitalism", *New Left Review*, 146 (julho-agosto de 1984); Terry Eagleton, "Capitalism, Modernism and Postmodernism", *New Left Review*, 152 (julho-agosto de 1985); Jürgen Habermas, "Modernity — An Incomplete Project", *in* Hal Foster (org.), *The Anti-Aesthetic* (Port Townsend, WA, The Bay Press, 1983).

2. Além da *República*, ver *Fedro* e *O sofista*. Ver também, de Jacques Derrida, "Plato's Pharmacy", *in Dissemination*, trad. de Barbara Johnson (Chicago, University Press, 1981); e Gilles Deleuze, *Logique du sens* (Paris, Ed. de Minuit, 1969).

3. Louis Althusser, *Essays in Self-Criticism*, trad. de Grahame Lock (Londres, NLB; Atlantic Highlands [N.J.], Humanities Press, 1976), p. 72.

4. Louis Althusser, *Philosophie et la philosophie spontanée des savants* (Paris, F. Maspero, 1974), p. 116.

5. Jameson, "Postmodernism", p. 55.

6. G. W. F. Hegel, *The Phenomenology of Mind*, trad. de A. V. Miller (Oxford, Oxford University Press, 1977), pp. 341-55 [ed. bras.: *A fenomenologia do espírito*, Petrópolis, Vozes, 1992, 2 vls.].

7. Jean-François Lyotard, "Presentations", *in* Alan Montefiore (org.), *Philosophy in France* (Cambridge, Cambridge University Press, 1983), p. 133.

8. Ronald Aronson, "Historical Materialism as Answer to Marxism's Crisis", *New Left Review*, 152 (julho-agosto de 1985), p. 77.

9. Hegel, *Phenomenology*, p. 9.

10. Sem dúvida, o trabalho mais interessante e envolvente que emergiu desse debate foi a defesa da razão em geral, e da razão filosófica em particular, de Jacques Bouveresse; ver *Rationalité et cynisme* (Paris, Minuit, 1984). Dito em termos um tanto corriqueiros, essa obra é uma defesa social-democrática do progresso contra o antiintelectualismo populista de direita que é característico de um setor crescente da intelectualidade francesa.

11. Perry Anderson, *In the Tracks of Historical Materialism* (Londres, Verso, 1983), p. 43.

12. Jean-François Lyotard, *La condition postmoderne* (Paris, Minuit, 1979), pp. 27-8.

13. Ibid.

14. Jameson, p. 56.

15. Ibid., p. 61.

16. Ibid., p. 72.

17. Ibid., p. 87.

18. Ibid., pp. 76-7.

19. Ver Louis Althusser, *For Marx*, trad. de Ben Brewster (Nova York, Random House, 1970), especialmente o ensaio "Contradiction and Overdetermination".

20. Ibid., p. 87.

21. Hegel, *Phenomenology*, p. 400.

22. Jacques Lacan, "La Science et la verité", in *Écrits* (Paris, Ed. du Seuil, 1966), p. 867; Althusser, *Philosophie spontanée*, p. 56.

23. Hegel, *Phenomenology*, p. 27.

24. Revogada, suspensa, em alemão no original. (N. da T.)

25. Jameson, p. 87.

26. Althusser, *Philosophie spontanée*.

27. Jean Baudrillard, *Simulations*, trad. de Paul Foss, Paul Patton e Philip Beitchman (Nova York, Semiotext(e), 1983), p. 25.

28. Pierre Macherey, "The Problem of Reflection", p. 18.

29. Jameson, p. 59.

30. Ibid.

31. Ibid., p. 75.

32. Macherey, "The Problem of Reflection", p. 18.
33. Jacques Derrida, "Of an Apocalyptic Tone Adopted in Recent Philosophy", *Oxford Literary Review*, 6, 2 (1984).
34. Ibid., pp. 20-1.
35. Jean Baudrillard, *In the Shadow of the Silent Majorities*, trad. de Paul Foss, Paul Patton e John Johnstone (Nova York, Semiotext(e), 1983), p. 39.
36. Ibid., p. 19.
37. Ibid., pp. 28-9.
38. Ibid., pp. 80-1.

SEGUNDA PARTE

Pós-modernismo, feminismo e teoria da cultura popular

7

Um júri de seus pares: *Uma questão de silêncio*, de Marlene Gorris

LINDA WILLIAMS

Num artigo hoje clássico da crítica feminista, Elaine Showalter defende uma teoria da literatura feminina baseada num modelo da natureza específica e "autodefinida da experiência cultural feminina". Baseando-se na historiadora feminista Gerda Lerner e nos antropólogos Shirley e Edwin Ardener, Showalter assinala que a cultura das mulheres é menos uma subcultura do que uma dupla perspectiva de viver e participar de uma cultura masculina dominante, com fronteiras que se superpõem, mas não abarcam inteiramente, a cultura não-dominante e "emudecida" das mulheres. Assim, ela encara as experiências masculina e feminina como dois círculos superpostos, em que grande parte do círculo emudecido da mulher situa-se dentro das fronteiras do círculo dominante, mas com um pequeno crescente de experiência que ela denomina, seguindo Edwin Ardener, de "zona sem cultivo" ou "terra de ninguém"[1] da cultura feminina, totalmente fora dos limites dos homens. Enquanto as mulheres conhecem o crescente masculino, senão por experiência pessoal, ao menos através do mito e da lenda, os homens não têm nenhuma experiência ou conhecimento do crescente feminino, justamente por haver tão pouca arte feminina que seja conhecida por eles.[2]

A artista explicitamente feminina, portanto, enfrenta um dilema: sempre que tenta falar e validar a misteriosa zona "sem cultivo" da experiência da mulher, ela corre o risco de saltar para um nível mítico da identidade feminina, concebido fora dos limites de toda linguagem existente, toda realidade "conhecida". Todavia, não correr esse risco é continuar presa na armadilha dos limites da definição do patriarcado para aquilo que ele conhece: o homem como sujeito, a mulher como outro. Não é meu propósito deplorar as limitações desse dilema — que são inescapáveis —, mas ver de que modo uma obra exemplar da arte cinematográfica feminista transpõe suas dificuldades.[3]

Tal como o vejo, o problema é que, tão logo uma obra explícita de arte feminista começa a pressionar a "emudecida" "zona sem cultivo" da consciência específica da mulher para que ela fale, esta pode falar com demasiada clareza em parábolas simplistas, e não numa linguagem esteticamente rica. Nesse caso, a tensão inerente à revisão feminista da linguagem patriarcal torna-se uma mera inversão: o preto transforma-se em branco, as mulheres passivas convertem-se em amazonas guerrilheiras e a Medusa górgona torna-se bela e ri. Mas se, como observaram Showalter e outros, a cultura feminina precisa, inevitavelmente, abranger as heranças sociais, literárias e culturais da mulher emudecida e dos grupos dominantes masculinos, se as mulheres realmente têm um "discurso duplamente expresso", "simultaneamente dentro de duas tradições", ou se, como diz Ruby Rich num contexto ligeiramente diferente, as mulheres são as "dialetizadoras definitivas",[4] então, é necessário que os textos feministas possam revelar essa dualidade, essa tensão das contradições amiúde não-verbalizadas entre o dominante e o mudo.

Mais do que qualquer outro filme feminista dos últimos dez anos, o filme holandês de Marlene Gorris, datado de 1984, *Uma questão de silêncio*, parece-me evitar as armadilhas de uma revisão feminista simplista ou utópica, ao mesmo tempo que fala eloqüentemente do interior das experiências ainda "emudecidas" de suas três protagonistas. O filme é sobre o assassinato-mutilação espontâneo e não-motivado do dono de uma boutique por três freguesas. Elas cometem o crime depois que uma das três — uma dona-de-casa quase catatônica — é apanhada furtando um vestido. Em vez de devolver docilmente a roupa, como parece esperar o presunçoso dono, Christine torna a jogá-lo obstinadamente em sua bolsa. Duas outras mulheres assistem com interesse a esse espetáculo de uma mulher obviamente culpada que se recusa a agir com culpa. Partem em sua defesa e então, lentamente, deliberadamente, aliam-se a seu delito, pegando roupas também.

O que se segue é uma escalada gradativa, de um crime inicial contra a propriedade para a mutilação ritualizada e o assassinato de um bode expiatório masculino. Não vemos quase nada da violência efetiva dessa cena — apenas o bastante para saber que os cabides, as araras de roupa e os cinzeiros servem de armas. O grosso do filme consiste na investigação desse crime por uma psiquiatra designada pelo tribunal. A investigação culmina numa audiência sobre a sanidade das rés, na qual a psiquiatra, para grande irritação do tribunal, declara-as sadias.

As três mulheres não sabem ou não querem explicar por que cometeram o crime. Durante a investigação, a psiquiatra tenta insistentemente descobrir as explicações psicossociais de seus atos. Mas todas as mulheres resistem à imposição de um discurso clínico-jurídico que explique seu crime, julgando-as loucas e, depois, deixando-as enlouquecer realmente no panóptico asseado e profusamente iluminado que é o sistema penitenciário holandês. A psiquiatra acaba tendo que concordar em que elas são três "mulheres muito comuns". A única maneira de "decifrar" esse crime, descobre ela, é considerá-lo procedente daquela parte da cultura e da experiência femininas que realmente não é conhecida dos homens. Sua investigação, portanto, leva-a diretamente para a zona sem cultivo de Showalter.

O método inicial de Showalter para compreender a zona sem cultivo da cultura feminina consiste em visualizá-la como um lugar — uma "terra de ninguém" em que as mulheres se congregam. Há poucos lugares assim fora de casa, mas uma loja de roupas femininas é certamente um deles. Embora a psiquiatra nunca pudesse sustentar essa tese num tribunal de justiça, fica claro que o crime não poderia ter ocorrido num espaço mais masculinamente definido; tampouco poderia ter ocorrido naquele espaço, se o dono da loja fosse uma mulher. Nenhum desses fatos pode ser usado para justificar o crime, mas ambos são importantes para suas espectadoras. É que somente naquele espaço as mulheres poderiam dar vazão à cólera e à rebeldia que nem sabiam trazer dentro de si, somente naquele espaço é que Christine poderia canalizar seu ódio para a ação, e somente naquele espaço Annie e Andrea poderiam identificar-se com esse ódio, reconhecê-lo como seu e, finalmente, partilhar também de sua expressão.

O segundo método de Showalter para compreender a zona sem cultivo é através das experiências compartilhadas pelas mulheres. No filme, três cenas destacam-se do quebra-cabeça de *flashbacks* suscitado pelas entrevistas da psiquiatra. Cada qual contém um detalhe relativamente insignificante, que só ganha sentido em relação a sua semelhança com as experiências comuns das outras mulheres. Esses detalhes nunca poderiam ser mencionados num tribunal de justiça, ou mesmo entre as próprias mulheres, caso elas descobrissem um meio de falar umas com as outras. Tampouco a psiquiatra jamais fala deles. No entanto, eles estão ali, na plena expressão visual da experiência através da qual, às vezes, o retrospecto cinematográfico consegue desmentir as lembranças específicas daqueles que as recordam.

Todas dizem respeito ao café ou ao chá. O café aparece pela primeira vez, de maneira bastante inócua, numa cena do início do filme que retrata um episódio de chacota entre Annie, a garçonete alegre e pesadona, e um freguês do café em que ela trabalha. O freguês pede uma segunda porção de café e acrescenta, em tom de galhofa, o insulto de que mais alguns passos não poderiam fazer mal à vasta figura de Annie. Ela ri calorosamente e serve o café, no exato momento em que a polícia entra para prendê-la pelo crime que ainda não nos foi revelado. O incidente é indigno de nota, a não ser em retrospectiva, relacionado com a apresentação acumulada das experiências das três mulheres, cada uma das quais é insultada e colocada em seu lugar através de algum aspecto de seu papel convencional de serviçal, mas não de freguesa. Em retrospectiva, a risada de Annie volta para assombrar a platéia e Janine, a psiquiatra.

Uma segunda cena, mais contundente, mostra Andrea, a eficiente secretária executiva, trabalhando numa reunião de diretoria com seu chefe e diversos consultores do sexo masculino. Quando indagada sobre um pormenor dos investimentos estrangeiros desses homens, Andrea responde com um domínio ligeiramente maior dos fatos do que convém a uma simples secretária. Sua recomendação não é aceita de bom grado por seu chefe. Mas ele se vinga indiretamente, primeiro, resmungando irritado ao som que ela faz com a colher ao mexer o café — um dos assessores chega até a segurar-lhe a mão —, e depois, aceitando o conselho desse mesmo consultor, que recomenda o oposto do plano de Andrea. Fica claro que a questão não é sua capacidade de dar bons conselhos, mas o fato de uma simples secretária ter saído de seu papel de discreta tomadora de notas e servidora de café para fazê-lo.

Nessa cena prolongada, construída em torno do ruído de uma xícara e uma colher de café, começamos a ler as pequenas indignidades da vida das mulheres. Essas indignidades nunca poderiam ser apresentadas num tribunal de justiça como justificativa do ódio desencadeado na boutique, mas, ainda assim, expõem claramente humilhações que as outras mulheres são capazes de entender. Mas é finalmente através do misterioso silêncio de Christine que chegamos a vivenciar a indignidade última da vida da mulher. Christine está em sua cozinha, em meio ao caos de três filhos e um marido apressado, que está prestes a deixá-la apenas segurando o pires, como se ela fosse uma mesa. Através da determinação social de uma vida que só lhe pediu para servir, Christine tornou-se uma coisa inanimada. "Não admira que tenha parado de falar", explica Andrea, num dos poucos momentos de explicação direta do filme, "não havia ninguém ouvindo."

Cada um desses incidentes é vivenciado por uma mulher solitária, num espaço que não parece pertencer-lhe, mesmo que, como no caso da cozinha de Christine, devesse. Não há nenhuma outra mulher para reconhecer ou dar nome à experiência. Enquanto ela ocorre, a própria mulher não parece capaz de nomeá-la. Assim, os aspectos comuns da experiência feminina representados no filme são, inteiramente, formas de alienação negativa, enquanto as únicas situações de experiência compartilhada ocorrem na cena do crime e, depois, no tribunal. Embora o filme certamente pudesse ter arquitetado um modo de fazer com que os aspectos espaciais e vivenciais da zona sem cultivo das mulheres coincidissem numa parábola simplista da solidariedade feminina, penso ser importante que ele não o faça. Uma comparação com uma obra que faz exatamente isso é instrutiva.

Um conto de 1917 de Susan Keating Glaspell, "A Jury of Her Peers" [Um júri de seus pares], entrou recentemente nos cânones da literatura feminista.[5] Tal como o filme de Gorris, a história diz respeito a uma assassina e a uma vítima do sexo masculino. A mulher de um fazendeiro, Minnie Foster, é presa pelo assassinato do marido por estrangulamento. A história de Minnie nunca é diretamente narrada, mas composta aos poucos por dois grupos de investigadores, masculinos e femininos. Enquanto o delegado e o promotor do condado vasculham em vão a casa dela e seu celeiro em busca de pistas do motivo do crime, as mulheres desses homens, relegadas ao espaço da cozinha e da sala de estar, fazem algumas investigações oficiosas por conta própria. Descobrem amplo motivo para o crime de Minnie na destruição sistemática que o marido impusera a toda a vida e beleza de seu mundo. Elas decodificam a pobreza da casa, o aquecedor que não funciona, os remendos do guarda-roupa de Minnie, o pescoço quebrado de seu canário e sua suposta reação a essa crueldade em costuras que ficam tortas, em tarefas deixadas por fazer e, finalmente, em sua vingança, o estrangulamento do marido adormecido.

À medida que o júri feminino de pares vai compreendendo a importância de cada prova, destrói-a sistematicamente, apagando os vestígios da culpa de Minnie Foster. Como observou Annette Kolodny num artigo sobre o conto, a interpretação delas equivale, portanto, a uma completa reordenação de "quem foi realmente assassinado ... do que constituiu o verdadeiro crime da história".[6] Ainda mais revelador do que sua capacidade de decifrar a natureza profunda do crime é seu sentimento imediato de ter uma participação nele: "Oh, *quisera* eu ter vindo aqui de vez em quando! ... Isso foi um crime! Quem vai punir isso?"[7]

O principal ponto de Kolodny a respeito do conto é que as leitoras do crime ampliam a interpretação masculina literal, numa compreensão figurativa mais ampla de seu *modus operandi*: o estrangulamento. A interpretação masculina apenas vê que um homem foi estrangulado, que sua mulher é a provável suspeita e que eles mesmos são os especialistas em interpretar as provas; a leitura (figurada) feminina enxerga as muitas maneiras como a vida de uma mulher foi estrangulada, vê que o marido é o provável suspeito e que elas mesmas são as verdadeiras investigadoras do crime. Sua perícia reside em sua capacidade de não julgar de cima para baixo, mas de agir, como mostrou Carol Gilligan a respeito do "desenvolvimento moral" das mulheres em geral, como um empático júri de pares, sensível à situação extenuante.[8]

Assim, nos termos de Kolodny, as mulheres são as melhores leitoras das verdades literais e figuradas de outras mulheres, em virtude de suas experiências comuns. As duas mulheres do conto de Glaspell conseguem fazer com que a cozinha e a casa de Minnie Foster "falem" em sua defesa, quando ela mesma não pode ou não quer falar. O conto chega até a deixar implícito que elas também a ajudam a escapar da punição. Para Kolodny, "Um júri de seus pares" é uma parábola da interpretação e da soliedariedade femininas, expressando sua parábola da singular capacidade das mulheres de interpretarem a suposta "insignificância das coisas da cozinha". Mas, preocupa-me que a elevação dessas parábolas à condição de textos fundamentais no cânone emergente da arte feminista possa ter uma influência simplisticamente utópica no tipo de trabalho que começamos a procurar nos artistas feministas. Por mais que o conto seja satisfatório como exemplo de virada da mesa, penso que seria um erro tomá-lo pelo tipo de revisão feminista que mais se faz necessário hoje em dia. O que me interessa, ao contrário, não são as notáveis semelhanças entre o conto de Glaspell e o filme de Gorris, mas suas esclarecedoras diferenças.

Em "Um júri de seus pares", a moral feminista é facilitada pela congruência das duas primeiras categorias de Showalter na experiência cultural singular das mulheres: o espacial e o vivencial. As experiências isoladas de cada uma das donas-de-casa conseguem emergir quando duas delas se juntam na cozinha e na sala de uma terceira. Somente nessa terra de ninguém é que essas duas primeiras mulheres conseguem reordenar a significação da experiência da terceira.

No filme de Gorris, entretanto, a separação entre os aspectos espaciais e vivenciais da zona sem cultivo da experiência cultural feminina enfatiza a dificuldade muito palpável que têm as mulheres para descobrir os lugares em que podem falar de sua experiência entre si. Assim, enquanto a inversão dos termos patriarcais iniciais de julgamento de Glaspell é facilitada pela convergência dos campos do espacial e do vivencial, o filme de Gorris separa esses campos e, assim, separa as mulheres entre si. Não há nenhum meio positivo de elas articularem o que, não obstante, começam a saber que compartilham. A violência do crime e a ruptura negativa da gargalhada no tribunal são suas únicas formas de fala.

A espectadora do filme, como a intérprete-investigadora interna dentro do filme, não pode basear sua leitura numa simples inversão de um julgamento masculino inicial. Em vez disso, tem que se empenhar num processo mais profundo e mais cúmplice de identificação com zonas de experiência mudas e sem cultivo, que ainda não são conhecidas e que, certamente, talvez não a ajudem a escapar do castigo do julgamento masculino. O que falta no conto de Glaspell e na crítica de Kolodny, portanto, é o terceiro aspecto da zona sem cultivo de Showalter: seu lado "metafísico" ou "imaginário". Escreve Showalter:

> Se pensarmos na zona sem cultivo metafisicamente, ou em termos da consciência, veremos que ela não tem nenhum espaço masculino correspondente, já que toda a consciência masculina está dentro do círculo da estrutura dominante e, assim, é acessível à linguagem ou estruturada por ela. ... Nos termos da antropologia cultural, as mulheres sabem como é o crescente masculino, mesmo que nunca o tenham visto, porque ele se torna objeto de lenda (como a terra virgem). Mas os homens não sabem o que há nesse ermo.[9]

O autêntico sentimento de excitação e perigo gerado pelas duas exibições do filme de Gorris a que assisti talvez se explique, em parte, pela demonstração do filme de que as mulheres também não sabem, necessariamente, o que há "nesse ermo". É que o filme sugere que o momento mais autenticamente heróico da consciência feminista consiste na decisão de uma mulher de jogar sua sorte numa identidade que ainda não foi falada e ainda não pode falar, ela mesma. Ao contrário do conto de Glaspell, não há nenhuma parábola concisa, nenhuma inversão pronta de julgamento que possa explicar metaforicamente o crime. Há apenas um silêncio radical, que explode em violência quando as mulheres se juntam pela primeira vez, e explode numa gargalhada quando elas voltam a se encontrar.

Essa gargalhada ocorre quando o tribunal masculino pede a Janine, a psiquiatra, pelo menos um "diagnóstico tentativo provisório" que torne mais fácil categorizar o crime como simples insanidade. Janine recusa-se a declarar as mulheres loucas; chega até a insistir em que o sexo da vítima e sua condição de dono da boutique foram fatores importantes na precipitação do crime. Para contradizer isso, o promotor estabelece um paralelo ridículo: o crime também poderia ter sido perpetrado por três fregueses do sexo masculino contra uma dona de loja. Annie, a garçonete, é a primeira a rir. Christine e Andrea logo aderem a essa risada, como fazem várias espectadoras, inclusive um coro de quatro mulheres silenciosas que reconhecemos como também tendo estado presentes na cena do crime. Por fim, Janine também ri.

A gargalhada estridente e disruptiva logra entre as mulheres o reconhecimento e a solidariedade que as insistentes tentativas de comunicação de Janine não haviam conseguido obter. Quando as mulheres gargalhantes recebem ordem de deixar a corte, para que o julgamento possa prosseguir em sua ausência, segue-se um momento denso, à medida que as atrizes importantes — Janine, as três rés e as quatro testemunhas silenciosas — convergem, todas, para o centro do tribunal, separadas por uma grade baixa e um fosso. Elas repetem olhares de reconhecimento que haviam ocorrido na primeira vez em que as rés tinham sido conduzidas ao fosso. Mas aquele primeiro olhar de reconhecimento servira apenas para revelar a consciência de Janine de um elo silencioso entre as rés e o coro de espectadoras. No momento desse segundo olhar, o riso de Janine externou sua solidariedade para com essas mulheres silenciosas. Ela se uniu ao "exército de Fúrias de salto alto" a que a promotoria se refere, no exato momento em que são conduzidas, como as Fúrias de Ésquilo, para fora da luz, descendo às entranhas da terra.

Mas o filme não termina com essa nota de solidariedade. Termina, antes, num momento de suspensão entre o mundo conhecido da luz patriarcal e o mundo desconhecido da sombra matriarcal. No estacionamento do lado de fora do tribunal, enquanto o marido de Janine toca furiosamente a buzina do carro para que Janine venha, ela encontra mais uma vez o coro de testemunhas silenciosas do crime. Volta-se para olhar para elas e, nesse olhar, a cena se cristaliza. Os campos espacial, vivencial e metafísico da diferença feminina são reconhecidos em seu olhar, embora ainda não tenham sido enunciados.

Uma questão de silêncio não oferece nenhuma parábola concisa, nenhuma inversão pronta, nenhuma motivação clara e, o que é mais importante, nenhuma linguagem clara que afirme as verdades da mulher. Ele oferece um silêncio que questiona toda a linguagem, um riso que subverte a autoridade e um julgamento que nunca chega a ser proferido. Em tudo isso, o filme funciona menos no sentido de *rever* seu mito patricarcal subjacente da irracionalidade das mulheres do que de reabrir todas as questões supostamente resolvidas por esse mito. Na última peça da *Oréstia* de Ésquilo, um coro feminino de "Fúrias" é atraiçoado, no primeiro tribunal de justiça, por uma deusa identificada com os homens e que sempre os favorece. Engabeladas por Atena, as Fúrias partem serenamente para sua nova morada embaixo da terra, dando lugar ao progresso da cidade-estado e de seus novos códigos de justiça. Reprimidas e renomeadas, as "Eumênides" passam então a mascarar a antiga guerra entre os sexos, simbolizada pelo ciclo de vingança de Clitemnestra e Agamenon.

O filme de Gorris volta a essa guerra e ao poder matriarcal original reprimido por esse mito. Enquanto o mito masculino livra-se das Fúrias repugnantes e estridentes, montando a cena de uma saída serena, Gorris reencena essa descida às entranhas da terra numa revisão feminista que transforma o ódio original de suas Fúrias numa gargalhada subversiva. Essas Fúrias saem, contorcendo-se de rir pelo absurdo de uma razão masculina que é incapaz de compreender as mulheres. Como a Medusa de Cixous — que também fazia parte de um monstruoso trio de irmãs —, elas são revisadas. Mas, embora estejam rindo, Gorris não faz simplesmente transformar o monstruoso no belo, os negativos em positivos, o final repressivo num final libertário. Na verdade, o filme não chega propriamente a rever a *Oréstia* no sentido de lhe dar um final feliz, femininamente definido, mas reabre todas as questões supostamente solucionadas pelo julgamento original de Atena contra as mulheres. Como "Um júri de seus pares", ele pergunta como seria o verdadeiro julgamento das mulheres pelas mulheres. Mas, ao contrário do conto de Glaspell, não parte, ele próprio, para a execução desse julgamento. A linguagem desse julgamento, sugere o filme, ainda não existe.

Assim, o poder de *Uma questão de silêncio*, como arte feminista, reside em sua resistência a todos os modelos masculinos pelos quais o desvio feminino tem sido compreendido, em sua insistência na brutalidade da experiência cultural das mulheres e, por fim, em sua recusa a narrar a identidade positiva e utópica da mulher.

Notas

1. É interessante lembrar que a expressão original, "no-man's land", poderia traduzir-se literalmente por "terra de nenhum homem". (N. da T.)

2. Showalter, "Feminist Criticism in the Wilderness", *Critical Inquiry*, 8 (inverno de 1981), pp. 179-205.

3. O dilema fundamental abordado pelo ensaio de Showalter é o de todas as tentativas feministas de definir a diferença das mulheres sem cair em modelos a-históricos da natureza biológica, lingüística ou psíquica dessa diferença. Sua solução é ultrapassar esses três primeiros modelos, indo em direção ao quarto: um modelo cultural da diferença das mulheres, que tem a vantagem de ser mais geral e de considerar o contexto social como sendo primordial para os outros. Mas, ao designar o crescente "y" da experiência feminina de "zona sem cultivo" que não tem paralelo com o crescente masculino "x", a própria Showalter corre o risco de reessencializar a experiência da mulher no social. Ela afirma, por exemplo, que essa zona sem cultivo é exclusiva das mulheres e desconhecida dos homens. Embora eu reconheça que há problemas inevitáveis na busca de uma solução para as qualidades essencialistas da arte feminista através da invocação de uma teoria que recorre, ela mesma, a uma posição essencialista, também reconheço que a questão mais importante a respeito dessa arte talvez não esteja em saber se ela dá algum tipo de salto para além das restrições da linguagem e do pensamento patriarcais, mas no modo como faz isso.

4. Ver Michelle Citron, Julia Lesage, Judith Mayne, B. Ruby Rich e Anna Marie Taylor, "Women and Film: A Discussion of Feminist Aesthetics", in *New German Critique*, 13 (inverno de 1978).

5. Glaspell, *in* Lee Edwards e Arlyn Diamond (orgs.), *American Voices, American Women* (Nova York, Avon Books, 1973), pp. 359-81.

6. Kolodny, "A Map for Re-Reading: Or Gender and the Interpretation of Literary Texts", *New Literary History*, 11 (primavera de 1980), p. 462.

7. Glaspell, p. 378.

8. Carol Gilligan, *In A Different Voice: Psychological Theory and Women's Development* (Cambridge, Harvard University Press, 1982).

9. Showalter, p. 200.

8

Mikhail Bakhtin e a crítica cultural de esquerda

ROBERT STAM

Nos últimos anos, o teórico social e literário russo Mikhail Bakhtin (1895-1973) tornou-se um dos pensadores mais influentes e controvertidos do panorama contemporâneo. Apontado por seus biógrafos como um dos "maiores pensadores do século XX", Bakhtin publicou, em seu nome ou em colaboração, livros e ensaios sobre temas que vão da lingüística *O marxismo e a filosofia da linguagem*, (1929) à psicanálise *O freudismo: uma crítica marxista*, (1927), passando pela crítica literária *Método formal na cultura literária*, (1928); *Problemas da poética de Dostoiévski*, (1929); e *Rabelais e seu mundo*, (1965). Recentemente, a influência de Bakhtin espalhou-se por muitas partes do mundo, alguns termos bakhtinianos cruciais ganharam ampla difusão e a aplicação exegética de suas idéias tem prosseguido em marcha acelerada. Meu objetivo, aqui, será explorar a importância específica do pensamento de Bakhtin para a crítica cultural de esquerda. Como poderia ele ajudar-nos a transpor algumas das insuficiências amplamente sentidas da análise cultural esquerdista tradicional? Como pode ajudar-nos a forjar um método crítico esquerdista que ultrapasse o dogmatismo, o puritanismo, o economicismo e o derrotismo cultural? Como podem categorias bakhtinianas tão celebradas como "dialogismo", "heteroglossia", "tato" e "carnaval" lançar luz sobre a cultura popular e os meios de comunicação de massa? Como podem as conceituações bakhtinianas ajudar-nos a analisar, ensinar e, talvez, até gerar uma cultura da comunicação de massa?[1]

Existem, convém assinalar, muitos Bakhtins: há um Bakhtin revolucionário, um Bakhtin marxista, um Bakhtin anti-stalinista, um Bakhtin populista e um Bakhtin criptocristão. Há uma leitura esquerdista de Bakhtin (Fredric Jameson, Terry Eagleton, Tony Bennett e Ken Hirschkop) e uma leitura liberal (Wayne Booth, Michael Holquist, Katerina Clark e Gary Saul Morson).[2] Na verdade, os últimos anos assistiram a uma espécie de disputa póstuma pela alma política de Bakhtin. Figura extraordinariamente complexa, contraditória e, às vezes, enigmática, Bakhtin tem-se prestado à apropriação pelas mais diversas correntes ideológicas. Pretendo vê-lo aqui, entretanto, como uma espécie de populista radical ou "paramarxista", trabalhando "ao lado do" marxismo — e certamente não contra ele, como quereriam alguns de seus comentadores —, e como um "transmarxista", no sentido de que ele corrige alguns dos lapsos e pontos cegos da teoria marxista. Minha leitura aqui será bastante parcial, menos interessada em defender uma interpretação definitiva do que Bakhtin "realmente pensava", ou em aparar as evidentes contradições de sua obra, do que em propor uma apropriação parcial de alguns traços de seu pensamento para os fins estratégicos de uma hermenêutica radical dos meios de comunicação de massa.

A esquerda tem exibido, com freqüência, uma atitude esquizofrênica diante da cultura da comunicação de massa. Como "filhos de Marx e da Coca-Cola", como disse Godard em *Masculino, feminino*, os esquerdistas participam de uma cultura de massa que amiúde condenam teoricamente. Mas, mesmo deixando de lado essa cisão entre os hábitos pessoais e a postura política, a esquerda tem demonstrado uma ambivalência teórica acerca do papel *político* dos meios de comunicação de massa. Por um lado, uma certa esquerda (Herbert Schiller, Armand Mattelart e, de maneira diferente, Theodor Adorno e Max Horkheimer) denuncia violentamente os meios de comunicação como a voz da hegemonia burguesa, o instrumento da reificação capitalista, um aparelho esmagador ou "máquina de influenciar" que permite pouca resistência. Nessa fase mais pessimista, a esquerda lamenta a "total manipulação" ou as "falsas necessidades" e "falsos desejos" da mídia e pratica, como corolário didático, uma espécie de pedagogia do desprazer, assim cedendo um terreno crucial ao inimigo. Outra esquerda, em contraste, saúda o impacto revolucionário das modernas técnicas de reprodução (Benjamin), ou a subversão dos tradicionais privilégios de classe da elite literária pela mídia (Enzensberger), identificando um potencial progressista nos produtos culturais da comunicação de massa, encontrando indícios de conquista de poder na raiva em estilo operário de um Bruce Springsteen, ou provas de um desejo emancipatório no entusiasmo coletivo pelas maratonas televisivas de concertos de superastros em favor da Ajuda Agrícola e da Anistia Internacional.

Assim, a esquerda tem oscilado entre a melancolia e a euforia, desempenhando alternadamente os papéis de chata e de poliana. Um bom número de analistas, felizmente, tem procurado ir além dessa psicose maníaco-depressiva ideológica, enfatizando as lacunas, as fissuras e as contradições que espreitam logo abaixo da superfície aparentemente imperturbável dos meios de comunicação de massa. Em "Constituents of a Theory of the Media" ["Componentes de uma Teoria da Mídia"], Hans Magnus Enzensberger falou da televisão como um "meio de comunicação vazado", controlado pelas empresas, mas pressionado pelo desejo popular, e dependente de talentos criativos "politicamente indignos de confiança" para satisfazer seu apetite inesgotável de programação.[3] E, o que é mais importante, Enzensberger objetou à teoria da manipulação da mídia como um engodo das massas, enfatizando, em vez disso, seu direcionamento para "necessidades reais" e "desejos reais". Seguindo essa veia utópica, autores como Fredric Jameson, Richard Dyer e Dick Hebdige destacaram a resposta da cultura de massa ao que Jameson denominou de "poder fundamental das necessidades sociais profundas". Duas excelentes coletâneas recentes — *Studies in Entertainment*, de Tania Modleski, e *High Theory/Low Culture*, de Colin MacCabe — dão continuidade a essa tradição, propondo uma síntese dialética que evita o pessimismo elitista da teoria da manipulação e as ingênuas celebrações positivas dos apologistas acríticos da cultura da comunicação de massa.[4] Nenhuma dessas coletâneas, entretanto, tira proveito de um teorizador que poderia escorar e animar ainda mais essa visão mais dialética — Mikhail Bakhtin.

Bakhtin oferece à análise cultural, como assinalou Todorov, uma visão unitária e transdisciplinar das ciências humanas e da vida cultural, baseada na natureza textual comum de seus materiais.[5] A visão global bakhtiniana do "texto" como referido a todas as produções culturais enraizadas na linguagem — e, para Bakhtin, não existe produção cultural *fora* da linguagem — tem o salutar efeito de derrubar os muros, não apenas entre a cultura popular e a de elite, mas também entre o texto e o contexto. A barreira entre texto e contexto, entre "dentro" e "fora", para Bakhtin, é artificial, pois há, na verdade, um fluxo regular de permeabilidade entre os dois. O contexto já é textualizado, instruído pelo que Bakhtin denomina de "falas anteriores" e "já dito", enquanto o texto, como afirmam Bakhtin e Medvedev em sua polêmica com os formalistas russos, "recende aos contextos", permanentemente inflexionado pela história e moldado pelos acontecimentos. Assim, a "poética histórica" de Bakhtin evita a dupla armadilha de um formalismo apocalíptico vazio e das versões deterministas do marxismo, onde a superestrutura artística simplesmente "reflete" uma base econômica; em vez disso, ela propõe uma espécie de "justaestrutura" de determinações mútuas e, em alguns aspectos, recíprocas.

A crítica do formalismo

Essa é, pois, a primeira vantagem que Bakhtin oferece à análise esquerdista: uma crítica minuciosa de todos os estruturalismos e formalismos, que ao mesmo tempo evita a armadilha do marxismo vulgar. Escrevendo na década de 1920, Bakhtin conseguiu criticar um formalismo moribundo e um estruturalismo nascente, enquanto forjava seu próprio tipo de transestruturalismo inflexionado pelo marxismo. No *Método formal na cultura literária*, escrito em co-autoria com Pavel Medvedev, Bakhtin mostra que, como os formalistas, ele é sensível à especificidade dos mecanismos textuais — à literatura como literatura —, mas, diversamente deles, recusa-se a dissociar esses mecanismos do conjunto dos discursos — inclusive os da vida cotidiana — ou dos processos sociais e históricos mais amplos. Com estranha presciência, pois, Bakthin ao mesmo tempo antecipou e ultrapassou a virada lingüístico-estruturalista, e suas críticas interligadas da lingüística saussuriana e da poética formalista apontam o caminho para a possível transcendência das aporias geradas por esses movimentos.

O texto fundante, nesse aspecto, é *O marxismo e a filosofia da linguagem*, originalmente publicado no nome de Voloshinov em 1929, e que constitui a primeira intervenção direta de Bakhtin na tradição contemporânea de reflexão sobre a linguagem. Embora concorde com Saussure em que se deve criar uma disciplina para estudar a "vida dos signos na sociedade", a visão de Bakhtin difere quanto à natureza dos signos e seu papel na vida social. Rejeitando o que encara como o individualismo mentalista de Saussure, que situa a linguagem e a ideologia dentro da consciência individual, a "translingüística" de Bakhtin considera a consciência e a ideologia semióticas, existentes apenas na medida em que são realizadas dentro de algum tipo de material semiótico, seja sob a forma de "fala interior" ou no processo de interação verbal com os outros, seja sob formas mediadas, como a literatura e a arte. A lingüística, para Bakhtin, faz parte do estudo mais amplo das ideologias, pois o "campo da ideologia coincide com o campo dos signos". A consciência individual é descentrada, pois "os signos só podem surgir no território interindividual". Desbancando o acalentado mito do ego monádico, Bakhtin postula a consciência como uma realidade sócio-ideológica, e não como produto de um cogito autônomo e autogerador.

Enquanto a tradição saussuriana encara a fala como individual e o sistema lingüístico como social, e portanto os vê como antinomias, Bakhtin considera os dois constantemente imbricados. A fala produz enunciados, que são sociais por definição, já que são interindividuais, requerendo um falante e um interlocutor socialmente constituídos. A dicotomia saussuriana *langue/parole* [língua/fala] reproduz, implicitamente, o venerável tropo burguês indivíduo-*versus*-sociedade, que Bakhtin se empenha enormemente em rejeitar. Para Bakhtin, o indivíduo, mesmo em seus sonhos, é permeado pelo social; na verdade, não se desenvolve a individualidade contra o social, mas através dele. O processo de construção do eu, para Bakhtin, implica a escuta e a assimilação das palavras e discursos dos outros (mãe, pai, parentes, amigos, representantes de instituições religiosas, educacionais e políticas, meios de comunicação de massa e assim por diante), todos dialogicamente processados, de modo que as palavras, em certo sentido, tornam-se como que "palavras do próprio sujeito". Com a maturidade, essas palavras se transformam no que Bakhtin, no "Discurso sobre o romance", chama "discurso internamente persuasivo":

> Esse discurso é de importância decisiva na evolução de uma consciência individual: a consciência desperta para a vida ideológica independente, precisamente, no mundo de discursos alheios que a cercam, e dos quais, a princípio, ela não consegue separar-se. O processo de distinguir entre o próprio discurso e o discurso do outro, entre o próprio pensamento e o pensamento do outro, é acionado numa fase bastante tardia do desenvolvimento. Quando o pensamento começa a funcionar de maneira independente, experimental e discriminativa, o que ocorre primeiro é uma separação entre o discurso internamente persuasivo e o discurso autoritário imposto, paralelamente a uma rejeição das congéries de discursos que não nos importam, que não nos afetam.[6]

O eu se constitui pela aquisição das linguagens e discursos ambientais deste mundo. O eu, nesse sentido, é uma espécie de soma híbrida das práticas institucionais e discursivas relacionadas com a família, a classe, o sexo, a raça, a geração e o lugar. O desenvolvimento ideológico é gerado por uma luta intensa e aberta, dentro de nós, pela hegemonia entre os vários pontos de vista, orientações e valores verbais e ideológicos disponíveis.

Embora *O marxismo e a filosofia da linguagem* ofereça uma crítica quase-marxista do psicologismo, ele não é menos crítico em relação a um marxismo mecanicista vulgar que relega o mundo dos signos e a ideologia à condição de "telhado superestrutural" de uma base econômica. Bakhtin partilha com o marxismo a premissa de que os processos culturais estão intimamente ligados às relações sociais, de que a cultura, como sede da diferença e da contradição sociais, está profundamente implicada com o poder. Mas, para ele, todo signo ideológico é mais do que "um reflexo, uma sombra da realidade"; é "também, em si, um segmento material dessa realidade". Até mesmo a consciência é lingüística, e portanto, social, e assim, um fato objetivo e uma força social. A forma semiótica da consciência é a "fala interna", que, quando traduzida em fala externa e pública, tem a capacidade de agir sobre o mundo. Entrando nos sistemas discursivos da ciência, da arte, do direito e da ética, ela se transforma numa força poderosa, capaz até de exercer influência sobre as camadas econômicas. A concepção bakhtiniana da linguagem constitui, portanto, um veículo para se evitar a armadilha do economicismo mecanicista: "A categoria da causalidade mecânica pode ser superada com extrema facilidade com base na filosofia da linguagem."[7] Como redes complexas de signos ideológicos, a literatura, o cinema e os meios de comunicação de massa devem ser conceituados, em geral, como muito mais do que um mero reflexo. Bakhtin considera o estudo literário (e podemos facilmente estender seus termos para a análise dos meios de comunicação de massa) situado dentro de três meios interligados: o meio literário gerador, o meio ideológico gerador e o meio sócio-econômico gerador.[8] Em vez de um modelo hierárquico de base/superestrutura, Bakhtin apresenta a mediação entre as duas como uma série de círculos concêntricos que se deslocam constantemente para dentro e para fora, cada qual com seu próprio dinamismo e especificidade.

Os limites da semiótica

A localização bakhtiniana do sentido, não na forma lingüística, mas no uso da linguagem na ação e na comunicação — o enunciado —, sua insistência em que esses sentidos são gerados e ouvidos como vozes sociais que se antecipam e se respondem mutuamente — o dialogismo — e seu reconhecimento de que essas vozes representam posicionamentos sócio-ideológicos distintos, cuja relação conflitiva existe no próprio cerne da mudança da linguagem — a heteroglossia —, são de imensa importância para a teoria, a análise e até a práxis da cultura da comunicação de massa. Embora os semiologistas tenham tido extremo êxito em chamar atenção para o "especificamente literário" e o "especificamente cinematográfico", tiveram menos sucesso em vincular o específico e o inespecífico, o social e o cinematográfico, o textual e o contextual. As pressuposições abstratas e objetivistas dos semiologistas na tradição saussuriana obrigaram-nos a falar de "códigos", enquanto, para Bakhtin, todos os enunciados, inclusive os artísticos, são determinados, não pela sistematicidade dos códigos, mas pelas circunstâncias permanentemente mutáveis da comunicação. Os semiologistas, de modo geral, só reconhecem a contradição e o deslocamento textuais, deixando de estabelecer a ligação crucial entre a contradição textual e a social. Como assinala Graham Pechey, os formalistas, ironicamente, apesar de sua postura geralmente apolítica, descreveram a contradição textual em termos que fazem lembrar a luta social, mas de maneiras que deixaram o campo da contradição literária inteiramente isolado, num mundo hermeticamente fechado de pura textualidade. Pechey prossegue assinalando que Bakhtin e Medvedev tiveram a coragem de levar a sério as metáforas formalistas — especialmente termos como "revolta", "conflito", "luta", "destruição" e até "a dominante", que têm clara ressonância com a luta social e de classes —, voltando a aplicá-las, por assim dizer, ao próprio social.[9]

Tanto a semiótica quanto o formalismo requerem o conceito bakhtiniano de "heteroglossia", isto é, uma noção de linguagens e discursos rivais que se aplicariam igualmente ao "texto" e ao "*hors-texte*".[10] A heteroglossia refere-se às práticas de fala, dialogicamente inter-relacionadas, que funcionam numa dada sociedade em dado momento, e nas quais os idiomas das diferentes classes, raças, sexos, gerações e locais competem pela primazia. Refere-se, além disso, às estratificações cambiáveis da linguagem em jargões profissionais (advogados, médicos, acadêmicos), discursos genéricos (melodrama, comédia), jargões burocráticos, gírias populares e linguagens específicas da práxis cultural.

As linguagens que compõem a heteroglossia representam "sistemas de crença verbal-ideológicos vinculados", pontos de vista sobre o mundo e formas de conceituação da experiência social, cada qual marcado por suas tonalidades, sentidos e valores próprios. Uma dada comunidade lingüística partilha de uma língua comum, mas os diferentes segmentos "vivem" essa língua comum de maneira diversa. Cada grupo ou classe dispõe o sistema lingüístico-semiótico a fim de moldar seus sentidos característicos. A linguagem individualista, escreve Bakhtin evocadoramente, é a "forma ideológica especial do 'nós experimentamos' da classe burguesa".[11] O papel do texto artístico não é representar "existentes" da vida real, mas encenar os conflitos inerentes à heteroglossia, ou seja, as coincidências e competições das linguagens e dos discursos. Uma análise "translingüística" dos meios de comunicação de massa preservaria a noção semiótica formalista da contradição textual, mas iria repensá-la como heteroglossia.

Língua e poder

Como os semiologistas, Bakhtin discerne a linguagem por toda parte. "As manifestações da criatividade ideológica", escreve em *O marxismo e a filosofia da linguagem*, "não podem ser inteiramente segregadas ou divorciadas do elemento da fala." Mas, ao contrário da maioria dos semiologistas, ele também considera a linguagem necessariamente imbricada com o poder. O signo, para Bakhtin, é material, multiacentual e histórico; está densamente carregado dos vestígios de seus empregos históricos e vive numa inter-relação dialógica com outros signos materiais. Menos interessada no signo arbitrário do que no "enunciado situado", a "semiótica social" de Bakhtin evita o cientificismo pudico de um certo estruturalismo "isento de valor", permitindo-nos reintroduzir a política e a cultura no modelo abstrato construído pelos semiologistas. Os marxistas, muitas vezes, foram compreensivelmente hostis para com o estruturalismo e a semiótica, baseando-se em que o privilegiamento estruturalista do sincrônico é intrinsecamente a-histórico e não-dialético. A ênfase de Bakhtin no enunciado historicamente situado, entretanto, reconcilia o que há de melhor no marxismo com o que há de melhor na semiótica, abrindo a linguagem à diacronia e à história.

Bakhtin compartilha com o marxismo o pressuposto de que os processos culturais estão intimamente ligados às relações sociais e de que a cultura é o palco da luta social. Sua contribuição específica, porém, consiste em destacar o que se poderia chamar de dimensão lingüística da luta de classes. Os seres humanos não nascem simplesmente na linguagem como um código fundamental; crescem dentro dela e ajudam a moldá-la, como mulheres ou homens, operários ou patrões, camponeses ou latifundiários. Cada comunidade lingüística ou social aparentemente unificada caracteriza-se pela heteroglossia, mediante a qual a língua se transforma no espaço de confronto das ênfases sociais diferentemente orientadas, enquanto as diversas "consciências sócio-lingüísticas" travam uma luta no terreno da linguagem. Enquanto a classe dominante luta por tornar o signo "uniacentual" e dotado de um caráter eterno e supraclassista, os oprimidos, especialmente quando têm consciência de sua opressão, lutam por arranjar a linguagem em prol de sua libertação. A formulação bakhtiniana tem a vantagem de não limitar a luta libertária a batalhas puramente econômicas ou políticas, estendendo-a ao território comum do enunciado. Bakhtin situa a luta ideológica como o coração pulsante de todos os discursos, seja sob a forma da retórica política, da prática artística ou do intercâmbio cotidiano da linguagem. A visão bakhtiniana da prática social, com sua orientação lingüística, traz uma dimensão discursiva para o axioma esquerdista de que "tudo é político".

Não há luta política que não passe também pela "palavra". A língua e o poder traçam uma intersecção, todas as vezes que a questão da linguagem se envolve em arranjos assimétricos do poder. Como poderoso símbolo da identidade coletiva, as línguas naturais, por exemplo, compõem o foco de profundas lealdades que existem na própria linha divisória da diferença nacional. Na África do Sul, os negros protestam contra a imposição do ensino de africâner como língua oficial; nos Estados Unidos, os latinos lutam por um ensino ministrado nas duas línguas, inclusive os exames. Mas até as sociedades monolíngües caracterizam-se pela heteroglossia; elas englobam múltiplas "línguas" ou "dialetos" que revelam e produzem a posição social, cada qual existindo numa relação distinta com a língua hegemônica. A opressão patriarcal, como assinala a sócio-lingüística feminista, perpassa a linguagem, o mesmo acontecendo com a resistência feminista à opressão. As questões raciais também têm uma intersecção com as questões da linguagem, do poder e da estratificação social. O inglês dos negros, nos Estados Unidos, era freqüentemente chamado de "inglês ruim", porque os lingüistas não conseguiam levar em conta as raízes históricas africanas específicas e a estrutura lógica imanente da fala negra. A opressão "passa", muitas vezes, não apenas sob a forma do cassetete e da tarja cor-de-rosa, mas também sob as formas mais sutis da interação discursiva face a face: a linguagem sutil ou nem tão sutilmente discriminadora do policial, o tom e a linguagem condescendentes do médico para com suas pacientes "histéricas", o paternalismo do burocrata da assistência social para com os beneficiários, os elogios do patrão às "meninas" do escritório, a fala acriançada da patroa burguesa com a empregada. A resistência, similarmente, assume as formas discursivas das palavras de solidariedade sussurradas, ou das sonoras manifestações coletivas de protesto. A língua, para Bakhtin, é um instrumento coletivo: não um presídio, mas uma arena de combate.

A luta política também ocorre no que Bakhtin chamaria de "terreno da linguagem". A luta em torno dos acontecimentos da América Central, por exemplo, é permeada por conflitos ideológicos manifestos numa espécie de "guerra de nomenclaturas", travada no Congresso, nos meios de comunicação e nas ruas. O poder político consiste, parcialmente, na capacidade de colocar os próprios termos, expressões e imagens em ampla circulação. O governo Reagan, pelo menos antes do escândalo do Irã-Contras, teve amplo sucesso em impor não apenas suas imagens, mas também sua terminologia. A chamada oposição, que alegava "partilhar das metas do presidente, mas não de seus métodos", basicamente aquiesceu nas distorções orwellianas perpetradas pela Casa Branca. Assim, os democratas e a mídia foram incitados a se referir à "Nicarágua", nome internacionalmente reconhecido de um Estado soberano, como "o governo marxista-sandinista" ou "o governo comunista da Nicarágua", expressões que, no contexto norte-americano, têm claramente uma função deslegitimadora. Os contras, os verdadeiros terroristas, foram denominados de "combatentes da liberdade" ou "resistência democrática". A matança geral dos nicaragüenses foi eufemisticamente expressa, mesmo pelos mestres liberais, como "pressão" dos sandinistas, palavra mais tendente a evocar o shiatsu do que o assassinato, enquanto os homicídios em massa pelos esquadrões da morte em El Salvador foram sanificados como "violações dos direitos humanos". Uma oposição política tão completamente aprisionada na linguagem do inimigo, diria eu, já perdeu metade da batalha.

As nuanças do tato

Na vida social do enunciado, cada "palavra" está sujeita a pronúncias e "acentos sociais" rivais. Bakhtin e seus colaboradores inventaram todo um conjunto de termos para evocar os complexos códigos sociais e lingüísticos que regem essas pronúncias e sotaques rivais (sendo a maioria dos termos dotada de conotações verbais e musicais simultâneas): "acento social", "avaliação social", "tato" e "entonação". Numa breve mas sugestiva passagem do *Método formal na cultura literária*, Bakhtin fala do "taktichnost", ou "tato da fala", em referência a uma "força formativa e organizadora" que regula o intercâmbio lingüístico cotidiano.[12] O termo "tato" soa-nos um tanto artificial, porque o associamos com questões de etiqueta e diplomacia, enquanto Bakhtin usa "tato" em seu sentido musical de "aquilo que estabelece o registro fundamental". O "tato" refere-se ao "conjunto de códigos que regem a interação discursiva", ou seja, às leis sociais que regem essas pronúncias e acentos rivais. O "tato" é determinado pela "soma de todas as relações sociais dos falantes, seus horizontes ideológicos e a situação concreta envolvida na interlocução". O "tato" dá forma aos enunciados cotidianos, "determinando o gênero e o estilo dos desempenhos da fala".[13] Nesse sentido, seu significado não está tão distante da definição dicionarizada no *Webster*, de "percepção delicada das coisas certas a dizer e fazer sem causar ofensa". Mas, nesse caso, o direito de ofender é socialmente regulado e desigualmente distribuído pelas linhas demarcadoras de classe, raça e sexo.

O cinema está esplendidamente equipado para apresentar os aspectos extraverbais do discurso lingüístico, precisamente os fatores contextualizadores sutis evocados pelo "tato". O cinema falado, em especial, pode ser visto como a *mise-en-scène* de situações efetivas de fala, a contextualização visual e auditiva da fala. No cinema falado, não apenas ouvimos as palavras, com seu acento e sua entonação, como testemunhamos a expressão facial ou corporal que acompanha as palavras — a postura de arrogância ou resignação, a sobrancelha erguida, o olhar de intimidação, a olhadela irônica que modifica o sentido ostensivo de um enunciado, em suma, todos os elementos que os analistas do discurso ensinaram-nos a considerar vitais para a comunicação social. Enquanto a linguagem escrita é capaz de evocar esses fenômenos discursivos, o cinema os apresenta, por assim dizer, "no tato". Como poderoso condensador de avaliações sociais não-verbalizadas, o cinema tem o poder de representar as complexidades do comportamento verbal, a maneira como as palavras estão sempre "saturadas", no dizer de Bakhtin, de "acentos" e "entonações". Com sua capacidade de contextualizar as palavras, não apenas através da *mise-en-scène*, mas também de seus outros sistemas (música, ruídos, material escrito), o cinema adequa-se idealmente para transmitir o que Bakhtin denomina de "implicações contextuais". A dramaturgia cinematográfica, entrementes, tem seu tato especial, suas maneiras de sugerir, através do posicionamento da câmera, do enquadramento e da encenação, fenômenos como intimidade ou distância, camaradagem ou dominação, em suma, todas as dinâmicas sociais e pessoais que atuam entre os interlocutores.

A sugestiva noção de "tato" aponta para a possibilidade de uma análise politicamente instrumentada do discurso dos intercâmbios sociais concretos. As regras discursivas do "tato" funcionam não apenas nos filmes de ficção — pensemos, por exemplo, nas relações que evoluem entre senhor e criado em *O criado*, de Joseph Losey — mas também nos filmes de não-ficção e nos programas de televisão. Em inúmeros documentários (inclusive os "progressistas") sobre povos oprimidos ou colonizados, a voz do narrador em *off* assume entonações de dominação e onisciência. Protegida pelo estúdio, essa voz fala em ritmos regulares e homogêneos, enquanto os sujeitos humanos do filme falam hesitantemente, com som direto. A voz fala deles confiantemente, na terceira pessoa, enquanto eles falam hesitantemente de si, na primeira. O narrador transforma-se na voz do saber e da mestria, enquanto os narrados são a voz da experiência não-discriminadora. A voz traduz suas "palavras estrangeiras" no discurso impessoal da verdade objetiva.

O "tato" também evoca, metaforicamente, as relações de poder entre o filme e a platéia. O filme estabelece uma distância ou uma espécie de intimidade? Coloca-se como senhor absoluto diante do público, como muitos "estouros" e "superproduções" hollywoodianos (os próprios termos implicam a arrogância e a agressividade do exibicionismo tecnológico e financeiro), ou é obsequioso e inseguro? Confia na simpatia de sua platéia, ou, como acontece com muitos filmes liberal-esquerdistas, como *O Desaparecido* (*Missing*), ou *Latino*, procura constantemente tranqüilizar o público da corrente dominante? O filme pressupõe um interlocutor de determinado sexo, classe ou nação? Desconhece as possíveis reações das mulheres, ou leva-as em consideração? Pressupõe um público branco racista, ou dá margem à identificação negra? Um filme como *Adventures in Babysitting*, por exemplo, parece pressupor um público de abastados moradores brancos dos subúrbios, para quem os negros, os latinos e a classe trabalhadora representam um ameaçador mundo de diferença e alteridade. Similarmente, alguns filmes de Hollywood, como *Domingo negro* ou *Ishtar*, tomam por certo que a transformação cinematográfica de árabes ou muçulmanos em bodes expiatórios não ofenderá ninguém. Esses filmes, como todos, fazem suposições específicas sobre a ideologia e o preparo cultural do público; assumem uma atitude específica perante o que Bakhtin chamaria de seu "interlocutor projetado".

Os programas de entrevistas da televisão constituem um microcosmo social comparavelmente refratário, cujo "tato" é facilmente analisável como um produto das relações entre todos os interlocutores (dentro e fora da tela), a situação concreta da conversa e a soma das relações sociais e dos horizontes ideológicos que instruem o discurso. No centro desses programas encontramos o tropo bakhtiniano fundamental da interação dialógica de sujeitos falantes, de pessoas num diálogo literal ou metafórico. Enquanto isso, nos bastidores, existem os participantes não-ouvidos do diálogo: os dirigentes das redes e os patrocinadores empresariais, que só "falam" através das mensagens comerciais. Diante das celebridades, no espaço literal do estúdio, fica a platéia substituta de carne e osso, uma versão idealmente participativa do público invisível em casa, com a qual o entrevistador e o convidado também falam, uma platéia que é, em si, um corte transversal de uma população perpassada por contradições que envolvem classe, sexo, raça, idade e política.

O que poderia emergir de uma análise desse tipo seria uma situação profundamente confusa, mesclando a manipulação mais crassa com apelos subliminarmente utópicos e gestos recatadamente progressistas. Tomemos, por exemplo, o *Oprah Winfrey Show*. Sua estrela principal, considerada puramente como imagem, é, ao mesmo tempo, uma imagem atualizada de mãe-preta e o próprio modelo de uma facilitadora desenvolta e expressiva, dirigindo um importante programa em rede, que, em certo nível, questiona as hegemonias patriarcais e étnicas dos Phil Donahues e dos Johnny Carsons. Os programas, por sua vez, tendem a colocar em primeiro plano a insatisfação feminina com as atitudes e o comportamento masculinos, temas esses discutidos num clima de espontaneidade, identificação e solidariedade comunitária. Ao mesmo tempo, como "enunciado situado", podemos encarar a imensa capacidade de Oprah do que Bakhtin chamaria de "compreensão receptiva", como um produto mercantilizável que atrai espectadores e patrocinadores. O *telos* último desse diálogo, como nos é lembrado, ao menos aos olhos de seus administradores empresariais, é atrair um público a ser vendido aos patrocinadores.

No mundo dos programas de entrevistas, os patrocinadores empresariais exercem o poder discursivo último; têm o direito de suspender ou até encerrar a conversa. Um frio eixo de dinheiro vivo, em outras palavras, compromete gravemente o que parece ser o caloroso intercâmbio de uma "situação ideal de fala" (Habermas), baseada no "contato livre e familiar" (Bakhtin). (A "piada" de *O rei da comédia*, de Martin Scorsese, consiste em levar seu protagonista a tentar "faturar", com base na promessa implícita do "calor humano" da televisão; Rupert Pupkin literalmente acredita que Jerry Langford, o condutor do programa de entrevistas, calcado em Johnny Carson, é seu "amigo".) A utopia comunicativa é ainda comprometida, não só pela receita e despesa empresariais, mas também pela obsessão com os índices de audiência, pela busca de vítimas (Oprah, Donahue), ou acontecimentos (Arsenio Hall), ou absurdos (David Letterman) cada vez mais sensacionais, pela marginalização de qualquer discurso realmente alternativo e pelo insistente lema do sucesso subjacente aos programas, que fomenta a identificação vicária com os efêmeros triunfos das "estrelas". O discurso é adicionalmente prejudicado por outros propósitos ocultos e nem tão ocultos, relacionados com a promoção de livros, filmes e espetáculos. A conversa, em suma, não é nem livre nem desinteressada; o discurso é atado pelas inúmeras restrições do "tato" empresarial e social.

Os noticiários de TV também exibem seu "tato" peculiar. A apresentação ideologicamente instruída das notícias opõe adultos discursivamente competentes — os apresentadores, os políticos, os dirigentes — a uma população gaguejante e infantilizada. Os que estão no alto da hierarquia discursiva — desde o(a) apresentador(a) principal, no topo, até os correspondentes e repórteres, como atores coadjuvantes — paternalizam os "extras", as pessoas da rua. A amena desenvoltura dos telejornalistas é sustentada por textos escritos, ensaios e edições, e sua quase infalível fluência é contrastada com a falta de fluência, igualmente fabricada, dos que estão na base da hierarquia.[14] Para tomarmos outro exemplo, consideremos o *Nightline*, de Ted Koppel. Visto que Koppel, graças à televisão, encontra-se repetidamente num *tête-à-tête* eletrônico com chefes de Estado, e uma vez que é enquadrado de maneira idêntica, começamos subliminarmente a vê-lo como um chefe de Estado. Ele tem o poder de cortar seus interlocutores ou enjaulá-los dentro de um retângulo, ou reduzi-los ao tamanho de um selo postal. Não nos surpreendemos, portanto, quando Koppel interrompe ou espicaça retoricamente renomados líderes do Terceiro Mundo

— "O senhor pretende renunciar à violência, sr. Tambo?" Ele parece estar no inteiro direito de fazê-lo.

Enquanto isso, o noticiário local, "Eyewitness News", adota um "tato" mais integrador. Aqui, tipos amistosos e moças afáveis personificam os simpáticos vizinhos ideais, compondo, coletivamente, a imagem de uma animada e atenciosa "família de jornalistas". "De nossa família para a sua" é um lema típico do noticiário "testemunha ocular". Fica-se impressionado com a descontinuidade quase surrealista entre a morbidez da maioria das notícias — a colheita cotidiana de estupros e assassinatos, bebês abandonados e crianças sexualmente molestadas — e a jovial atmosfera familiar que cerca os apresentadores. A impressão é que o mundo "lá fora" é asqueroso e abrutalhado, mas a vida "aqui dentro" — isto é, nos âmbitos espelhados do estúdio de televisão e dos lares — é confortável e permeada pela confiança. Esse contraste entre mundo frio e lar caloroso constitui uma atualização eletrônica de uma velha dicotomia vitoriana ideologicamente determinada. (O aparelho de televisão, como sabemos, é amiúde metaforizado como a "lareira eletrônica".) No estúdio, um clima pré-fabricado de discreta informalidade promove a impressão de que todos pertencemos a uma comunidade harmoniosa, suficientemente à vontade para brincar e fazer piadas. Também nesse caso, entretanto, muita premeditação gélida faz parte da fabricação do "calor humano", já que sabemos que a alegria da equipe de notícias é uma construção fomentada pelos consultores de noticiários, preocupados em aumentar os índices de audiência.

O noticiário local exemplifica o discernimento, elaborado por Hans Magnus Enzensberger, Richard Dyer e Fredric Jameson, de que, para explicar a atração do público por um meio de comunicação, deve-se buscar não apenas a manipulação ideológica, mas também o núcleo de fantasia utópica a partir do qual esse meio se constitui como uma realização projetada daquilo que é desejado e está ausente do *status quo*. O noticiário local toma as realidades distópicas da vida urbana contemporânea no capitalismo tardio e, através de uma artística "mudança de sinais", transforma-as no simulacro de uma *communitas* alegre e igualitária, num mundo caracterizado pela transparência da comunicação e pelo "contato livre e familiar". Pois, o que poderia ser mais utópico do que esse mundo de produtividade lúdica do estúdio de notícias, onde os profissionais parecem estar-se divertindo à larga, e onde o trabalho, como numa comédia musical, é incessantemente transformado em brincadeira? Dentro dessa representação eletrônica, figuras paternas benevolentes presidem uma família simbólica multiétnica cujos membros sinedóquicos "representam" a comunidade em geral. Embora os grupos étnicos possam estar pulando no pescoço uns dos outros nas ruas, e até mesmo nas reportagens filmadas exibidas nos noticiários, os telejornalistas, por sua vez, vivem numa utopia racial que sugere uma imagem ideal da comunidade.

A polifonia cultural e política

O termo bakhtiniano "polifonia", derivado da música e originalmente formulado em referência à complexa interação de vozes ideológicas na obra de Dostoiévski, refere-se, embora de um ângulo distinto, ao mesmo fenômeno designado por "dialogismo" e "heteroglossia". O conceito de "polifonia" chama atenção para a coexistência, em qualquer situação textual ou extratextual, de uma pluralidade de vozes que não se fundem numa consciência única, mas existem em registros diferentes, gerando entre si um dinamismo dialógico. Nem a heteroglossia nem a polifonia apontam para a simples heterogeneidade como tal, mas para o ângulo dialógico em que as vozes se justapõem e se contrapõem, de modo a gerar algo que vai além delas mesmas. Eu gostaria de me referir, neste ponto, a uma dimensão da polifonia — e a suas conseqüências políticas. Embora todas as culturas sejam polifônicas, por incluírem sexos, profissões e grupos etários distintos, algumas são marcantes por sua polifonia étnica. A cultura-fonte multiétnica de Bakhtin, existindo na encruzilhada da Europa com a Ásia, forneceu inúmeros exemplos de polifonia cultural. Os países das Américas, no Novo Mundo, similarmente, exibem uma miríade de vozes culturais — a dos povos indígenas (por mais oprimida e abafada que seja essa voz), a dos afro-americanos (não importa quão distorcida ou sufocada), e as das comunidades judaica, italiana, hispânica e asiática — cada uma das quais condensa, por sua vez, uma multiplicidade de acentos sociais relacionados com o sexo, a classe e o lugar. Grande parte da força e da audácia potenciais do cinema nacional das Américas deriva de sua capacidade de encenar os conflitos e complementaridades da cultura heteroglota. O povo do Brasil, por exemplo, produto de uma mestiçagem étnica e cultural, representa uma multidão de exilados e diásporas — os povos indígenas, alienados em sua própria pátria, os negros trazidos da África à força, e imigrantes da

Europa, Ásia e Oriente Médio. A força e a originalidade de grande parte da arte brasileira provêm de sua orquestração polifônica de imagens e referenciais culturais. *Macunaíma* (1928), romance modernista de Mário de Andrade, incorpora ruidosamente todas as vozes culturais do Brasil. Tampouco foi uma coincidência insignificante que Mário de Andrade estivesse conscientemente elaborando, nos anos vinte, um conceito de "polifonia" artística inteiramente compatível com o de Bakhtin. O protagonista do romance, como o da adaptação de Joaquim Pedro de Andrade para o cinema, quatro décadas depois, encarna essa polifonia, sendo ao mesmo tempo índio americano, africano negro e português brasileiro. Como personagem composto, Macunaíma epitomiza as raízes étnicas do Brasil. A própria linguagem do romance, além disso, orquestra palavras de origem indígena, africana e européia, assim proporcionando o equivalente lingüístico do sincretismo cultural brasileiro. Num país em que os índios foram vítimas do genocídio e onde os negros são oprimidos de maneira sutil, ou nem tão sutil assim, a colocação de um herói nacional multirracial constitui, inevitavelmente, também uma afirmação política.

A cultura norte-americana, bem como o cinema norte-americano, também têm um imenso potencial polifônico. Em filmes como *Fama*, de Alan Parker, e *Moscou em Nova York*, de Mazursky, ou no *Zelig*, de Woody Allen, um contexto de Nova York, cidade que é em si um paradigma de heteroglossia, contribui para gerar uma rica trama de vozes étnicas. Uma análise bakhtiniana desses filmes apontaria para seu potencial polifônico e para a miopia política que solapa esse potencial. Em *Fama*, jovens representantes de diversas comunidades — negra, porto-riquenha, judaica e *gay* — colaboram numa espécie de utopia da expressão artística. Em *Moscou em Nova York*, o personagem de Robin Williams entra em interação dialógica com uma galeria similar de figuras étnicas sinedóquicas — negros, italianos, porto-riquenhos e judeus. Cada diálogo é inflexionado pelos acentos específicos de um interlocutor culturalmente definido. A capacidade de Zelig de assumir o acento e a etnia daqueles com quem interage acaba por transformá-lo numa polifonia ambulante de vozes culturais. Seu camaleonismo simplesmente torna visível e físico aquilo que costuma ser invisível — isto é, o processo de sincretização que ocorre quando as etnias roçam e esbarram umas nas outras. O eu, num contexto de polifonia, é necessariamente sincrético, sobretudo quando essa polifonia é ampliada pelos meios de comunicação. *Zelig* demonstra esse sincretismo, dando-nos uma imagem alegórica que habita o que Bakhtin denomina de "entremeio da interação social", ao mesmo tempo judeu e negro, índio, mexicano e chinês.

Mas, embora esses filmes evoquem o funcionamento da polifonia étnica e cultural, eles não revelam os obstáculos políticos à verdadeira polifonia e igualdade. Em vez de subverter as relações de poder existentes entre as diversas comunidades, eles tendem a orquestrar superficialmente alguns tipos étnicos definidos. *Fama* acaba por subordinar a polifonia a um espírito de "chegar lá" menos dedicado à comunidade transpessoal do que à "Fama!" individual. *Moscou em Nova York* começa como uma crítica à repressão política na União Soviética e à crueldade no estilo *laissez-faire* dos Estados Unidos, mas acaba degenerando em apenas mais uma saga sentimental de imigrantes. E *Zelig* acaba por recuar das implicações utópicas de seu camaleonismo transcultural, fazendo seu protagonista redescobir seu "verdadeiro eu", aquiescer com valores de classe média e falar usando os clichês do liberalismo dos anos cinqüenta e da psicologia pop. Zelig transforma-se num afável norte-americano típico, num papagaio acrítico da ideologia vigente, enquanto o filme fornece pouquíssimas indicações das limitações da visão de seu protagonista. Uma abordagem bakhtiniana desses filmes, de qualquer modo, instigaria, numa leitura "antecipatória", o aparecimento das utopias latentes que se agitam nesses textos, ao mesmo tempo desmascarando os modos através dos quais eles reprimem seu potencial utópico e deixam de apontar os verdadeiros empecilhos sociais e políticos à comunhão.

Toda voz cultural, para Bakhtin, existe num diálogo com outras vozes. "Os enunciados não são indiferentes uns aos outros, nem tampouco auto-suficientes; têm consciência uns dos outros e se refletem mutuamente."[15] A diversidade social é fundamental para qualquer enunciado, inclusive para aqueles que, aparentemente, ignoram ou excluem os grupos com que estão em relação. Todos os enunciados ocorrem tendo por pano de fundo os possíveis enunciados replicadores de outros pontos de vista sociais. Em resposta ao "É proibida a entrada de negros" dos racistas de Howard Beach, surge a canção "Howard Beach, Haven't You Heard? This is not Johannesburg!"[16] Nem mesmo o mais devoto adepto e praticante do *apartheid* consegue separar-se, em última instância, da ecoante resposta negra à supremacia branca.

Essa visão, profundamente relacional, diferencia o pensamento de Bakhtin de um inócuo pluralismo liberal, e o faz em diversos sentidos. Primeiro, Bakhtin considera todos os enunciados e discursos em relação aos efeitos deformadores do poder. Segundo, ele não prega uma pseudo-igualdade de pontos de vista; suas simpatias vão, antes, claramente para o ponto de vista não-oficial, para os marginalizados, os oprimidos, os periféricos. Terceiro, enquanto o pluralismo é adicionador e "tolerante" — "permite" que mais uma voz se acrescente à corrente central —, a visão de Bakhtin é polifônica e celebratória. Qualquer ato de troca verbal ou cultural, para Bakhtin, deixa ambos os interlocutores modificados. O diálogo histórico entre negros e brancos na América do Norte, por exemplo, modificou profundamente ambos os lados. Nem mesmo os racistas brancos deixam de ser afetados pela cultura negra; sua fala, sua música e até sua linguagem corporal trazem os vestígios da influência negra. A América oficial parece relutante em reconhecer em que medida foi africanizada, embora a africanização seja evidente por toda parte. Nos anos oitenta, a maioria dos cantores populares brancos trabalhavam dentro de um idioma musical inflexionado pelos negros. Praticamente todos os participantes, brancos e negros, do videoclipe "We Are the World" cantam num melodioso e comovido estilo de improvisação evangélica, em homenagem à musicalidade negra que, ao mesmo tempo, estava concretamente vinculada a um projeto de levar um lenitivo à África. Similarmente, um fenômeno como o *break*, com sua mescla sincrética de reminiscências africanas, mímica, alusões aos meios de comunicação de massa e dança moderna, só é possível numa cultura polifônica.

Uma análise bakhtiniana também estaria cônscia dos perigos do discurso "pseudopolifônico". A idéia de polifonia, com suas implicações de simultaneidade harmoniosa, deve ser suplementada pela idéia de heteroglossia, com suas sugestões de conflito social, enraizado, não nas dissonâncias individuais aleatórias, mas nas profundas clivagens estruturais da vida social. O filme ou o comercial de televisão em que um em cada oito rostos é negro, por exemplo, está mais relacionado com a demografia das pesquisas de mercado ou da consciência pesada do liberalismo do que com uma autêntica polifonia, já que a voz negra, nesses casos, é geralmente desprovida de sua alma, privada de sua cor e entonação. A polifonia não consiste no mero aparecimento de um representante de determinado grupo, mas na promoção de um cenário textual em que a voz desse grupo possa ser ouvida com toda a sua força e sonoridade.

O documentário satírico de Emilio de Antonio sobre Richard Nixon, *Milhouse: A White Comedy*, fornece um marcante exemplo desse tipo de polifonia relacional. Uma montagem sonora contrasta o inócuo discurso de Nixon conhecido por "I See a Day" com o comovente "I Have a Dream", de Martin Luther King — cuja retórica e sintaxe o discurso de Nixon claramente imita —, mostrando evidente simpatia pela força emocional e pelo engajamento político do segundo, enquanto zomba da mediocridade pequeno-burguesa do primeiro. A voz de Nixon, promulgando o mito da "igualdade de oportunidades", cede lugar, gradativamente, à retumbante autoridade da voz de King, que denuncia as barreiras à igualdade, ao mesmo tempo que articula uma terra prometida distante, mas imaginável, de harmonia racial, tudo com os poderosos acentos do pregador negro do sul. Na terminologia bakhtiniana, essas duas vozes são contrapostas num ângulo "dialógico", gerando uma mensagem social que transcende em muito o conteúdo individual dos dois discursos.

Dialogismo

Bakhtin é um dos pensadores originadores da discussão contemporânea da "intertextualidade". Esse termo foi introduzido no discurso crítico como a tradução de Julia Kristeva para a concepção bakhtiniana do "dialógico". No sentido mais amplo, a intertextualidade ou dialogismo refere-se às ilimitadas possibilidades geradas por todas as práticas discursivas de uma cultura, toda a matriz dos enunciados comunicativos em que se situa o texto artístico, e que chegam ao texto não apenas através de influências reconhecíveis, mas também por um processo sutil de disseminação. O dialogismo é central, não apenas para os textos canônicos da tradição literária e filosófica do Ocidente, mas também para os textos não-canônicos. É igualmente relevante para os enunciados culturais em que não é convencional pensar como "textos". A idéia de "intertextualidade", em certo sentido, é um truísmo, conhecido pelo menos desde Montaigne: o de que "já se escreveram mais livros sobre outros livros do que sobre qualquer outro assunto". No século atual, o ensaio de T. S. Eliot sobre a relação entre a "tradição" e o "talento individual" pode ser visto como uma prolepse conservadoramente formulada da intertextualidade, que pressupõe a "integridade" da "tradição" e do "talento individual". O dialogismo bakhtiniano, entretanto, é muito mais radical, no sentido de se aplicar simultaneamente à fala cotidiana, à cultura popular e à tradição literária e artística. Interessa-se por todas as "séries" que entram num texto, seja esse texto verbal ou não-verbal, erudito ou popular. O popular, além disso, conversa constantemente com o erudito, e vice-versa. As mais consagradas figuras da tradição cultural superior dialogam com a cultura "inferior" e com a linguagem popular. Os "tesouros semânticos que Shakespeare introduziu em suas obras", escreve Bakhtin,

> foram criados e colecionados durante séculos ou até milênios: acham-se ocultos na linguagem, e não apenas na linguagem literária, mas também nas camadas da linguagem popular que, antes da época de Shakespeare, não haviam ingressado na literatura, nos diversos tipos e formas de comunicação falada, nas formas de uma poderosa cultura nacional (primordialmente as formas carnavalescas), moldadas através de milênios, nos tipos de espetáculo teatral (peças de mistério, farsas e assim por diante), em enredos cujas raízes remontam à Antiguidade pré-histórica e, por fim, nas formas do pensamento.[17]

A reformulação bakhtiniana do problema da intertextualidade deve ser vista como uma "resposta" aos modelos formalistas e estruturalistas da teoria lingüística e da crítica literária, bem como aos paradigmas marxistas vulgares, interessados tão-somente em determinações classista-biográficas e ideológicas extrínsecas. Bakhtin ataca o foco exclusivo do estudioso-crítico literário na "série literária". Interessa-se por uma disseminação mais difusa das idéias, à medida que elas penetram e interanimam todas as "séries", literárias e não-literárias, e pelo que denomina de "poderosas correntes profundas da cultura". A erudição literária, afirma ele, deve estabelecer laços mais estreitos com a história da cultura: "A literatura é uma parte inseparável da cultura e não pode ser compreendida fora do contexto total da cultura inteira de uma dada época."[18]

O texto artístico, portanto, deve ser entendido dentro do que Bakhtin chama "unidade diferenciada de toda a cultura da época". O dialogismo funciona em toda a produção cultural, seja ela letrada ou iletrada, verbal ou não-verbal, superior ou inferior. Os filmes de um Godard ou de um Ruiz orquestram as mensagens ambientais emitidas por toda a série — literária, musical, cinematográfica, jornalística etc. Mas o mesmo processo funciona dentro do que se conhece como "cultura popular".

Num maravilhoso artigo intitulado "Why is it Fresh? Rap Music and Bakhtin", Elizabeth Wheeler aplica as categorias bakhtinianas ao mundo do "hip-hop", isto é, aos universos culturais inter-relacionados do *rap*, dos grafitos e do *break*.[19] A prática do *rap*, a forma de música popular que combina uma acrobacia giratória com uma fala agressiva

— o próprio termo "rap" significa "diálogo" —, pode ser vista, no dizer dela, como algo que incorpora as teorias bakhtinianas do dialogismo. Sendo predominantemente uma criação dos adolescentes da classe trabalhadora negra e hispânica, o *rap* é intensa e exuberantemente dialógico. Como os cânticos evangélicos [*gospel*], baseia-se, em última instância, nas arengas africanas de pergunta-e-resposta e numa espécie de interanimação entre o executor e o ouvinte, que faz lembrar claramente a teoria bakhtiniana da linguagem interacional, centrada no desempenho. O músico de *hip-hop*, afirma Wheeler, dialogiza o *ready-made* em função da conveniência dos bairros do centro da cidade, já que os discos são mais baratos do que os instrumentos e as aulas de música. Textos construídos ou extraídos de outras canções, de anúncios ou de discursos políticos, são então ironicamente justapostos, para fins de um comentário social. "O *rap*, num nível muito literal, emerge de um processo dialógico, das conversas dos membros de uma 'galera' que troca letras de música e homenagens e que, em geral, alimenta-se de sua intensidade mútua." Efetuando análises textuais minuciosas de canções específicas do *rap*, como "The Message" e "La-Di-Da-Di", Wheeler descobre numerosos exemplos de concepções bakhtinianas específicas: "discurso polifônico", "carnavalização parodística", "polêmica interna oculta", "autobiografia polemicamente colorida", "discurso com uma olhadela de soslaio" e "réplica sarcástica".

O carnaval, a paródia e o carnavalesco

O mais amplamente difundido dos conceitos de Bakhtin é, sem dúvida, a noção de "carnaval", definida como a transposição para a arte do espírito das festividades populares que oferecem ao povo um breve ingresso numa esfera simbólica de liberdade utópica. Bakthin esboçou pela primeira vez suas idéias sobre o carnaval em *Problemas da poética de Dostoiévski*, mas foi em *Rabelais e seu mundo* que a noção recebeu sua formulação mais completa e mais rica. O ponto de partida deste último livro foi a convicção de Bakhtin de que a obra de Rabelais não fora entendida porque os eruditos não conseguiram discernir sua profunda vinculação com a cultura popular, ou apreciar as modalidades literárias associadas ao carnaval, como, por exemplo, a paródia e o realismo grotesco. Como modalidade artística enraizada em fontes extra-artísticas, o carnaval representa uma atitude perante o mundo, que pertenceu por milênios às comunidades familiares e foi transmitida à cultura erudita por escritores como Rabelais, Shakespeare, Cervantes e Diderot. O carnaval, para Bakhtin, expressa a "segunda vida" do povo e destrói, ao menos num plano simbólico, todas as hierarquias opressivas, redistribuindo os papéis sociais de acordo com a lógica do "mundo de cabeça para baixo". O carnaval promove uma relação lúdica e crítica com todos os discursos oficiais, sejam eles políticos, literários ou eclesiásticos.

Depois de Rabelais, o carnaval na Europa foi soterrado. Sua eliminação como prática social verdadeira levou ao desenvolvimento dos carnavais de salão, boêmias compensatórias que ofereciam o que Allon White chama "posições liminóides", nas margens da sociedade refinada. Fora da Europa, no entanto, o carnaval, mesmo em sua denotação literal, permanece vivíssimo. Enquanto a maioria dos carnavais europeus degenerou-se numa repetição ossificada de rituais perenes, no Brasil e no Caribe o carnaval continua a ser uma expressão cultural dinâmica, que cristaliza culturas profundamente polifônicas. O antropólogo Roberto da Matta descreve o carnaval brasileiro em termos espantosamente semelhantes aos de Bakhtin. Trata-se de uma celebração coletiva, ao mesmo tempo sagrada e profana, em que os socialmente marginalizados — os pobres, os negros, os homossexuais — assumem o centro simbólico da vida social. O carnaval, pelo menos no impulso libertário de seu sistema simbólico (ninguém está sugerindo que alguns dias de carnaval derrubem, literalmente, as opressões de classe e de sexo reforçadas durante o ano inteiro), é subversor da hierarquia e da alienação, é um momento de catarse coletiva que oferece um gosto transindividual da liberdade.

É importante lembrar que a noção bakhtiniana de carnaval abrange diversas idéias inter-relacionadas, nem todas as quais têm igual utilidade para a crítica de esquerda: (1) uma valorização de Eros e da força vital (que atrai uma esquerda reichiana), como atualização dos antigos mitos de Orfeu e Dionísio; (2) a idéia, mais importante para a esquerda em geral, de inversão social e subversão contra-hegemônica do poder estabelecido; (3) a idéia, atraente para os pós-estruturalistas, da "alegre relatividade" e da ambivalência e ambigüidade próprias do rosto de Jano; (4) a noção do carnaval como transindividual e oceânico (que atrai, ambiguamente, tanto a esquerda quanto a direita); e (5) o conceito de carnaval como o "espaço do sagrado" e o "tempo entre parênteses" (que atrai os de inclinação religiosa).

O carnaval é, reconhecidamente, a categoria bakhtiniana mais passível de aceitação, tornando-se às vezes pretexto para um ludismo vazio, que discerne elementos redentores até mesmo nas mais degradadas produções e atividades culturais. Seria errôneo, por exemplo, ver a farra movida a cerveja da confraria de rapazes de *Animal House* como uma celebração bakhtiniana da cultura do povo, já que os rapazes das confrarias universitárias e seus rituais machistas são parte integrante da estrutura de poder que o carnaval autêntico subverte simbolicamente. O carnaval, em nosso sentido, é mais do que um festejo ou um festival; é a cultura oposicionista dos oprimidos, o mundo oficial visto de baixo; não é a simples quebra da etiqueta, mas a derrubada antecipatória simbólica das estruturas sociais opressivas. Do lado positivo, ele é a coletividade estática, a alegre afirmação da mudança, um ensaio geral da utopia. Do lado negativo, crítico, é um instrumento desmistificador de tudo que, na formação social, impossibilita a coletividade: a hierarquia de classes, a repressão sexual, o patriarcado, o dogmatismo e a paranóia.

Os carnavais da vida real, é claro, são acontecimentos politicamente ambíguos, que podem ser igualitários e emancipatórios ou opressivos e hierárquicos. Podem constituir uma rebelião simbólica dos fracos ou seu festivo encontro de bodes expiatórios — ocasionalmente, as duas coisas ao mesmo tempo. Como assinalam Peter Stallybrass e Allon White, seria um erro ver o carnaval, de maneira essencialista, como intrinsecamente radical.[20] Os carnavais reais compõem configurações mutáveis de práticas simbólicas cuja valência política se altera a cada contexto e situação. Todos os carnavais devem ser vistos como entrecruzamentos complexos de manipulação ideológica e desejo utópico. Como "enunciados situados", são inevitavelmente modulados pelos arranjos hierárquicos da vida social cotidiana. A análise de Roberto da Matta sobre o carnaval brasileiro, por exemplo, trata-o como uma linguagem unitária, deixando de levar em conta até que ponto brancos e negros, ricos e pobres, homens e mulheres, homossexuais e heterossexuais vivem carnavais diferentes. O favelado que não tem dinheiro para celebrar com bebidas alcoólicas, a empregada mulata que é destratada o ano inteiro e, depois, eroticamente exaltada no carnaval, e o travesti que atinge uma glória efêmera, todos eles chegam ao carnaval vindo de uma posição diferente e mais marginalizada que a dos que desfrutam do poder o ano inteiro e, por conseguinte, têm menos necessidade de derrubá-lo simbolicamente.

Os carnavais reais, em geral, não se transformam em revoluções, embora os movimentos de oposição possam, vez por outra, assumir um clima carnavalesco. Nos Estados Unidos, os anos sessenta foram a era privilegiada da política carnavalizada, numa época em que as manifestações incorporavam elementos animados de música, dança, fantasias e teatro de guerrilha, e em que a linha divisória entre participantes e espectadores amiúde perdia a nitidez. Numa declaração sintomática, Spiro Agnew descartou as manifestações contra a guerra como "um simples carnaval", num insulto que mascarou um cumprimento. O que nos interessa, de qualquer modo, são menos os carnavais efetivos do que o perene repertório de gestos, símbolos e metáforas do gênero, que pode ser exibido para dar voz a um desejo de justiça social e política. Inúmeras canções populares brasileiras, por exemplo, não apenas enaltecem o carnaval como também o associam metaforicamente à mudança progressista. Durante as décadas de ditadura militar que se seguiram a 1964, o cantor e compositor de esquerda Chico Buarque de Holanda compôs diversos sambas alegóricos em que o carnaval passou a simbolizar, senão a revolução, pelo menos o fim da ditadura. Em seu "Apesar de Você", que ficou popularmente conhecido como "Carta ao Ditador", o cantor retratou uma situação em que uma figura repressora não-especificada seria incapaz de impedir a "enorme euforia" de uma libertação em estilo carnavalesco. Numa situação como essa, as estratégias carnavalescas servem para cristalizar a irreverência popular e desmistificar os poderosos.

A noção de carnaval também é útil à esquerda para explicar o atrativo popular dos espetáculos de massa. A cultura popular norte-americana amiúde reverbera, ambiguamente, com ecos textuais do carnaval. As comédias musicais de Hollywood, por exemplo, podem ser vistas como um espetáculo bidimensional em que as estruturas opressoras da vida cotidiana são menos derrubadas do que estilizadas, coreografadas e miticamente transcendidas. A análise feita por Richard Dyer, em "Entertainment and Utopia", sobre a comédia musical de Hollywood como algo que efetua uma artística "mudança de sinais", mediante a qual os negativos da existência social são transformados nos positivos da transmutação artística, equipara-se impressionantemente à descrição bakhtiniana do carnaval.[21] Para Dyer, o musical apresenta um mundo utópico que se caracteriza pela energia (no carnaval, a liberdade de gestos e a efervescência da dança e do movimento), pela abundância (no carnaval, o banqueteamento onipresente, a fartura da terça-feira gorda), pela intensidade (no carnaval, a teatralidade acentuada de uma segunda vida alternativa), pela transparência (o "contato livre e familiar" de Bakhtin) e pela comunhão (o carnaval como uma perda do eu, um gozo coletivo).

Esse tipo de análise é fácil de estender a uma explicação dos atrativos dos videoclipes contemporâneos. "She Works Hard for the Money", de Donna Summer, coreografa diversos tipos de trabalhos servis das mulheres, transformando-os numa alegre celebração da solidariedade feminina nas ruas. "Dance Party", de Eddie Grant (para não mencionar Dr. Pepper e os comerciais da Pepsi), baseia-se no velho tema carnavalesco do povo dançando nas ruas. Há ecos literais do carnaval do Caribe em "All Night Long", de Lionel Ritchie, um videoclipe em que a música, a letra e os elementos visuais celebram uma utopia multiétnica e de estilos diversificados, em que o dia troca de lugar com a noite e até os policiais deixam de lado a autoridade para girar seus cassetetes e dançar o *break*, numa tomada coreográfica do espaço público.

Convém distinguir entre, de um lado, o verdadeiro carnaval, como festividade comunitária, e de outro, os carnavais "artificiais" ou "degradados". Nesse sentido, podemos explicar o atrativo de muitos produtos de comunicação de massa como algo que transmite, de maneira um tanto comprometida, a lembrança e as imagens culturais distantes do autêntico carnaval. (Um comício nazista, como ritual distópico baseado na aniquilação da diferença, na inserção litúrgica na hierarquia, e não numa libertação dela, poderia ser visto como a expressão última do carnaval degradado.) A mídia norte-americana aprecia formas fracas ou truncadas de carnaval, que tiram proveito do desejo frustrado de uma sociedade verdadeiramente igualitária, servindo versões distorcidas da promessa utópica do carnaval: a aparatosa exibição comercial do Quatro de Julho, as canções chauvinistas entoadas em coro, os concertos autoritários de rock e os comerciais festivos de refrigerantes. O que um dia foram três meses do ano, dedicados à folia da "segunda vida" do povo, está agora reduzido a feriados anuais mais ou menos semelhantes ao período de trabalho de que supostamente trazem alívio. O carnaval ficou reduzido a um ritual semanal de "Graças a Deus, é sexta-feira", mediante o qual o corpo se renova para retomar o trabalho na segunda. A feira livre ruidosamente prosaica de Bakhtin transformou-se na utopia consumista musicalizada dos *shopping centers*. A efervescente movimentação do carnaval converteu-se nos exercícios de aeróbica — a dança como um dever penoso —, e até as festas tornaram-se formas laboriosas de "formação de redes".

Em *Rabelais e seu mundo*, Bakhtin descreveu o carnaval do fim da Idade Média como um festival utópico que favorecia o "contato livre e familiar" e a "entremistura de corpos". É útil encarar a pornografia contemporânea, penso eu, como um carnaval "artificial" ou "degradado". O filme comercial pornográfico, por exemplo, pode ser encarado como um farrapo de carnaval, como o resto de uma tradição antes vigorosa e irreverente. A pornografia oferece o simulacro de um mundo panerótico em que o sexo está sempre disponível, em que as mulheres são infinitamente dóceis e cheias de desejo, em que o sexo, sem nenhum prelúdio amoroso e gloriosamente isento de conseqüências e de responsabilidade, espreita em todos os escritórios, ruas e lares. Parte da pornografia contemporânea enquadra-se esplendidamente na descrição bakhtiniana, em "Forms of Time and Chronotope in the Novel", de um antigo gênero literário que ele denomina de "romance de aventura da vida cotidiana". Citando *O asno de ouro* de Apuleio, Bakhtin fornece a seguinte descrição: "No centro dele encontra-se a obscenidade, ou seja, o lado mais rude do amor sexual, o amor alienado da reprodução, de uma progressão de gerações, das estruturas da família e do clã. Ali, a vida cotidiana é a obscenidade."[22]

No período contemporâneo, a natureza priápica da pornografia cumpre uma importante função social e ideológica. À medida que a vida real vai-se tornando mais reprimida e puritana, a imaginação sexual, paradoxalmente, torna-se mais devassa, como que para compensar um ludismo sexual perdido. No contexto pós-moderno, é-nos oferecido o que Arthur Kroker chama de "teatralização do sadomasoquismo no simulacro ..., [o corpo pós-moderno] duplicado num labirinto interminável de imagens da mídia..."[23] Na era do que Karen Jaehne denomina de "Grande Detumescência", a exibição da abundância sexual na tela desempenha um papel análogo ao dos dourados e reluzentes musicais da Grande Depressão. A pornografia, nesse sentido, é uma satisfação diversiva, uma tentativa de compensar, no âmbito da fantasia sexual, aquilo que foi perdido na festividade real. Enquanto o carnaval é coletivo, participativo e público, a pornografia é passiva e geralmente monádica, seja ela consumida por um conjunto de solitários vagamente culpados nos cinemas pornô, ou no espaço privatizado da mônada auto-entretenidora. Enquanto o carnaval é gratuito, a pornografia é paga em dinheiro vivo, cheque ou vale postal. Ao contrário do "contato livre e familiar" do carnaval, a pornografia da ordem vigente oferece o contato angustiado de corpos que praticam exercícios ritualizados. Nos rostos das atrizes, é comum lermos a simulação do desejo, e nos dos homens, o dever penoso, o vigor físico e a solidão do recém-chegado que veio de longe.[24]

A televisão, por sua vez, exibe constantemente os simulacros da festividade carnavalesca. As reuniões de celebridades são versões atualizadas dos "simpósios festivos" de Bakhtin, onde os foliões participam do jogo do "louvor e reprovação exagerados". O riso enlatado é o substituto do riso real, que só é possível num ambiente de comunhão. Programas como *A ilha da fantasia* e *O barco do amor*, como assinalam Horace Newcomb e Paul Hirsch, oferecem utopias "liminais", felizes microcosmos sociais instalados ao largo da costa.[25] A televisão também oferece, implicitamente, a possibilidade do estrelato universal no estilo Andy Warhol, uma atualização do esmaecimento que o carnaval efetua da linha entre o espectador e o espetáculo. Essa participação assume inúmeras formas. O espectador pode receber um telefonema do apresentador de um programa de entrevistas, receber agradecimentos por telefone, ser entrevistado pelo noticiário local, fazer uma pergunta no Phil Donahue Show, ser ridicularizado por um título superposto no *Saturday Night Live*, cantar um número no Johnny Carson Show, aparecer no "Dating Game" [Jogo do Amor] ou no "People's Court" [Tribunal do Povo], ou até — e aqui nos aproximamos do verdadeiro estrelato — apresentar-se no "Star Search" [Procura-se uma Estrela]. Em todos esses casos, como diz Elayne Rapping, as pessoas literalmente "transformam-se num espetáculo", assim abolindo a barreira entre o ator e a platéia.

A contribuição de Bakhtin para a esquerda

A contribuição de Bakhtin para a análise cultural e política de esquerda tem um imenso potencial. A categoria do carnaval não apenas esclarece a canalização de desejos utópicos pelos meios de comunicação de massa, como também é importante para as estratégias políticas da esquerda. Bakhtin retrata a "carnavalização" parodística como a arma privilegiada dos fracos e espoliados. Apropriando-se de um discurso existente para seus próprios fins, a paródia adequa-se particularmente bem às necessidades dos desvalidos, precisamente por *pressupor* a força do discurso dominante apenas para colocá-la, através de uma espécie de jiu-jitsu artístico, *contra* a dominação. Como a esquerda norte-americana tem sido historicamente colocada numa posição desvantajosa e defensiva, ela deve tentar dispor o discurso dominante das artes materiais contra ele mesmo.

Consideremos, por exemplo, a campanha eleitoral que opôs Ronald Reagan a Walter Mondale. O candidato republicano falava, simplisticamente, na "manhã na América", explorando o discurso da "esperança fraudulenta" (Ernst Bloch). Reagan apelou claramente para uma espécie de utopismo nostálgico, embalado na linguagem da comunhão, da religião e da espiritualidade. Dessa maneira, dispôs da atenção de muitas pessoas que, por motivos sociais e econômicos, deveriam tê-lo considerado repulsivo. Reagan e seus assessores de relações públicas exploraram habilmente o desejo de comunhão, ao mesmo tempo que promoviam políticas que, em última instância, destroem a comunhão. Montaram, além disso, estratégias precisas de narração e imagem: cenários límpidos, caracterizações maniqueístas, ação acelerada e um mínimo de pensamento — em suma, o sortimento convencional de recursos dos filmes hollywoodianos de ficção com que Reagan estivera associado na década de 1940. (Granada, por exemplo, foi caracterizada como a dama em perigo, os cubanos como vilões e os EUA como o herói, numa fantasia imperialista de resgate cujo final feliz foi tão desprovido de sentido quanto os tradicionais argumentos definitivos de Hollywood.) Em termos genéricos, Reagan baseou-se no utopismo tecnológico da ficção científica ("Guerra nas Estrelas"), no moralismo maniqueísta do melodrama (o "império do mal", a santa cruzada contra as drogas e o terrorismo) e na alegria da comédia musical (o Fim de Semana da Liberdade, o Baile Inaugural), tudo para encobrir o cinismo em estilo gângster dos filmes *noir*.

Os democratas, enquanto isso, produziram um documentário cuidadoso para se opor ao vistoso filme de ficção de Reagan. Lamentaram o destino do país em narrações carolas, superpostas a imagens de privação e desespero, assim fazendo o jogo de Reagan, que, como era de se prever, retratou-os como os "profetas do desalento". Enquanto o presidente das "boas notícias" restringia-se a trivialidades animadoras, os democratas trouxeram a má notícia dos déficits internos e das derrocadas externas. Aos encantos da ficção e do entretenimento, contrapuseram o princípio da realidade e a política da culpa. Por um bumerangue associativo, foram eles que se viram ligados ao que estavam denunciando. Não estou sugerindo que a estratégia correta devesse imitar o embuste da campanha de Reagan, mas estou sugerindo que os democratas, pelo menos até o escândalo do Irã-Contras, ficaram paralisados por um excesso de "respeito". Intimidaram-se com a popularidade de Reagan, como se essa popularidade fosse uma essência insuperável, e não um constructo da mídia. Em vez de jogar seu debilitado carisma contra o do Grande Comunicador, os democratas deveriam ter confrontado Reagan no próprio terreno que ele conseguira dominar: na linguagem da comunicação de massa e na manipulação dos símbolos. Exibindo mensagens audiovisuais em conjunto com a voz e a imagem do presidente, poderiam ter criado um elo entre a imagem e a realidade, a política e a conseqüência. Tal estratégia, largamente baseada no próprio presidente, teria constituído uma autoacusação mais poderosa do que qualquer ataque verbal de um candidato democrata. Numa operação dupla, eles deveriam ter proposto sua própria contra-utopia, "carnavalizando" Reagan. Assim como os foliões carnavalescos usavam o realismo grotesco para privar o rei dos símbolos de seu poder, a fim de revelá-lo como uma figura ridícula, também os democratas poderiam ter exposto comicamente a vacuidade das idéias de Reagan e o caráter fantochesco de seus pronunciamentos, privando-o de suas dálias e *teleprompters* e arrancando a máscara de sua crueldade. Em suma, a oposição deveria ter feito com Reagan o que ele acabou fazendo consigo mesmo: a autodesmistificação.[26]

As categorias bakhtinianas exibem uma identificação intrínseca com a diferença e a alteridade, uma afinidade inerente com os oprimidos e os marginalizados, aspecto esse que as torna especialmente apropriadas para a análise das práticas oposicionistas e marginais, sejam elas do Terceiro Mundo, feministas ou de vanguarda. Embora Bakhtin não se dirija diretamente aos interesses do Terceiro Mundo, suas categorias lhes são sumamente adequadas. Nesse sentido, seu pensamento oferece uma retificação de alguns preconceitos eurocêntricos dentro do próprio marxismo.[27] O ambíguo endosso marxista da destruição das culturas nativas do Novo Mundo, em nome do movimento de avanço das forças produtivas, implica um descaso exorbitante pela integridade e pela humanidade de outras culturas. Em termos culturais, similarmente, os marxistas foram, em algumas ocasiões, indiretamente cúmplices da estigmatização da diferença. Basta lembrar, por exemplo, as análises da cultura popular da Escola de Frankfurt, os célebres comentários de Adorno sobre o jazz e até a afirmação de Ernst Bloch de que não há "nada mais reles, mais grosseiro e mais estúpido" do que as danças do jazz a partir dos anos trinta, que não passam de uma "imbecilidade desvairada".[28] Esses comentários refletem preconceitos etnocêntricos profundamente enraizados contra a música e a dança provenientes da África. Bakhtin, em contraste, refere-se às culturas não-européias, em *O método formal na cultura literária*, como catalisadoras da superação de um verismo cultural retrógrado pelo modernismo europeu. E a estética carnavalesca oximórica de Bakhtin, onde tudo traz no bojo seu oposto, implica uma lógica alternativa de opostos não excludentes e de contradição permanente, que transgride o monológico pensamento verdadeiro-ou-falso típico do racionalismo ocidental.

Bakhtin pouco fala da opressão específica das mulheres, mas sua obra pode ser vista como intrinsecamente acessível a uma modulação feminista. Certamente não foi por acidente que as palavras de conotação positiva de Bakhtin — poliglossia, dialogismo, polifonia — exibem com tanta freqüência prefixos que designam a pluralidade ou a alteridade. Em vez de considerar a diferença e a multiplicidade ameaçadoras, Bakhtin as considera estimulantes e, nesse sentido, seu pensamento se abre para o que Luce Irigaray chama de "pluralidade" e "multiplicidade" femininas. A teoria bakhtiniana da paródia, como modalidade privilegiada de carnavalização e como arma favorita dos pobres, harmoniza-se perfeitamente com o que Ruby Rich chama de filmes feministas "meduseanos". Rich extrai esse termo de "The Laugh of the Medusa" [O riso da Medusa], de Hélène Cixous, onde a teorizadora francesa enaltece o potencial dos textos feministas de "estourar a lei e desarticular a 'verdade' com o riso".[29] *Born in Flames*, de Lizzie Borden, *La fiancée du pirate*, de Nelly Kaplan, e *Mar de rosas*, de Ana Carolina, podem ser todos vistos como filmes meduseanos, que dirigem um riso satírico contra o que Irigaray chamou "l'esprit de sérieux",[30] ou o falocentrismo.

Ao contrário de muitas tramas teóricas, o método bakhtiniano não tem que ser "esticado" para dar espaço aos marginalizados e aos excluídos; adequa-se perfeitamente a eles. Em vez de "tolerar" a diferença, dentro do espírito condescendente do pluralismo liberal, a abordagem bakhtiniana enaltece a diferença; em vez de expandir o centro para incluir as margens, interroga e desloca o centro a partir das margens. O pensamento de Bakhtin, devidamente exposto, não recua ante o radicalismo; antes, chama atenção para todas as hierarquias opressivas do poder, não apenas as derivadas da classe, mas também as do sexo, raça e idade. A política textual bakhtiniana favorece uma negociação recíproca e descentrada mais franca da especificidade e da diferença; não recomenda às lutas feministas, negras ou homossexuais que "aguardem sua vez", enquanto a luta de classes atinge seus objetivos. Bakhtin não se dirigiu especificamente a todas as opressões, mas demarcou antecipadamente, por assim dizer, um espaço conceitual para elas.

A ampla visão de Bakhtin, abrangendo muitas culturas e milênios de produção artística, tem também a potencialidade de desprovincializar um discurso crítico que continua ligado, com demasiada rigidez, às convenções de verossimilhança do século XIX. Em seu gosto pela paródia intertextual e pelas agressões formais, a estética bakhtiniana é fácil de conciliar com a reflexividade modernista e até com uma certa vanguarda, mas não é compatível com um formalismo vazio. Bakhtin guarda uma certa fidelidade ao realismo, não no sentido da reprodução mimética do real, mas num sentido quase brechtiano de revelar a "rede causal" de acontecimentos, de comunicar a profunda socialidade e historicidade do comportamento humano. Bakhtin fala do "realismo grotesto", isto é, de um estilo antiilusionista que continua físico, carnal e material, que diz verdades sociais, mas numa forma estilizada, parodística e hiperbólica, em vez de naturalista. Seu pensamento compartilha com a vanguarda um impulso comum para a rebelião social, formal e libidinal, mas a rebelião, nesse caso, é mais aliada do que hostil à cultura popular; ou, melhor ainda, estabelece ligações com a cultura adversária dos oprimidos.

Bakhtin aponta o caminho para a superação das insuficiências de que se ressentem outros arcabouços teóricos. Seu conceito de dialogismo, de linguagem e discurso como um "território comum", vacina-nos contra as suposições individualistas que subjazem às teorias românticas da arte, ao mesmo tempo que continua a permitir que entremos em sintonia com os modos específicos como os artistas orquestram diversas vozes sociais. Sua ênfase num contexto ilimitado, que interage constantemente com o texto e o modifica, ajuda-nos a evitar a fetichização formalista do objeto de arte autônomo. Sua ênfase no "enunciado situado" e na "geração interpessoal do sentido" evita o a-historicismo estático de uma semiótica apolítica e "isenta de valores". A noção de heteroglossia, por fim, propõe um campo cultural fundamentalmente não-unitário e constantemente mutável, no qual os mais variados discursos existem em relações oposicionistas de valências múltiplas. A heteroglossia pode ser vista como outro nome para as contradições sociais e psíquicas que constituem o sujeito como sede de discursos conflitantes e vozes rivais. Bakhtin rejeita a idéia de um sujeito político unitário: *o* burguês, *o* proletário. Pode-se ouvir a voz do proletário no burguês e a voz do burguês no proletário, sem negar que a classe social é uma categoria significativa e até indispensável. A visão bakhtiniana desmonta a rigidez do modelo stalinista da base/superestrutura (na época de Bakhtin) e do derrotismo paranóide da escola da "ideologia dominante" do marxismo althusseriano, em nossos dias.

A esquerda, como dissemos no início, tem amiúde exibido uma atitude esquizofrênica diante da cultura das comunicações de massa, às vezes endossando acriticamente o entretenimento e, noutras vezes, lamentando o prazer que as platéias de massa extraem dos espetáculos alienados. Com demasiada freqüência, um marxismo puritano joga fora o prazer com a água fria da ideologia. Essa rejeição do prazer criou, em certas ocasiões, um imenso hiato entre a crítica cultural de esquerda e o povo a que ela pretende servir. De fato, as conseqüências políticas do puritanismo de esquerda têm sido imensas. Uma austera esquerda superegóica, que se dirige a seu público em termos moralistas, enquanto a propaganda e a cultura de massa apelam para seus mais profundos desejos e fantasias, não apenas exibe graves limitações teóricas, mas também prejudica suas próprias chances de sucesso no mundo. A vasta hostilidade norte-americana ao socialismo está tão relacionada com o equívoco largamente difundido de que as sociedades socialistas são "cinzentas", "sombrias" e "antieróticas" quanto com qualquer convicção de que a economia socialista é frágil, ou de que a análise socialista não tem validade. A abordagem bakhtiniana valoriza, em vez de deplorar, a realidade do prazer dos meios de comunicação de massa, abraçando-os como um amigo em potencial, ao mesmo tempo que reconhece suas condições de alienação. A questão, como mostraram Enzensberger e outros, é que a indústria da consciência e o capitalismo não podem, em última instância, satisfazer as necessidades reais que exploram. Assim, a esquerda, exibindo interpretações "antecipatórias", deve tratar os meios de comunicação de massa como preditores inadvertidos de possíveis condições futuras da vida social.

Uma análise bakhtiniana da cultura popular e de massa elaboraria a lógica social de nossos desejos pessoais e coletivos, desmistificando as estruturas políticas e ideológicas que canalizam nossos desejos em direções opressivas. Apelaria para as aspirações profundamente enraizadas, mas socialmente frustradas — para novas formas prazerosas de trabalho, para a solidariedade, a festividade, a comunhão. Reinstalaria a noção de prazer coletivo, da qual o carnaval é apenas uma forma, em seu lugar de direito dentro do pensamento esquerdista.

Recordar-nos-ia o prazer coletivo, por exemplo, de agir em conjunto, em prol de uma meta social apaixonadamente compartilhada — e restituiria as estratégias parodísticas, dialógicas e carnavalescas a seu merecido lugar na prática artística e crítica de esquerda. Ciente da dupla ação da ideologia e da utopia, ela proporia um duplo movimento de celebração e crítica. Atenta ao peso inerte do sistema e do poder, também veria aberturas para sua subversão. Nesse sentido, Bakhtin sintetiza o que Ernst Bloch denomina de "corrente fria" do marxismo — a análise desabusada da opressão e da alienação — com sua "corrente quente" — seus contagiantes vislumbres de liberdade coletiva. Em diálogo com o marxismo e o feminismo — de ambos os quais precisa para sua própria complementação —, o pensamento bakhtiniano pode apontar o caminho para a transcendência das dicotomias estéreis e dos modelos desgastados. E, o que é mais importante, as conceituações de Bakhtin sugerem a possibilidade de uma crítica cultural radical, aplicável aos meios de comunicação de massa, capaz de cristalizar o impacto do desejo coletivo e conscientizar-se, ao mesmo tempo, de sua expressão degradada — uma crítica cultural que não impossibilite nem o riso nem o princípio do prazer.

Notas

1. Para fins deste ensaio, estarei usando o nome "Bakhtin" de maneira um tanto sinedóquica, para me referir ao autor tanto das obras escritas exclusivamente por ele quanto das redigidas em co-autoria com outros.

2. Quanto às leituras esquerdistas, ver Fredric Jameson, *The Political Unconscious: Narrative as a Socially Symbolic Act* (Ithaca, Cornell University Press, 1981 [*O inconsciente político*, trad. de Walter L. Siqueira, Rio, Ática, 1992]); Terry Eagleton, *Against the Grain* (Londres, Verso, 1986); Tony Bennett, *Formalism and Marxism* (Londres, Methuen, 1979); e Ken Hirschkop, "A Response to the Forum on Mikhail Bakhtin", *in* Gary Saul Morson, *Bakhtin: Essays and Dialogues on His Work* (Chicago, University of Chicago Press, 1986), e Ken Hirschkop, "Bakhtin and Democracy", *New Left Review*, 160 (nov.-dez. de 1986). Quanto às leituras liberais, ver Clark e Holquist, *Mikhail Bakhtin* (Cambridge, Mass., Harvard University Press, 1984); Gary Saul Morson, "Who Speaks for Bakhtin?" in *Bakhtin: Essays and Dialogues on His Work* (Chicago, University of Chicago Press, 1986); e a "Introdução" de Wayne Booth a Mikhail Bakhtin, *Problems of Dostoevsky's Poetics* (Minneapolis, University of Minnesota Press, 1984).

3. Ver Hans Magnus Enzensberger, "Constituents of a Theory of the Media", in *The Consciousness Industry* (Nova York, Seabury Press, 1974).

4. Ver Tania Modleski, *Studies in Entertainment: Critical Approaches to Mass Culture* (Bloomington, Indiana University Press, 1986); e Colin MacCabe, *High*

Theory/Low Culture: Analysing Popular Television and Film (Nova York, St. Martin's, 1986).

5. Ver Tzvetan Todorov, *Mikhail Bakhtin: The Dialogical Principle* (Minneapolis, University of Minnesota Press, 1984).

6. Mikhail Bakhtin, "Discourse in the Novel", in *The Dialogical Imagination* (Austin, University of Texas Press, 1981), p. 345.

7. V. N. Voloshinov, *Marxism and the Philosophy of Language* (Cambridge, Mass., Harvard University Press, 1973), p. 24.

8. Ver M. M. Bakhtin e P. M. Medvedev, *The Formal Method in Literary Scholarship: A Critical Introduction to Sociological Poetics* (Cambridge, Mass., Harvard University Press, 1986), p. 26.

9. Ver Graham Pechey, "Bakhtin, Marxism and Post-structuralism", in *Literature, Politics and Theory* (Londres, Methuen, 1986).

10. Extratextual ou contextual, em francês no original. (N. da T.)

11. *Marxism and the Philosophy of Language*, p. 89.

12. M. M. Bakhtin e P. M. Medvedev, *The Formal Method in Literary Scholarship*, pp. 95-6.

13. Ibid.

14. Desenvolvo mais essa argumentação em "Television News and its Spectator", *in* E. Ann Kaplan (org.), *Regarding Television* (Los Angeles, American Film Institute, 1983).

15. M. M. Bakhtin, "The Problem of Speech Genres", in *Speech Genres and Other Late Essays* (Austin, University of Texas Press, 1986), p. 91.

16. "Howard Beach, vocês não sabem? Aqui não é Johannesburgo!" (N. da T.)

17. M. M. Bakhtin, "Response to a Question from *Novy Mir*", in *Speech Genres and Other Late Essays*, p. 5.

18. M. M. Bakhtin, *Speech Genres and Other Late Essays*, p. 2.

19. Trata-se de um artigo ainda não publicado, que aparecerá num volume coletivo a ser intitulado de *Bakhtin: Radical Perspectives.*

20. Ver Peter Stallybrass e Allon White, *The Politics and Poetics of Transgression* (Ithaca, Cornell University Press, 1986).

21. Ver Richard Dyer, "Entertainment and Utopia", *in* Rick Altman (org.), *Genre: The Musical: A Reader* (Londres, RKP, 1981).

22. Ver "Forms of Time and Chronotope in the Novel", in *The Dialogical Imagination* (Austin, University of Texas Press, 1981), p. 128.

23. Ver Arthur Kroker e Michael Dorland, "Panic Cinema: Sex in the Age of the Hyperreal", *Cineaction*, 10 (outono de 1987).

24. Essas idéias recebem maior elaboração em meu "Bakhtin, Eroticism, and the Cinema: Strategies for the Critique and Transvaluation of Pornography", *Cineaction*, 10 (outono de 1987).

25. Ver "Television as a Cultural Forum: Implications for Research", *Quarterly Review of Film Studies* (verão de 1983).

26. Algumas dessas reflexões foram formuladas num artigo da autoria de William Boddy, Marty Lucas, Jonathon Buchsbaum e eu mesmo, intitulado "Charisma, Jujitsu and the Democrats", e remetidas às pessoas encarregadas das chamadas de Mondale/Ferraro na televisão — com pouquíssimo efeito.

27. Em seus textos sobre a Índia, Marx aplaudiu a "aniquilação da sociedade asiática e o estabelecimento das fundações materiais da sociedade ocidental na

Ásia", enquanto Engels defendeu a conquista francesa da Argélia como um passo progressista em prol do avanço da cultura. Karl Marx, *Surveys from Exile* (Londres, Pelican Books, 1973), p. 320.

28. Ernst Bloch, *The Principle of Hope*, 3 vols. (Cambridge, Mass., MIT Press, 1986), I, p. 394.

29. Hélène Cixous, "The Laugh of the Medusa", *Signs* 1, 4 (1976), p. 888. Quanto ao artigo de Ruby Rich, ver "In the Name of Feminist Criticism", *in* Bill Nichols (org.), *Movies and Methods* II (Berkeley, University of California Press, 1985).

30. Espírito de seriedade, em francês no original. (N. da T.)

9

Saindo do estereótipo: a diferença sexual no futuro da televisão

WILLIAM GALPERIN

A esta altura, é corriqueiro alguns tipos de programas de televisão serem sexualmente específicos: os esportes televisionados, por exemplo, são dirigidos a um público predominantemente masculino, enquanto as telenovelas atraíram uma platéia predominantemente feminina. O efeito dessa divisão, tem-se afirmado, é reprimir os homens e mulheres ainda mais, reconciliando-os com seus respectivos papéis na sociedade. Se a televisão esportiva "funciona primordialmente como um substituto e uma compensação pela falta de sucesso e prosperidade na semana de trabalho",[1] as telenovelas desempenham a função semelhante de simular o "sucesso" do "trabalho feminino", exigindo que a espectadora esteja simultaneamente empenhada em diversas coisas, pelo maior "bem da família".[2]

Desejo examinar aqui os arranjos mediante os quais as esferas masculina e feminina da televisão praticam sua suposta repressão. É que, se a televisão esportiva promove uma identificação com os atletas através de uma fetichização narcísica do corpo masculino, como afirma Margaret Morse, não é menos verdade que ela atrai homens e mulheres e, além disso, pode-se afirmar que reconciliou ambos os sexos com papéis que, nos últimos anos, tornaram-se cada vez mais semelhantes. Do mesmo modo, se as telenovelas são dirigidas a uma audiência predominantemente feminina, esse apelo não é feito apenas ao "sucesso" do público dentro de casa, como demonstra Tania Modleski; ele é igualmente feito à circunscrição do público nesse local de trabalho e — ao lado do crescente número de homens que se descobrem "à vontade" assistindo a telenovelas — através de uma subversão do próprio patriarcado, que também aceitou as mulheres e as *transformou* em fãs do esporte.

I

Meu interesse, portanto, refere-se primeiramente a duas versões da televisão, uma feminilizada e outra patriarcal. Além disso, correlacionarei essas versões da televisão com duas ocorrências paralelas na cultura norte-americana: a admissão das mulheres na classe profissional-empresarial e a marginalização dos homens na classe trabalhadora industrial. Desse modo, a diferença entre a televisão masculina e a feminina, que seguramente existe, tanto pode ser demonstrada pelo fato de que as duas "televisões" têm como público (e, em virtude de suas funções individuais) homens e mulheres, respectivamente, quanto pelo fato de que mulheres e homens são atraídos por programas esportivos e telenovelas, respectivamente, em número cada vez maior. Ademais, com o advento da chamada "novela do horário nobre", podemos ver mais claramente as implicações dessas transformações para o futuro da televisão e, menos esperançosamente, a provável direção que a televisão e a cultura deverão tomar.[3]

Meu reconhecimento de que há algo mais nessas duas versões da televisão do que a simples cumplicidade com as tendências divisivas e, em última instância, repressoras da cultura provém de uma afirmação de Barthes em *Roland Barthes.* Ao falar dos estereótipos, que, como admite jovialmente, estão por toda parte, Barthes observa que "às vezes, o estereótipo (*écrivance*) cede terreno e a escrita (*écriture*) aparece". A definição barthesiana do estereótipo — "a colocação do discurso onde *falta o corpo*, onde se tem certeza de que o corpo não está" — é particularmente crucial aqui, pois reflete uma postura nem sempre associada a Barthes. Como sugere essa definição do estereótipo, Barthes sustenta a possibilidade de um estado ideal, ou talvez natural — em que o "corpo" está efetivamente liberado da cultura —, a que a literatura ou até a vida podem, "ocasionalmente", dar acesso. Em suma, há algo no texto, segundo Barthes — o que ele denomina de "escrita" —, que faz lembrar um outro estado, um estado natural ou talvez transcendental, que os estereótipos em geral substituíram.[4]

Esse alinhamento da "escrita" com um estado privilegiado ou diferentemente não-estereotipado tem especial pertinência para a questão da diferenciação sexual na televisão. Como pretendo mostrar, é em suas várias "nostalgias", por assim dizer — no resvalar intermitente da *écrivance* para a *écriture* —, que as televisões masculina e feminina são mais claramente distinguíveis. Na TV masculina, aqui exemplificada pelo beisebol televisionado, esse resvalo é essencialmente mistificador, passando do previsível para o heróico — ou para o relativamente "divino". Tal resvalo, ademais, pode ser distinguido dos aspectos do heróico que *são* estereótipos e que integram suficientemente a televisão para tornar muito singulares esses desvios da estereotipia.

Na TV feminina, em contraste — aqui, as novelas —, o resvalo tem a direção oposta e se dirige para a identificação de um estado natural (ou o que Kristeva denominaria de estado "materno"), livre da mão restritiva da cultura e da própria hegemonia que a televisão esportiva mistifica. O que transparece no movimento da *écrivance* para a *écriture* é uma escrita *sobre* o estereótipo, que é desconstrutiva e subversora dos pressupostos vigentes (embora arbitrários) que estão por trás da narrativa primária.

Nas telenovelas, tipicamente, o chamado "bom" personagem tanto é convencionalmente bom — ou seja, é um patriarca virtuoso e, portanto, atacável (ou um personagem que apóia o patriarca virtuoso) — quanto é não-convencionalmente "mau", em virtude dessa atacabilidade: é nos ataques a que esses personagens estão perenemente sujeitos que se articula continuamente o *desejo* de sua subjugação (e do estado ideal subseqüente a ela). O bom personagem torna-se sem atrativos, não por uma subversão do texto *per se* (onde ele ou ela é sempre prejudicado(a) por uma pessoa ou um golpe de sorte "ruins"), mas por um deslizamento do texto, onde "bom" acaba significando o privilégio de que "os bons" são magicamente dotados, sem jamais se aperceberem dele. Isso explicaria não apenas a popularidade dos personagens autenticamente "ruins" das telenovelas — que, embora às vezes façam parte da ordem dominante, ao menos são agentes da subversão —, como explicaria também o visível declínio da popularidade de programas (aqui, penso especialmente no *General Hospital* [Hospital Geral], da ABC) que "premiam" o apelo de seus agentes subversivos (em *Hospital Geral*, Luke Spencer) recuperando-os, transformando-os em boas figuras patriarcais.

II

Em seu ensaio "Sports on Television: Replay and Display" [O esporte na televisão: repetição e exibição], Margaret Morse enfatiza a natureza espetacular do futebol televisionado, que ela contrasta com a experiência de assistir a um jogo ao vivo, no estádio, ou mesmo aos chamados "filmes do jogo", que são gravados do alto do estádio com a finalidade de analisar retrospectivamente o desempenho dos times. Ao contrário dessas experiências "cotidianas", que existem aproximadamente dentro do lapso temporal do próprio jogo, o esporte televisionado é mais espetacular e "onírico", graças, principalmente, ao uso e à rápida edição de ângulos múltiplos da câmera, à disposição da teleobjetiva, à interposição de gráficos coloridos e, o que é mais importante, ao recurso aparentemente contínuo às repetições em câmera lenta. Além disso, o comentário, que, como observa Morse, alterna-se "entre funções de 'jogada a jogada' e de 'manifestações de opinião'", aumenta a "liminalidade" do futebol televisionado, proporcionando um "convite direto à escopofilia", já convidada pela natureza espetacular da apresentação.[5]

Baseada num princípio de identificação narcísica mediante a qual a "reformulação eletrônica do jogo" dá "forma às fantasias",[6] a concepção do esporte televisionado de Morse persiste como uma definição em que os homens, em particular, ganham acesso a um poder que de outro modo lhes faltaria. Além disso, uma vez que essa visão constitui, em larga medida, uma modificação dos célebres pronunciamentos de Laura Mulvey sobre o posicionamento voyeurístico do corpo feminino no cinema convencional, não há nada de surpreendente no fato de Morse encarar a espectadora, ou, mais exatamente, o olhar feminino, como alguém de fora, ou como um terceiro na hermenêutica do esporte televisionado.[7]

Mas é justamente nessa noção altamente excludente da mulher-como-intrusa que a tese de Morse requer uma suplementação. Ocorre que, se é verdade que o esporte na TV permite uma absorção dos homens pelos homens, esses atos de reconhecimento são igualmente atos de alienação, implicando uma colocação do discurso onde (como sugeriu Barthes) o corpo está necessariamente ausente. Em outras palavras, na medida em que algo é imediatamente acessível na TV esportiva, ele o é mais à maneira de uma segunda natureza do que à maneira da natureza primária ou psicológica que Morse descreve: porque a televisão esportiva, não raro, é estereotipada.

O acontecimento ao vivo, em contraste, é muito mais espetacular, nem que seja em virtude das contingências e distrações que cercam a experiência de assistir a um jogo em pessoa. Estas incluem, invariavelmente, dirigir até o estádio, estacionar, comprar ingressos e, depois, alimentos e bebidas, e a experiência freqüentemente desconcertante de ter que assistir ao jogo na companhia de outras pessoas, que, por uma razão ou outra, devem ser, elas mesmas, objetos de interesse. Além disso, no caso de um esporte como o beisebol, as dimensões espaciais a que estamos acostumados a partir da televisão são tão completamente alteradas, que o processo de lidar com os procedimentos imediatos é, em muitos casos, uma distração do jogo em si. Quer se trate da trajetória da bola, do posicionamento de um interceptador ou dos sinais que o treinador transmite ao jogador de uma base, a experiência "cotidiana" de assistir a um jogo ao vivo proporciona, muitas vezes, um quantum demasiado de "cotidiano", uma quantidade excessiva de dificuldades ou contingências para que essa experiência se torne de algum modo previsível ou estereotipada.

Em comparação, o que se oferece pelo veículo televisivo é, no mínimo, singularmente não-espetacular. Na verdade, até mesmo um recurso tão ostensivamente envolvente quanto o *replay* em câmera lenta tem um efeito estranhamente desmistificador, sobretudo quando — no estádio real — somos freqüentemente perturbados pelo desaparecimento desse recurso, e assim, pela incapacidade de possuir e domesticar o que de fato *aconteceu*. Tampouco é apenas a repetição dos lances que torna o espetáculo televisionado não-espetacular. Os gráficos explicativos, as entrevistas altamente codificadas com os participantes ("de perto e pessoais") e, é claro, as próprias regras do jogo, que, na televisão, parecem mais rigidamente aplicadas, graças a seu realce pelas regras e convenções da televisão, tudo isso contribui para uma experiência absolutamente previsível. Essa previsibilidade chega a ponto de abranger o imprevisível no esporte. É quase impossível enumerar as incontáveis vezes em que, nos turnos finais de um jogo irremediavelmente favorável a um dos lados, um comentarista, na esperança de manter vivo o interesse, comenta, a propósito de uma improvável recuperação do time perdedor, que "coisas mais estranhas já aconteceram". O comentário, com seus tropos e sua moderação previsíveis, mais do que qualquer outro aspecto isolado do esporte televisionado, serve para normatizar o espetacular, tornando o contingente sempre secundário a um discurso prescrito.

O intruso ou o terceiro, na hermenêutica da televisão esportiva, não é necessariamente uma mulher, mas qualquer um — homem ou mulher — que possa resistir à televisão esportiva como algo manifestamente desnaturado, rebaixado ou estereotipado de algum modo. Esse aspecto pode ser ilustrado pelo seguinte episódio, que descreve as condições em que um intruso foi provisoriamente transformado num membro do grupo. Um eminente historiador de arte, que por acaso também é fã de beisebol, contou como, numa reunião de um grupo de estudiosos altamente respeitados, uma parte dos presentes acabou desviando sua atenção dos trabalhos para o World Series,[8] a que foram assistir numa sala contígua. Num ponto particularmente fundamental do jogo, quando Bob Welch, dos Dodgers de Los Angeles, depois de numerosas tentativas, conseguiu tirar de jogo Reggie Jackson, dos Yankees de Nova York, um outro historiador de arte, que não era torcedor esportivo, entrou na sala e ficou imediatamente absorto no que viu na tela. No encerramento do jogo, que terminou com a marcação desse ponto, ele se voltou para os que o cercavam e perguntou: — É sempre assim?

A resposta, é claro, é "não". O que o historiador de arte viu, e sem dúvida viu como arte, não acontece com muita freqüência. É claro, um jogo do campeonato nacional não acontece todos os dias e, na maioria das vezes, não é decidido de maneira tão dramática. No entanto, dito isto, também convém admitir que Jackson, de qualquer modo, tinha probabilidade de perder o ponto, especialmente uma vez que tem mais pontos perdidos do que qualquer jogador na história do beisebol. O que quero frisar é que, mesmo admitindo a excitação *inscrita* no confronto Welch-Jackson pela narrativa do jogo e da temporada anterior (e, em certo sentido, pela história do beisebol e da América), o historiador de arte estava reagindo à "representação" do confronto, tal como realçada pelo veículo televisivo.

Em particular, o historiador de arte estava admirando a obra de Harry Coyle, da NBC, que há mais de vinte e cinco anos comanda a maioria das transmissões diretas de beisebol daquela emissora. Sem dúvida, a principal função de Coyle é transmitir o jogo, cujos atrativos e excitação residem nas habilidades e no desempenho dos jogadores. Mesmo assim, dentro dos parâmetros do jogo, há muita coisa, em termos de apresentação, que fica a critério do narrador da partida. A tecnologia da televisão esportiva progrediu rapidamente nos últimos quinze anos, de modo que, em disputas fundamentais como o campeonato nacional, o responsável pela transmissão pode escolher entre até doze ângulos diferentes de câmera ao transmitir o desenrolar de uma partida. Em sua maioria, essas transmissões são determinadas pela ação que ocorre no campo, e que, no beisebol, quase sempre se origina num lançamento para um batedor, e costuma ser registrada por uma câmera posicionada na arquibancada atrás da elevação onde fica o lançador. Ainda assim, o trabalho de Coyle distingue-se do de seus pares por sua estranha capacidade de "editar" o jogo em andamento — seu conhecimento instintivo do ângulo de câmera que registrará mais vivamente o que deve ser registrado.

O talento de Coyle faz lembrar o da famosa cineasta alemã Leni Riefenstahl, particularmente em seu *Olympische Spiele* (1936), que talvez tenha sido o primeiro filme a empregar uma miríade de câmeras na narração de um evento esportivo. Entretanto, ao contrário de Riefenstahl, cuja "narração" foi necessariamente preponderante e, no prazo que lhe foi dado para reconstituir a Olimpíada de Munique, necessariamente idealizada, o trabalho de Coyle apenas ocasionalmente é assim. A tarefa de Coyle não é fazer a propaganda do esporte, mas relatá-lo tal como é praticado. Seu objetivo, antes de mais nada, é descrever o jogo — transmitir a ação à medida que ela ocorre —, e não narrá-la, coisa que só os próprios acontecimentos lhe permitem fazer. E, no entanto, há momentos em que a descrição e a narração fundem-se efetivamente, criando uma experiência como o confronto Jackson-Welch no campeonato nacional de 1978, na qual o jogo foi claramente realçado por uma multiplicidade de recursos de apresentação, que foram desde a ampliação do barulho feito pelos torcedores até *closes* dos dois técnicos adversários, absortos na atividade que se desenrolava diante deles, e ainda *closes* alternados e sucessivos dos próprios jogadores: a intensidade do rosto de Welch em *close*, enquanto ele rejeitava repetidamente as sugestões de lançamentos de seu apanhador, e do rosto de Jackson, olhando fixamente para Welch e procurando intimidá-lo.

Esses momentos, que são incomuns na televisão esportiva, mas suficientemente recorrentes *nos* esportes televisionados para torná-los característicos do que estou chamando televisão masculina, atraem em virtude de sua desfamiliarização, de sua mistificação do atleta, de modo a mascarar e justificar o que há de mais familiar ou estereotipado nele, a saber, a primazia a que, no discurso da cultura ocidental, o eu masculino costuma fazer jus. O que se celebra nesses momentos é quase sempre uma vitória da vontade, ou um exercício de poder individual que transcende a produção televisionada e *o próprio jogo*, cujas regras, muitas vezes, ditam essas exibições espetaculares. O *home run*[9] que encerra o jogo, assim como o *strikeout*[10] que o termina, nem sempre precisam parecer heróicos e, na maioria dos casos, não parecem. Isso se aplica ainda mais ao futebol, cujas situações mais "heróicas" são praticamente coreografadas pelas regras do jogo. Por conseguinte, aqueles momentos do futebol, especificamente os passes de último segundo cuja conclusão dá a vitória a um time de outro modo perdedor, são designados por nomes como o "Passe Ave-Maria" ou a "Imaculada Recepção", que, caracteristicamente, retiram a autoridade dos próprios jogadores. Mas, no beisebol, onde o individualismo é mais prevalente, o potencial do heróico, de um reposicionamento transcendental do indivíduo da *écrivance* (onde ele é apenas um "corpo" num texto culturalmente prescrito) para a *écriture* (onde ele elude o texto para se transformar em nosso "eu melhor"), é palpavelmente evidenciado.

O confronto Jackson-Welch, embora típico da propensão mistificadora de Coyle, de modo algum é sua realização mais notável. Essa distinção cabe, indubitavelmente, ao *home run* vencedor de Carlton Fisk na sexta partida do campeonato nacional de 1975. A imagem de Fisk implorando à bola, com as duas mãos, que se mantivesse na trajetória regulamentar (e seu júbilo ao conseguir) há de ser familiar à maioria dos espectadores de beisebol e é comumente reprisada nos créditos de abertura do *Jogo da Semana*, da NBC. No entanto, o esforço de Fisk não foi, no jogo em si, o golpe mais devastador desferido pelos Red Sox, ou sequer o mais crucial. O ponto de Bernie Carbo no circuito das três bases, alguns turnos antes, contra um lançador mais impressionante, efetivamente resgatou os Red Sox, de Boston, do que então parecia uma derrota certeira perante os Reds de Cincinnati. No entanto, lembramos o *home run* de Fisk; e não o lembramos por ter terminado o jogo, mas por causa da decisão de Coyle de interpor o *close* de Fisk, desejando que a bola seguisse, com a trajetória da própria bola, o que fez do batedor, por assim dizer, jogador e providência divina. Muitos anos depois, ao ser indagado sobre essa decisão de direção, Coyle respondeu, com muita modéstia, que o *close* teria sido impossível se a partida houvesse sido disputada em outro lugar; é que ele pudera, graças à proximidade da parede à esquerda da quadra, no Fenway Park de Boston, e ao placar manualmente operado que havia ali, introduzir uma câmera no placar. Quanto à decisão de utilizar aquele ângulo específico, tudo o que Coyle conseguiu recordar foi sua decisão de "ir em frente", o que é perfeitamente típico de seu jeito intuitivo de lidar com o jogo.[11] Contudo, eu afirmaria também que, se Coyle apresenta principalmente estereótipos, suas intuições nem por isso são menos instruídas por uma estrutura intencional. A diferença é que, enquanto, na maioria dos casos, a intencionalidade de Coyle é essencialmente a do jogo (e das regras pelas quais o jogo é disputado e representado), nas ocasionais divergências do estereótipo, ela segue uma trajetória mais heróica e mais sublime, do familiar para o extraordinário.

III

A questão do sexo — se é apenas aos homens que o jogo televisionado atrai, em seu movimento de *écrivance* para *écriture* — deve agora ser examinada. É que, embora esteja claro que, *grosso modo*, o beisebol televisionado atrai mais o público masculino do que o feminino, às vezes ele não é menos atraente para o olhar feminino do que, digamos, Homero, ou mesmo Cecil B. DeMille. Isso talvez se afigure uma realidade melancólica para algumas feministas. Mas continua a ser verdade que esses deslizamentos ocasionais para fora do estereótipo são não apenas representativos do poder e da autoridade, suficientemente valorizados em nossa cultura para atrair um público que de outro modo permaneceria desinteressado, como mistificam a emancipação a que as mulheres cada vez mais ganham acesso, em seus papéis de dirigentes e executivas, com isso atraindo uma audiência ainda maior do que antes. E esse aspecto não passa despercebido às redes de televisão, que habitualmente arregimentam momentos como o ponto de Fisk para atrair mais espectadores, como efetivamente fez a ABC ao promover o *Monday Night Baseball* (e foi obrigada, presumivelmente, a pagar à NBC por isso). Tampouco passa despercebido ao próprio Coyle, que, talvez mais do que qualquer outro diretor, incorpora ativamente o olhar feminino em suas apresentações.

O exemplo costumeiro dessa incorporação implica a esposa de algum participante fundamental, geralmente o batedor, cuja mulher é observada entre os lançamentos, estimulando o marido, freqüentemente em estado de ansiedade. Entretanto, um exemplo do campeonato nacional de 1982 mostra que essa incorporação pode ser mais do que um simples meio de a audiência — particularmente seus membros femininos — identificar-se com a esposa, em sua função secundária e subordinada. Refiro-me a uma ocasião em que Gorman Thomas, o então muito marcado batedor dos Brewers de Milwaukee, que pouco havia produzido até aquele momento do campeonato, finalmente teve a possibilidade de marcar o que se revelou um ponto crucial. Durante seu turno na marca do batedor, no qual ele se mostrou visivelmente hesitante (e nem de longe o golpeador que se esperava), as câmeras de Coyle desviavam-se constantemente para a sra. Thomas, que, apesar de tensa, realmente parecia mais composta e mais controlada do que o marido. Quando Thomas deu sua batida — aliás bastante fraca, pelos padrões dele —, a imagem passou mais uma vez para sua mulher, que foi observada soltando um suspiro de alívio.

O interessante nessa incorporação do olhar feminino é sua modificação do mito convencional do homem como herói e da mulher como suplicante. Pois é a mulher, talvez mais do que o marido, que se mostra triunfante ali, que realmente complementa e enobrece um desempenho ao qual, de outro modo, faltaria distinção. Só nos resta especular sobre o que teria feito Coyle se Thomas errasse a rebatida — mas meu palpite é que ele teria voltado à sra. Thomas, em busca de um efeito aproximadamente semelhante: a discreta resignação de que só os extraordinários ou os senhores de si são capazes. Não fosse a pressão narrativa exercida pela mulher de Thomas, uma espectadora cujas expectativas eram, elas mesmas, uma espécie de vontade ou intencionalidade, a experiência não teria trazido satisfação, tal como também a trouxeram o *home run* de Fisk ou o *strikeout* de Welch; ou talvez nenhum deles conseguisse causar satisfação, se tivesse sido apresentado de alguma outra maneira. Não é que o olhar da esposa feminilize a cena; quando muito, ocorre exatamente o inverso: o homem feminino, o abjeto Gorman Thomas, é masculinizado e valorizado por expectativas que, para o melhor ou para o pior, concedem às mulheres igual acesso ao heróico. Em contraste com o cenário estereotipado em que a mulher é passiva e o marido é ativo, a passividade, aqui, é ativada, enquanto a atividade é apassivada.

O acesso das mulheres ao heróico não é nada novo, nem tampouco é desconhecido das feministas de hoje, que freqüentemente encaram o problema de maneiras conflitantes. Algumas feministas consideram a conquista do poder (e o estabelecimento de uma tradição feminina) um fim desejável para as mulheres, enquanto outras vêem essa conquista como uma repetição da própria hierarquia a que as mulheres devem resistir vigorosamente.[12] Essa questão tampouco tem-se restringido apenas ao poder das mulheres. Num dos mais importantes documentos feministas deste século, *The Iliad or The Poem of Force* [A Ilíada ou o poema da força], de Simone Weil, o problema da reação da mulher ao poder é abordado com particular relevância para o tema de que estamos tratando.[13]

Distinguindo o "espírito grego" por sua fascinação com o poder, por perscrutar a "força" a que todos (inclusive Aquiles) acabam sendo submetidos na *Ilíada*, Weil observa ainda que o Evangelho cristão exibe um espírito semelhante, na maneira "como o sofrimento humano é desnudado, e vemos [nele] um ser que é simultaneamente divino e humano". Assim, "os relatos da Paixão mostram que um espírito divino, encarnado, é modificado pelo infortúnio, treme diante do sofrimento e da morte, e se sente, nas profundezas de sua agonia, isolado dos homens e de Deus".[14]

Weil criticou asperamente o poder humano, e foi sem dúvida essa postura que a levou mais para a companhia dos trabalhadores do que dos grupos comunistas mais ativistas na década de 1930. Ainda assim, mesmo em suas mais dilacerantes descrições do efeito da força em Homero, constata-se um fascínio pelos poderosos, ou, mais exatamente, pela *autoridade* do poder, que não escapa a sua transfiguração no cristianismo. Weil pode argumentar que o espírito grego do cristianismo implica mais do que "a injunção de buscar, acima de qualquer outra coisa, 'o reino e a justiça de nosso Pai Celestial'", mas também fica claro que a subserviência a que Cristo é reduzido, segundo o estilo grego, é significativa na medida em que o subserviente é, na verdade, "divino" — fazendo com que o menos, no exemplo de Cristo, equivalha ao mais. Cristo pode acreditar-se "isolado de Deus", mas o fato de não o estar — de Deus existir, tanto "encarnado" quanto em outros lugares — é realmente o ponto principal do fascínio de Weil.

Trago Weil à baila por duas razões: primeiro, para mostrar como uma mulher que, de outro modo, opõe-se à "força", ainda assim é atraída por ela; e segundo, para arrolar essa propensão para a autoridade como o próprio problema com que as telenovelas se defrontaram. Ou seja, se é possível dizer, vez por outra, que os esportes televisionados transformam o divino em encarnado — que mistificam o humano à imagem do Pai —, as telenovelas tendem, antes, a repercorrer esse caminho até a própria estrutura que exige que Deus seja *pai*. Enquanto o deslizamento, na televisão esportiva, tende meramente a repetir a concessão que o cristianismo fez aos seres humanos, concedendo-lhes um acesso transcendental à força divina, o movimento de afastamento do estereótipo, na televisão feminina, revela como os cristãos — inclusive os aspectos do cristianismo que exigem que imitemos Cristo em nossa subserviência à autoridade — são, em última instância, parte integrante de um discurso patriarcal mais imediato. De fato, na televisão feminina, os homens invariavelmente exigem subserviência, não por serem homens bons, mas porque sua bondade é, necessariamente, uma condição de serem homens: o Deus que nos criou a sua imagem precisava que nós, particularmente aqueles cuja glorificação já estava comprovada pela condição social, confirmássemos esse fato.

Mais, talvez, até mesmo do que os esportes televisionados, as telenovelas são devoradas por estereótipos. É quase axiomático, por exemplo, que os recém-casados, sobretudo os felizes, logo venham a deparar com problemas; que um ato de infidelidade leve à gravidez; que as mulheres honestas sejam necessariamente grandes sofredoras; e que os homens bons invariavelmente tenham sucesso. No nível da estereotipia, as novelas defendem inflexivelmente a cultura patriarcal dominante e a ética a que chamamos protestante, e, juntamente com sua defesa, estão invariavelmente povoadas das mais rematadas figuras bem-sucedidas da sociedade norte-americana: médicos, advogados e capitães da indústria. (O fato de a palavra "empresas" freqüentemente acompanhar o nome próprio do magnata que é dono de uma companhia, num drama diurno, reforça esse aspecto.) Num outro nível, entretanto, a novela tende a desarticular a ética protestante, simplesmente por defendê-la. Essas tendências podem ir desde o meramente extravagante — por exemplo, a afirmação de que determinado médico ou determinado advogado é "o melhor em seu ramo" — até atos mais sutis de subversão, que exigem, como sugeri, que os personagens convencionalmente "bons" — tanto homens quanto mulheres — sejam solicitados a "pagar", por assim dizer, por seus privilégios morais e/ou econômicos.

Em *The Young and the Restless* [Jovens e Inquietos], novela da CBS que recebeu o prêmio Emmy, Mary Williams, uma devota praticante, que é também mulher de um policial trabalhador e incorruptível, tem sido obrigada a suportar, nos últimos anos: a degradação da filha por um marido doidivanas que a trai constantemente; a desonra de seu marido, quando uma prostituta (a quem ele dera presentes em troca de informações) o trai de um modo que sugere algo mais do que uma relação profissional; e, mais recentemente, o aparecimento de seu filho numa foto de uma revista de nus, destinada, como observa uma devota, a excitar as moças. Num nível, os autores de *Jovens e Inquietos* simplesmente seguem os códigos mediante os quais Mary pode ser vista como uma vítima, uma pessoa pacata cuja legítima herança da terra foi açambarcada pelos elementos mais sinistros e ímpios da sociedade. Mas, a longo prazo, é impossível alguém se solidarizar com Mary ou extrair consolo de sua vitimação. Isso não se deve apenas ao fato de ela ser um estereótipo (até mesmo em seus vestidinhos caseiros e seu ar melancólico), mas também a que Mary, o que é mais importante, é uma vítima da convenção: de uma filha cujo desejo de subir na vida só pode ser facilitado pelo casamento com um homem mais rico, de um marido cujo sentimento de incorruptibilidade torna-o vulnerável àqueles que exploram com argúcia seu sentimento arrogante de mérito pessoal, e de um filho cujo narcisismo (sem dúvida aprendido nas mãos de Mary), antes de qualquer outra coisa, levou-o a posar nu. Não podemos solidarizar-nos com Mary, segundo a convenção, sem deplorar essa convenção como medida de nossa solidariedade. Numa dada situação isolada, Mary pode ser alvo de simpatia, mas o próprio número dessas situações acaba tendo um efeito de saturação. O que se rompe em *Jovens e Inquietos* não é a resistência às convenções que a solidariedade pode ocasionalmente apoiar, mas a convenção da *própria* solidariedade, que gradualmente afunda em suas contradições. Enquanto Mary continuar a viver da maneira a que está acostumada, e a funcionar segundo os códigos habituais, ela mesma será, inevitavelmente, sua pior inimiga, e portanto, alguém sobre quem as crises continuamente recairão.

Menciono o exemplo de Mary Williams porque seu personagem mostra de que modo as contradições podem ser admitidas no texto de uma telenovela, em oposição a se conceder à narrativa primária o poder de mascarar ou passar por cima dessas contradições. Observou-se, por exemplo, como os filmes relativamente liberais, os chamados filmes "realistas", "são incapazes de lidar com o real em [suas] contradições", e como o compromisso desses trabalhos com uma função progressista, e não subversiva, torna-os cegos para suas tendências idealizadoras.[15] Em contraste, nas telenovelas, onde as narrativas são infalivelmente conservadoras e estereotipadas (o aborto, por exemplo, nunca é defendido), as contradições têm menos lugares onde se esconder e estão sempre disponíveis como um recurso subversivo ou "revolucionário".

Isso é particularmente notável na amnésia da maioria das telenovelas, onde, tipicamente, a ofensa que um personagem possa ter feito a outro é convenientemente esquecida, após uma injustificada conversão do agressor de "mau" em "bom". O personagem pode sair de um código, desde que haja outro estereótipo em que se estabelecer. Assim, as convenções da novela também expõem a confraternidade do "mau" e do "bom", que a narrativa esconde apenas parcialmente. As telenovelas, nesse aspecto, não são muito diferentes da luta romana profissional, exceto que esta talvez seja demasiadamente auto-reflexiva, demasiadamente acostumada à dependência que os bons têm dos maus, para ser igualmente revolucionária. Enquanto a luta romana, como outros espetáculos pós-modernos, está decidida a lembrar, resgatando como resto os vários tropos da cultura ocidental, as telenovelas são suficientemente subversivas para ser capazes de esquecer, tornando a amnésia não apenas necessária ao funcionamento de seus mundos, mas também uma doença que literalmente aflige um ou outro dos participantes.

O exemplo mais expressivo da maneira como funciona a amnésia em *Jovens e Inquietos* — da maneira como essa aflição comuníssima das telenovelas permanece como significante de uma doença mais difusa — implica o personagem de Victor Newman, um magnata abastado cuja autoridade e poder o salvaram, em numerosas ocasiões, de se tornar o vilão em que ele sempre ameaça transformar-se. A imprecisão de Newman — menos baseada em qualquer ambigüidade real de seu caráter do que no privilégio que compete permanentemente ao homem de sucesso, impedindo-o de jamais tornar-se ruim — reflete a rede de segurança que a cultura estende aos que menos precisam dela. Se a glorificação é amiúde aquilatada pelo sucesso e poder que advêm do trabalho árduo, também o poder e o sucesso justificam continuamente a glorificação. Newman pode agir muito mal, ao aterrorizar impiedosamente um fotógrafo enamorado de sua mulher-modelo, mas se recupera quando uma funcionária, por sua vez, o aterroriza. Em certo sentido, este último ato de terror é uma espécie de justiça feminina — uma inversão que subjuga a figura de autoridade a sua própria autoridade. No entanto, dentro da narrativa do programa, que gera simpatia por "Victor", sua "vitimação" revela-se uma vingança inteiramente injustificada *contra* as mulheres (a mulher, na verdade, fora vítima de uma investida sexual), que só é contestada pela incapacidade da narrativa de assinalar isso.

Essas contradições são inteiramente características da narrativa que circunda Victor, mas uma contradição, em particular, merece mais comentários. Anos antes, num esforço sumamente compulsivo de determinar todas as afeições de sua mulher, Victor fizera uma vasectomia sem contar a ninguém. No entanto, no prazo de um ano após a dissolução desse casamento, ele consegue engravidar o objeto atual de seu desejo — uma dançarina de *strip-tease*. A princípio, há uma certa tentativa de resolver essa contradição como uma possibilidade fisiológica. Mas, nos anos decorridos de permeio, a vasectomia de Victor é inteiramente esquecida, tanto que, agora, ele não apenas é capaz de engravidar uma mulher, numa das poucas ocasiões em que eles mantêm relações sexuais, como também fica ultrajado quando essa mesma mulher — não sem uma boa dose de provocação — faz um aborto sem lhe dizer nada.

Enquanto a narrativa, seguindo as convenções da telenovela, esquece a vasectomia de Victor (ele continua a ser um herói potente e poderoso, haja o que houver), o texto praticamente coloca essa amnésia em primeiro plano, fazendo do triunfo sobre a fisiologia menos um milagre do que um lugar-comum ou uma metáfora para a vitória da cultura sobre a natureza. Enquanto Victor for dotado de um pênis, esse pênis funcionará. O que retorna com a potência de Victor não é o recalcado — ou seja, a natureza —, mas o recalcador, cujo domínio sobre a natureza é similarmente refletido na maneira como Victor passa uma descompostura em sua amante por um ato similar, que, à luz do sexo dela, é necessariamente irreversível. Nessa estranha passagem, onde o literal é subitamente simbólico, os abortos são sempre irreversíveis, e as vasectomias, apenas temporárias.

Por último, na narrativa da família Abbott, na qual se centra a maioria das tramas de *Jovens e Inquietos*, a defesa do patriarcado, especificamente do patriarca John Abbott, é relegada a um plano representacional ou puramente fictício. No nível da narrativa, John Abbott é um patriarca amoroso e responsável, apaixonado por suas duas filhas (a mais bonita das quais ele transformou em presidenta de seu império de cosméticos), e profundamente perturbado por seu pródigo filho Jack (que está sempre envolvido numa ou noutra intriga pelo poder). A possibilidade de que Jack seja semelhante ao pai, de que sua manipulação das pessoas, especialmente as mulheres, inscreva em miniatura a dominação masculina do pai, nunca ocorre a John sênior. Imperscrutável, na melhor das hipóteses, Jack é mais comumente uma decepção. Contudo, a verdadeira decepção do espetáculo não é o filho, cuja oposição ao pai permite-lhe, periodicamente, uma certa circunspecção, mas o próprio John, cuja cegueira para seus próprios privilégios e seus próprios lapsos como homem poderoso faz dele, continuamente, um objeto de subversão.

Não há, por exemplo, nenhum personagem de *Jovens e Inquietos* a quem se contem mais mentiras. A razão aparente dessa mentira é a disposição puritana do pai, que não consegue, ao que se supõe, suportar a corrupção que a verdade reserva. Mas as mentiras são contadas a John Abbott segundo sua imagem e semelhança: assim como John conseguiu convencer-se de sua pureza e virtude (de valer, no sentido literal e figurado, os milhões que estava destinado a ganhar), também os que lhe são mais próximos e que dependem dele são obrigados a seguir seu exemplo. A questão não é que essas pessoas simplesmente mintam para John; é que essas mentiras desvendam uma verdade sobre a narrativa de John Abbott — a de que ela é *apenas* uma *narrativa* — da qual nem John nem os que mentem para ele estão conscientesmente cientes. Se John não tem possibilidade de suportar a verdade, também os que lhe diriam a verdade estão demasiadamente impressionados com sua incapacidade de suportar, demasiadamente associados a sua mitologia, para modificar as coisas.

O texto de *Jovens e Inquietos*, é claro, é uma outra história. Para cada concessão ao patriarcado feita pela narrativa primária, para cada mentira que ela se dispõe a contar, há uma ruptura ou um movimento contra a convenção através do qual a cultura e seus efeitos passam a se afigurar arbitrários. Assim, a maioria das crises da família Abbott não constitui crises do comportamento ou da ação; são crises de revelação. O que mais ameaça a sociedade de *Jovens e Inquietos* não são as traições e infidelidades, que não alteram minimamente o mundo, mas a "verdade" a respeito desses atos, que é inteiramente diferente de ter conhecimento deles. Embora quase sempre se suponha que o conhecimento de certos acontecimentos "destruirá" a vida dos patriarcas de quem essas atividades são mantidas em segredo, somente seu conhecimento deles efetiva essa devastação. Nem os próprios acontecimentos, nem o conhecimento do espectador, que pode anteceder em até três anos a descoberta por um personagem, exercem uma influência comparável. Assim, o efeito da revelação tem uma função basicamente mistificadora: é um protesto contra o fato de tudo ter sido normal *até* a descoberta, que exige que o mundo, a partir daí, tenha o rosto do descobridor. Não é que o mundo seja minimamente alterado em decorrência da descoberta; trata-se, antes, de que o descobridor magoado é suficientemente poderoso (e portanto, consumido por sua própria tristeza) para insistir em que o mundo seja similarmente afetado, em que o mundo se transforme em sua própria criação imaginária.

O personagem de *Jovens e Inquietos* cujas descobertas expõem mais sistematicamente a arbitrariedade da autoridade culturalmente sancionada é John Abbott. Ao descobrir, muito depois do evento, que sua jovem (segunda) mulher, Jill, passou uma noite com Jack, John reage de tal maneira que o mundo tem que compartilhar o dano que lhe foi causado. Aparentemente esquecido de ter sido instrumental no caso amoroso entre os dois, de ter praticamente expulsado Jill de casa no dia em que ela foi posteriormente resgatada por Jack, em meio a uma nevasca, John não expressa raiva, mas, ao contrário, sofre um derrame. Com esse derrame, ele não apenas comunica a injúria pessoal que está sentindo, como a comunica a um mundo que, de outro modo, não seria afetado. Não lhe basta, simplesmente, divorciar-se de Jill e banir Jack da família e da empresa — como ele acaba fazendo. É necessário, primeiro, que ele se vingue do mundo, o qual, graças a sua considerável influência na vida de outros personagens, ele reformula temporariamente.

O fato de John ser capaz de alterar as coisas tão arbitrariamente, de seu conhecimento ter, em última análise, um efeito maior sobre o mundo do que nosso conhecimento superior de suas limitações, é típico da maneira como as telenovelas dispõem o mundo patriarcal, e também as narrativas convencionais que o servem, num roteiro ou num texto contrário ao patriarcado. Embora as telenovelas sem dúvida derivem seus atrativos de uma variedade de funções — não menos importante dentre as quais é sua forma seriada —, certamente não é por coincidência que a maioria dos que as acompanham, em geral, sejam menos beneficiados pelo discurso do patriarcado do que os que assistem aos esportes. Isso não significa, é claro, que os que recebem menos privilégios sejam necessariamente opostos ao patriarcado, ou que as novelas sempre deixem de defender a cultura dominante. Antes, constata-se o inverso: o discurso do patriarcado é tão difundido, tão contínuo nas novelas, que se torna estereotipado. Quanto mais difundido é o estereótipo, maior é o potencial de que os estereótipos se voltem contra eles mesmos (refletindo, mais uma vez, uma nostalgia da libertação do "corpo"), tal como esbocei.

Na televisão esportiva, ocorre algo diferente. Nela, o poder e a autoridade acham-se tão profundamente entrincheirados, são tão minuciosamente explorados nas próprias regras do jogo, que precisam de uma defesa mais convincente. Essa defesa, que também implica um movimento da *écrivance* para a *écriture*, tem a função diferenciada de tornar incomumente interessante aquilo que é comuníssimo nas telenovelas. Enquanto a autoridade humana e especificamente masculina é praticamente uma convenção na televisão feminina, e é vulnerável graças a sua estereotipia, ela é resguardada contra a desmistificação, na televisão esportiva, por elevar-se ocasionalmente acima de seu próprio nível. Ou, dito de outra maneira, as regras francamente arbitrárias do esporte televisionado, dentre as quais a mestria individual é freqüentemente um dado, permitem que as transmissões esportivas inscrevam em larga escala o que as telenovelas — em seus movimentos da *écrivance* para a *écriture* — só "às vezes" conseguem realizar. Portanto, essas duas esferas da televisão realmente estão-se deslocando em direções opostas: aproximando-se e se afastando de expor a arbitrariedade de uma hegemonia patriarcal essencialmente burguesa.

IV

Se esse duplo movimento fosse tudo o que aparece na televisão, se o desvio desmistificador das telenovelas pudesse ser visto como uma retificação das tendências mistificadoras da televisão esportiva, haveria algum motivo para entusiasmo. Mas, assim como os estereótipos da televisão esportiva são meramente enfadonhos para os que não acompanham os esportes, também as convenções das telenovelas são mais vulneráveis, em outras ocasiões, à aceitação patriarcal. Refiro-me, especificamente, às novelas do horário nobre, cuja emergência, nos últimos dez anos, reflete a demografia cambiante da audiência em geral e o fato de que as mulheres, em particular, requerem um tipo diferente de telenovela, compatível com os empregos e carreiras que lhes tornam difícil e indesejável acompanhar seriados diurnos. A perspectiva, em outras palavras, de uma "feminilização" do horário nobre, de uma introjeção da subversão da televisão feminina no cardápio mais padronizado da televisão, continua improvável. É mais provável que as telenovelas de horário nobre, como *Dallas* e *Dynasty*, mitiguem ativamente as correntes revolucionárias de suas equivalentes diurnas, eliminando justamente os traços que discuti.

Embora quase todos os seriados noturnos concentrem-se num patriarca ou numa figura de autoridade, a arbitrariedade da emancipação dele é minorada pelas várias ameaças que lhe chegam de forças mais sinistras. Comparado, por exemplo, ao personagem de Alexis (Joan Collins) em *Dynasty*, da ABC, o patriarca, Blake Carrington (John Forsythe), é basicamente uma boa pessoa. Existe, é claro, um bom número de vilãs e mexeriqueiras também em *Jovens e Inquietos*. Mas esses personagens estão igualmente empenhados num esforço de usurpar a autoridade dos homens, porque, de outro modo, faltar-lhes-ia poder. Isso explica não somente sua impossibilidade de travar o tipo de batalhas que o personagem de Collins trava à noite, como também a singular vulnerabilidade através da qual esses personagens tornam-se objetos de identificação. A vilã, Jill Abbott, é um personagem muito mais simpático, em *Jovens e Inquietos*, do que sua ex-enteada Ashley, que é um personagem bondoso e, como medida dessa bondade, preside a empresa de seu pai. Similarmente, toma-se maior cuidado, nas telenovelas noturnas, para evitar os tipos de amnésia que, nos horários diurnos, ajudam a apontar o discurso arbitrário do patriarcado. Enquanto os atores estão eternamente substituindo uns aos outros no mesmo papel na televisão diurna, os seriados noturnos comumente tentam explicar a saída dos atores, em geral modificando a trama para acomodar seu desaparecimento. Não surpreende que se faça um esforço comparável, no horário nobre, para evitar os flagrantes lapsos de memória que são praticamente um elemento principal nos seriados diurnos.

Mais ou menos do mesmo modo que se pode afirmar que a televisão esportiva resgata os estereótipos do poder e da autoridade, os seriados noturnos empenham-se em atos de reabilitação. A diferença é que, enquanto essa recuperação se realiza, na televisão esportiva, através do movimento da *écrivance* para a *écriture*, as recuperações dos seriados noturnos provêm, basicamente, da modificação de estereótipos diurnos. O sofrimento de Mary Williams em *Jovens e Inquietos* é glamourizado, à noite, através de personagens como Crystle Carrington (Linda Evans), de *Dynasty*, que dificilmente seria sua pior inimiga.

Da mesma forma, nos raros seriados noturnos que evitam ousadamente a convenção, substituindo os estereótipos da televisão diurna pelo saber efetivamente adquirido a partir deles, a reincidência nos modelos anteriores é o destino invariável. Penso, especificamente, em *St. Elsewhere*, da NBC, que começou como *écriture* apenas para se transformar em *écrivance*. A princípio, *St. Elsewhere* conseguiu desfazer a endemia de autoridade masculina da maioria dos programas de "médicos", promovendo um homem feminilizado no personagem de Donald Westphal e satirizando o cirurgião insuportavelmente anacrônico e sexista, Mark Craig. Nos últimos anos, na prática, Westphal abandonou a paternalização pela feminilização, e Craig transformou-se (graças ao ator William Daniels) no cativante, embora ainda exasperante objeto de simpatia e interesse. Entre homens e mulheres (inclusive críticos como John O'Connor, do *New York Times*) que consideraram a *St. Elsewhere* inicial uma revigorante alternativa ao cardápio padronizado do horário nobre, essas mudanças são redondamente deploradas. Apesar disso, para a maioria dos espectadores, inclusive muitas mulheres norte-americanas que já não são tão completamente privadas de emancipação, a mistificação noturna é obviamente preferível a uma crítica da América que apenas os realmente desprivilegiados têm alguma probabilidade de vir a apreciar.[16]

Notas

1. Margaret Morse, "Sports on Television: Replay and Display", *in* E. Ann Kaplan (org.), *Regarding Television* (Los Angeles, American Film Institute, 1983), p. 62.

2. Tania Modleski, "The Rhythms of Reception: Daytime Television and Women's Work", *in Regarding Television*, p. 69.

3. Os últimos quatro anos, por exemplo, assistiram a um aumento da percentagem de homens acima de dezoito anos que assistem a telenovelas. Assim, embora os índices de audiência das novelas tenham sido geralmente mais baixos nesse período — graças ao aumento do número de mulheres que trabalham fora de casa —, uma percentagem maior de homens assistiu aos seriados vespertinos. Correspondentemente, houve um drástico aumento, nesse mesmo período, das mulheres que assistem aos esportes na televisão, particularmente nas tardes de fim de semana. Em 1984-85, por exemplo, a transmissão de beisebol da NBC chamada *Game of the Week* [Jogo da Semana], que vai ao ar nas tardes de sábado, registrou um aumento de 23% da audiência de mulheres entre 18 e 49 anos de idade. Em outras palavras, se a televisão "vespertina" dos homens vem-se tornando rapidamente a televisão vespertina das mulheres, também a televisão feminina, num índice reconhecidamente menor, vem-se tornando uma televisão para ambos os sexos. E as estatísticas que abrangem homens que assistem a telenovelas também não levam em conta as que são gravadas em vídeo para serem assistidas em horário posterior. De qualquer modo, as duas transformações, especialmente a dramática mudança no número de mulheres que assistem aos esportes, parecem confirmar minha conclusão global de que, quanto mais emancipado(a) é o(a) espectador(a), maior é a probabilidade de que assista a programas que promovem, de modo geral, o discurso do patriarcado. Quero agradecer a Grey Seamans, da NBC, e Dave Poltrack, da CBS, por colocarem essas informações a minha disposição.

4. *Roland Barthes*, trad. de Richard Howard (Nova York, Hill and Wang, 1977), p. 90. Essas afirmações da "escrita" como uma modalidade potencialmente radical ou libertária (com uma ressonância estranhamente biológica) são também compartilhadas por seguidores de Barthes, notadamente Julia Kristeva. O que Kristeva chama de "revolução da linguagem poética" é similarmente atribuído à recuperação, na arte, de um estado pré-simbólico e pré-subjetivo mediante o qual a criança (e agora, o sujeito que escreve) permanece ligada à *khora* semiótica do corpo da mãe. *Revolution in Poetic Language*, trad. de Margaret Walter (Nova York, Columbia University Press, 1984).

5. Morse, pp. 47-54.

6. Ibid., p. 54.

7. Ibid., p. 58. Ver também Laura Mulvey, "Visual Pleasure and Narrative Cinema", *Screen*, 16 (outono de 1975), pp. 6-18.

8. O campeonato nacional de beisebol dos EUA (N. da T.)

9. No beisebol, lance em que o batedor completa o circuito das três bases. (N. da T.)

10. Retirada de um batedor de seu turno por ele não ter rebatido a bola três vezes consecutivas. (N. da T.)

11. Esses comentários foram feitos numa entrevista com Coyle, num programa anterior a uma partida, durante o campeonato nacional de 1982.

12. Quanto aos vários pontos de vista acerca da autoridade da mulher na atualidade, ver Elaine Showalter (org.), *The New Feminist Criticism: Essays on Women, Literature and Theory* (Nova York, Pantheon, 1985).

13. Simone Weil, *The Iliad or The Poem of Force*, trad. de Mary McCarthy (Wallingford, PA, Pendle Hill, 1956). O ensaio foi originalmente publicado sob

pseudônimo nas edições de dezembro de 1940 e janeiro de 1941 dos *Cahiers du Sud* (Marselha).

14. Ibid., p. 34.

15. Colin MacCabe, "Realism and the Cinema: Notes on Some Brechtian Theses", in *Tracking the Signifier* (Minneapolis, University of Minnesota Press, 1985), p. 44.

16. Quero agradecer a Christina Zwarg por sua ajuda na preparação deste ensaio, em especial por sua sugestão de que a questão da estereotipia e da divergência dela ajudaria a elucidar as diferenças na televisão dos homens e das mulheres.

10

Poesia/Punk/Produção: Alguns textos recentes em Los Angeles[1]

DAVID E. JAMES

— Não gosto de Los Angeles — resmungou Ruth Rae. — Faz anos que não vou lá. *Odeio* L.A. — Perscrutou ao redor com um olhar desvairado.

— Eu também — disse o político, enquanto trancava o compartimento traseiro, separando-o da cabine, e jogava a chave por uma abertura para os políticos do lado de fora. — Mas temos de aprender a conviver com ela: ela existe.

Philip K. Dick

— Hoje em dia, tudo parece estar repleto de seu contrário.

Anônimo

A fotografia que aparece na mais recente coletânea de poemas de Charles Bukowski, *Dangling in the Tournefortia*, mostra-o à vontade numa camiseta, já bem entrado na meia-idade, mas ainda "encrespado", beligerante e, aparentemente, inalterado pelo sucesso internacional que, mais que o de qualquer outro escritor isolado, abriu espaço para Los Angeles no mapa da poesia contemporânea e, ao fazê-lo, identificou-o como seu praticante exemplar. A mútua ratificação de sua obra como uma enunciação resolutamente vulgar, a recusa a construir o verso como uma unidade métrica ou conceitual, e um repertório restrito de atividades banais (beber, vomitar, apostar, mijar), praticadas num terreno similarmente limitado de apartamentos de estuque e ruas que vão da pista de corrida às lojas de bebidas, produziram um modelo plenamente articulado de *poesis* disponível para uso geral. Não é nenhum desserviço ao vigor da originalidade de Bukowski e à importância de seu exemplo reconhecer também que a postura primária da modalidade que ele emprega é tão difundida que se pode, corretamente, pensar nela como uma produção pública, uma inevitabilidade social que ele captou e esclareceu; assim, podemos redefinir sua realização como sendo, em parte, empresarial, como o ingresso negociado dessa modalidade numa ordem vigente literária que, na época de sua intervenção, constituía-se em termos bem diferentes. E, embora essa postura encarne a alienação que é tão central na experiência moderna como um todo, ainda assim, a contemplação de um ambiente estranho e autodestrutivo, por um narrador alienado e autodesaprovador, revelou-se um meio particularmente útil e apropriado de situar a sensibilidade em Los Angeles, uma cidade que, tipicamente, tem poucas oportunidades de poesia.

Embora a noção de escola exagere o caráter corriqueiro dos poetas que escrevem no estilo de Bukowski, além de ser contraditória à postura decididamente isolada que é sua premissa básica, mesmo assim, ela pode ser vista em toda parte. A mudança de tom de Wanda Coleman, para tomarmos um exemplo particularmente dramático, transita facilmente da versão branca masculina para a negra feminina. "Where I Live" ["Lá onde moro"] destaca as mesmas ruas e lojas da classe operária, a mesma violência e sexualidade triviais, os mesmos problemas com os senhorios e a polícia, e as batidas de raspão dos mesmos carros que compõem o mundo de Bukowski, e, salvo pela inversão da cor e do sexo, celebra-os com o mesmo machismo enojado:

> *the country is her pimp and she can turn a trick*
> *swifter than any bitch ever graced this earth*
> *she's the baddest piece of ass on the west coast*
> *named black los angeles*[2]
>
> (Coleman lê esse texto em *Voices of the Angels*)

Dada a identificação singularmente poderosa entre o lugar e a *persona*, bem como a medida em que essa complexa "20th Century Fox" praticamente ocupa a totalidade do poema, é justo que, em seus momentos de embaraço, Coleman reflita sobre a dependência de sua voz em relação ao mundo que ela cria, inevitavelmente levada a se indagar se ela é "um poeta escrevendo um poema / ou um poema escrevendo um poeta" (p. 97). Com uma preocupação similar, Bob Flanagan, vendo-se dizer a sua namorada num bar que os poemas dela não prestam, ir à geladeira buscar uma cerveja e depois ir ao banheiro, tenta escapar aos códigos que partem do gênero para estrangular a vida; não consegue, e toma ciência disso quando a namorada esmurra a porta do banheiro, pedindo para entrar e mijar no que se anuncia, inevitavelmente, como um "Poema de Bukowski". A postura iniciada como uma rejeição da retórica e do artificialismo, uma tentativa de afirmar a suficiência da fala sem rodeios e da situação cotidiana, torna-se ela mesma convencionalizada. O antipoema transforma-se no poema, o sujeito comum transforma-se num papel. Assim, apropriadamente, na fotografia que mencionei, a camiseta de Bukowski é adornada com uma foto grande, do tipo *pop-star* — de Charles Bukowski.

A conjunção de identidade e deslocamento, a *différance* aqui evidenciada, pode, naturalmente, ser teorizada de muitas maneiras: psicologicamente, como uma auto-apresentação social goffmaniana; semiologicamente, como a lacuna entre o significante e o significado que permite a atuação do primeiro, celebrado por toda sorte de pós-modernistas; ou economicamente, como uma estratégia de mercado, um pré-requisito para a identificação do produto. E, sem dúvida, essas teorizações de fato têm uma validade que, acertadamente, pune qualquer desejo do autêntico ou da imagem plena como uma ingenuidade. Reconhecer isso, entretanto, não equivale a nos apropriarmos de uma compreensão mais abrangente de todas elas e de seu lugar na duplicidade que Bukowski e sua imagem exemplificam, como sinal de uma situação histórica específica. Essa evaporação da presença, exatamente no ponto em que ela mais insiste em si mesma, pode assim ser reconhecida como uma cronologia, como o destino de toda a cultura no capitalismo, no qual os processos de consumo repercutem na atividade de produção, deslocando-a dela mesma e de seu prazer intrínseco e redefinindo seu telos como outra coisa. Embora essa situação seja generalizada em toda a sociedade de consumo, ela é sentida de maneira singularmente crucial em Los Angeles, circunscrevendo e povoando toda a arte, inclusive, e talvez especialmente, a que tenta escapar dela.

Os efeitos da intensa mediação[3] da experiência associados a essa cidade foram historicamente explorados numa tradição narrativa em que uma relação de amor-ódio (e, tipicamente, mais ódio do que amor) com Los Angeles convergiu, mais ou menos estreitamente, para uma análise de Hollywood como a fachada aparatosa de uma decadência variavelmente diagnosticada em termos morais, anticomunistas e, mais recentemente, esquerdista-semiológicos. A freqüência com que essa ambivalência se repete dentro de Hollywood — por exemplo, em *Sullivan's Travels, Crepúsculo dos deuses, Heat* — é tamanha, que parece ter-se feito sentir tão plenamente dentro do ramo quanto fora dele, assumindo o lugar, na produção comercial como um todo, do espaço da consciência-de-si dos filmes isolados, da problematização da representação que agora se tornou um elemento fundamental do cinema de vanguarda. Não obstante, a hegemonia da indústria cinematográfica sobre a vida social e intelectual da cidade, até muito recentemente, transformou-a no padrão de tudo o mais, efetivamente desvalorizando ou expulsando qualquer produção cultural que não pudesse integrar-se nela. Como resultado, a literatura, a pintura e certamente a conversação, aqui, evidenciam uma reconhecível fertilização e determinação estilísticas vindas da tela prateada, das quais o retoque-fetiche da pintura e da escultura do fim dos anos sessenta é apenas o exemplo mais luminoso.

A poesia, entretanto, a menos útil de todas as artes para a indústria cinematográfica e, em suas formas recentes, a menos compatível com seu espírito, erigiu-se, como que em reconhecimento da inacessibilidade de suas formas atuais a uma mercantilização lucrativa, na antítese de tudo o que é presumido por Hollywood. Tem havido alguns pontos de contato: atores como Richard Thomas e Suzanne Somers são poetas publicados, e alguns dos mais famosos poetas locais, como Harry Northup e Jack Grapes, por exemplo, trabalharam em Hollywood. Nesses casos, pelo menos, as contradições entre as duas esferas não parecem tão grandes quanto as apresentei: para Northup, sua atuação em *Alice não mora mais aqui* e *Taxi driver* é lembrada em sua poesia como um momento de plenitude psíquica e artística que ocorre fora de Los Angeles: "*When i finished working on 'Alice...' and they sent me back to the / city on a plane i felt like i was being taken back to prison*"[4] (p. 142). Com um tipo diferente de consciência-de-si, Michael Ford utiliza, freqüentemente, lembranças de antigos programas de TV e filmes como a lente através da qual olhar o mundo e o vocabulário para transformá-lo no poema; o céu às seis horas da tarde, por exemplo, é "cinzento como era / nos tempos de um filme em preto e branco / *Os desajustados*" (p. 38). Mas, na medida em que (como seu título afirma) *The World is a Suburb of Los Angeles*,[5] também é verdade que a passagem para longe da metrópole, que revela apenas um mundo já conhecido através da mídia, é também uma passagem de recuo no tempo. A nostalgia dos filmes B, os de segunda categoria, é uma nostalgia da infância, bem como de uma Hollywood que não existe mais.

As várias crises sofridas pela indústria do cinema na década de 1950, as tentativas de reorganização no fim dos anos sessenta, e a decisão posterior de dedicar-se exclusivamente aos mercados pré-adolescentes e dos capiaus brancos do sul são apenas adereços na longa história que descreve a superação do cinema pela música como força cultural hegemônica no período pós-guerra.[6] Esse fenômeno — não desvinculado, é claro, da comercialização dos sistemas estereofônicos, do consumo constantemente renovável da música na forma-mercadoria de discos produzidos pela moda das paradas de sucesso, da capacidade do som de penetrar em todos os processos vitais, desde o supermercado até o quarto de dormir, passando pelo automóvel, e assim transformar-se num meio comercial totalmente contínuo — encontrou , até o final dos anos setenta, maior resistência em Los Angeles do que em outros lugares. Embora tivesse havido um florescente jazz nos anos quarenta e cinqüenta, depois da década de 1960, apesar da presença de uma indústria fonográfica e, portanto, de uma pletora de músicos, e salvo por algumas breves aberturas como os Doors, a música local era tão morna quanto o estilo de vida que divulgava. Mas, desde *Ladies of the Canyon* até muito além de *Hotel California*, outros fenômenos estavam em preparação.

No verão de 1977, os efeitos da explosão punk inglesa, transmitidos pelos discos do Clash e dos Sex Pistols e pela apresentação ao vivo dos Damned, fizeram-se sentir em Los Angeles.[7] Veio a fundação de *Slash*, uma revista dedicada à nova música, que depois foi pioneira na gravação de bandas locais, e alguns clubes de Hollywood começaram a apresentar a música local. Mas, em vez de centralizar-se em Hollywood, a música significativa desenvolveu-se em diversos subúrbios espalhados pelo sul, especialmente nas cidades praianas de Orange County. Tomando como ponto de partida a raiva, a negatividade e o antiprofissionalismo dos Sex Pistols, centenas de grupos musicais despontaram em garagens das intermináveis ruas homogeneizadas de blocos de concreto. Entre 1979 e 1982 (quando o X, depois de obter o segundo lugar na pesquisa "Jop and Pazz" da *Village Voice* com seu segundo disco, *Wild Gift*, trocou a gravadora Slash por uma etiqueta nacional), a música foi ignorada pelas grandes gravadoras, rejeitada pelos críticos da corrente dominante e reprimida pela polícia local (embora o documentário de Penelope Spheeris a respeito dessa música, *The Decline of Western Civilization* [*O declínio da civilização ocidental*], tenha recebido alguma atenção). Em decorrência desse encerramento em guetos e protegida por sua fama de violência, desenvolveu-se uma resistência social e artística local, que teve tempo e espaço para se formar de maneira relativamente coerente antes de ser aceita. Chamada de *trash* (lixo) ou *hardcore* (pesada) — (sendo a referência à pornografia, nesta última designação, uma indicação de sua transgressividade), a música foi a mais avançada do país, constituindo a única produção musical branca que era, ao mesmo tempo, popular e de vanguarda.

As melodias eram curtas e muito rápidas, essencialmente uma *dance music* para um estilo de dança muito físico e agressivo, predominantemente masculino, mas com a adesão de algumas mulheres; sua inovação característica consistia em membros da platéia subirem ao palco e mergulharem de cabeça ou saltarem de pernas para o ar na multidão abaixo. Definidas em oposição à moda comercial imediatamente anterior das discotecas e dos *cowboys* urbanos, as roupas eram deliberadamente feias (botas de motociclismo, camisetas rasgadas e uma mistura de correntes e faixas na cabeça), embora, nas camadas de pretensões mais artísticas, a reciclagem de qualquer traje pré-hippie fosse legítima. As letras veiculavam raiva; quando não eram indecifráveis, eram, tipicamente, arengas antiautoritárias, anti-humanistas ou niilistas, detalhando as queixas, o desamparo psíquico e a cólera do grupo que fora excluído de toda a retórica da reforma social pós-anos sessenta: os homens brancos e heterossexuais de baixa classe média. Todos os *slogans* liberais eram rejeitados, em letras que eram indiscriminadamente antifascistas, anticomunistas, antitédio, anti-Reagan, antipolícia, antitudo.

O exagero, que é a matéria-prima do punk, tende a polarizar as reações a ele em extremos de rejeição ou apoio. Tratando-o como um fenômeno estético, as primeiras podem apontar para sua inversão de todos os padrões de bom gosto ou sentido, ou desfiar suas aporias à maneira de Enzensberger sobre os Beats, enquanto as últimas identificam os vocabulários particulares do punk como a única opção atualmente viável. Em termos sociais, essas polarizações produzem o punk como a derradeira capitulação modernista à decadência, à irracionalidade e ao desespero, ou como uma postura completamente recalcitrante contra a conformidade dócil da sociedade de massa e a naturalização do consumo dentro dela. Ambas as posições — e parece-me que cada uma está certa em algum sentido, e que é precisamente essa coincidência de "tudo ... com seu contrário", da resistência e dissidência com a exploração e o conluio, que faz do punk o fenômeno cultural pós-moderno exemplar —, entretanto, implicam um certo grau de autonomia da prática cultural, que uma abordagem materialista pode suplementar e abranger, atentando para a determinação histórica do punk e para a maneira como ele atua as contradições da sociedade como um todo e de seu próprio papel nela.[8] Assim, é possível ampliar a interpretação dada por Dick Hebdige à produção, pelo punk inglês, de uma gramática coerente da contradição, na fragmentação e recombinação deliberadamente agramaticais dos códigos sociais,[9] de modo a ver essa ordem desordenada como estando, ela mesma, em processo, não só cronologicamente (nas substituições contínuas que compõem a moda), mas também logicamente: as próprias contradições estão, perpetuamente, numa relação contraditória com os meios de sua produção.

Por um lado, a autodefinição do punk numa série de níveis homólogos e mutuamente ratificadores — o minimalismo da música contra a autogratificação superproduzida do rock de meados dos anos setenta; a ideologia contra a hipocrisia do discurso político e a evaporação da dissidência em formas acadêmicas e outras formas burguesas; os rituais contra a apropriação das relações sociais pela indústria da mídia — fez sua tentativa de se produzir, fora da indústria do entretenimento, como algo internamente lógico, e realmente permitiu sua aspiração utópica, uma das formas da qual foi a inovação de modos alternativos de produção cultural e das relações sociais concomitantes a eles. Assim, a maior participação da platéia nos concertos, com a passagem franqueada pelo palco, e o florescimento das gravações e da distribuição de discos fora dos canais empresariais, bem como a constante formação e dissolução de bandas e a filosofia do faça-você-mesmo, que permitiu que se invertessem as proporções típicas produtor/consumidor, tudo isso foi antitético às relações sociais capitalistas, tal como são tipicamente reproduzidas em torno da cultura. Não é impróprio, portanto, seguindo a distinção de Benjamin, frisar a posição progressista do punk nas relações globais de produção, ainda que sua atitude perante elas fosse amiúde obscura, incoerente, ou até, vez por outra, reacionária.[10] Se essa confusão política é ou não generalizável, para forçar uma decisão entre o punk como protofascista ou o punk como anarco-sindicalista, parece-me não vir ao caso, já que, seja qual for o potencial político que ele possa ter tido, ele foi muito rapidamente absorvido e difundido pela indústria da mídia; o momento de oposição do punk não pôde manter-se sistematicamente instalado.

Assim, à medida que se desgastou o antagonismo à indústria, que definiu predominantemente o período inicial de incubação, o punk tornou-se sede de um contínuo processo de engajamento e desengajamento, de hostilidade e desejo. E, à medida que foi arrastado para as engrenagens do entretenimento comercial, ele foi levado a encenar a contradição primordial do capitalismo — a posse privada da produção socializada — em dois níveis, ou em duas etapas. Primeiro, quando uma banda estável era isolada e desenvolvia uma carreira por si mesma, mesmo dentro da subcultura, ela iniciava o processo de recomercializar para o grupo o que originalmente encenara por ele. Desempenhando um papel central na identificação subcultural, encarnando e articulando os gestos e imagens essenciais, além de fornecer a energia auditiva que é o prazer ritual central do punk, o sucesso original das bandas era apenas a marca da precisão com que elas enunciavam a voz popular; à medida que elas se tornaram "profissionais", que a autoria foi isolada e a arte se transformou numa mercadoria, perdeu-se a função social original. Em segundo lugar, essa particularização do artista e a especificação simultânea do restante da subcultura como platéia foram reencenadas, em maior escala, quando a música penetrou na sociedade como um todo, através de sua apropriação pela indústria da mídia, quando o estilo que começara como a articulação das energias populares tornou-se reificado e disponível para a reprodução comercial. (Um análogo particularmente vívido disso foi a rapidez com que os estilos punk foram apropriados, não apenas pela indústria musical, mas também pela indústria da moda e por vários filmes comerciais, como *Road Warrior*, *Blade Runner* e *Liquid Sky*.) A contradição entre a produção cultural e a produção de mercadorias aqui exemplificada é, naturalmente, endêmica no capitalismo, e constitui a base através da qual a indústria da mídia funciona dentro dele; mas as tensões e contradições são particularmente grandes no punk. Ao contrário, por exemplo, da música popular negra, que não assume uma postura oposicionista contra os meios de comunicação, e na qual o sucesso de um artista individual é celebrado como um sucesso por procuração da comunidade como um todo, a aceitação e a absorção foram especialmente irônicas para o punk, porque sua postura básica e sua manobra estilística central foram, precisamente, a negação. Dando continuidade à tradição dos modernismos — dadaísmo, antiarte, *art brut* — e aos atos mais decorosos de renúncia catalogados por Susan Sontag como "a estética do silêncio", o punk subiu ao palco para desempenhar o papel de Kali, o destruidor em transe, mas, perplexo, viu seu gesto sofrer um curto-circuito numa cultura de Devoradores.

Assim, afora o prazer sensual intrínseco de sua veemência e energia, o punk era intrinsecamente dependente de alguma outra forma, inicialmente do contexto em que ocorreu e, posteriormente, uma vez estabelecida aquela antipatia, de seu próprio eu anterior, que ele foi continuamente obrigado a canibalizar e a rejeitar para sustentar a transgressão. Não tendo, por definição, termos positivos, e na ausência de qualquer movimento social que fosse capaz de supri-los, o punk foi condenado, portanto, não apenas a se manifestar puramente como um estilo, mas a se manifestar como um estilo que estaria sempre em processo de se impelir para uma paródia de si mesmo, até o ponto de se descobrir capaz apenas de imitar seus gestos anteriores. Como Bukowski, ele acabaria vestindo sua própria imagem, uma imagem que era, na verdade, bem parecida com a de Bukowski:

> *My house smells just like the zoo*
> *It's chock full of shit and puke*
> *Cockroaches on the walls*
> *Crabs are crawlin on my balls*
> *Oh — I'm so clean cut*
> *I just want to fuck some slut*
>
> Chorus: *I love livin' in the city*
> *I love livin' in the city.*[11]
>
> ("I Love Living in The City", letra de Lee Ving, *copyright* da Toxic Tunes, citado com autorização.)

Por outro lado, ao assumir a postura de Bukowski, suplantando Hollywood como o ponto de referência cultural dominante da cidade, o punk não apenas criou espaço para uma nova e recém-revigorada produção literária, como também arrastou outros tipos de texto em sua esteira. Podem-se exemplificar cruzamentos e transfertilizações diretos num número variado de versões locais de Allan Ginsberg gravando com o Clash; o mais notável deles é uma compilação de arte verbal num álbum duplo, *The Voices of the Angels*, com oitenta faixas apresentando igual número de artistas, um espectro de poetas (inclusive Bukowski e Coleman, além de outros discutidos mais adiante), músicos e gente "comum". O álbum é notável, não tanto pela complexidade dos efeitos verbais ou sonoros (embora haja uma profusão de ambos), mas pela continuidade que ele explicita entre a produção espontânea da linguagem popular (inclusive uma porção de trocadilhos com os padrões autênticos de fala de diferentes partes da cidade), a poesia e a música. A área paralela, no campo aberto da produção cultural que é a literatura, pode ser mapeada.

Num dos extremos está a música em si, considerada, para os fins atuais, como poesia (letra), mas também como o ponto em que a energia subcultural é articulada e mediada na sociedade como um todo. No outro extremo está a poesia modernista, que, seja em sua versão acadêmica, seja em sua versão pós-Pound e Olson, continua a tarefa de preservar a tradição da autonomia imaginativa contra as depredações da indústria da mídia, mas é tipicamente incapaz de estabelecer contato com as energias populares, sobretudo quando elas aparecem como necessidades sociais imediatas. Entre esses extremos, há toda uma gama de textos ao longo dos quais é possível observar as qualidades que associamos à poesia (poder de síntese, ênfase na forma, apropriação consciente da autoria, atenção para com a intricada percepção pessoal, etc.), no processo de se distinguirem de uma massa de práticas "não-literárias". Esse campo é entrecortado por outras práticas sociais, como a redação comercial ou as artes gráficas, qualquer uma das quais poderia ser usada em lugar da poesia como meio de enfocar a totalidade da produção cultural (e, a rigor, seria possível fazer uma análise paralela da produção musical como um todo, traçando os graus de difusão do punk nas gravações fonográficas e na música dos supermercados). O campo pode ser subdividido de diversas maneiras, mas a seguinte esclarece adequadamente as transições implicadas no movimento da produção social espontânea para a autoconsciência da arte:

a) Fanzines mais ou menos descomprometidos com a literatura conscientemente artística, como *Beyond the Pale, Destroy, Flipside Fanzine, Night Voices, Outcry* e *We Got Power.*

b) Periódicos claramente originários da subcultura punk e que preservam uma forte referência à música, mas cuja ênfase recai sobre a arte independente, seja ela visual ou verbal, como *Contagion, Death to the Fascist Insect That Feeds Upon the People, Kusa-Zoshi, Lowest Common Denominator, No Mag, The Rattler* e *Umezowea.*

c) Revistas de poesia cujo contexto é claramente o dos meios ortodoxos de produção poética, mas que exibem uma clara influência punk, como *Barney, Snap* e *Little Caesar.*

d) Revistas de poesia fora da órbita da estética punk e dos meios de produção alternativos, como *Invisible City* e *Sulfur.*

À medida que se vai descendo na lista, as publicações tendem a manifestar maiores valores de produção, com a xerografia de baixa qualidade dando lugar a uma impressão melhor e a um formato mais substancial, quase de livro, embora isso não seja inteiramente generalizável. Os fanzines de circulação relativamente ampla conseguem arcar com a impressão em *offset*; *Flipside* chega a ter uma capa brilhante em duas cores, mas, afora isso, conserva o papel-jornal e a datilografia precária exigidos pela estética geral. Já *Invisible City*, que nos anos setenta fez um corajoso trabalho de manutenção de um diálogo com o modernismo internacional e, especialmente em seus primeiros anos, com uma variedade de textos radicais do Terceiro Mundo (e, previsivelmente, manifestou sua relação com a música através de um interesse pelo jazz de vanguarda), marca seu mal-estar com os aparelhos de Estado dentro dos quais existe (verbas governamentais), saindo publicada em formato de tablóide. A classificação dos periódicos feita aqui pode ser complementada com livros, embora seu custo mais elevado e seu compromisso com a permanência — seu maior investimento no objeto, distinguido dos processos sociais — signifiquem sua ocorrência no final do espectro, no extremo oposto à estética punk. Em geral, a correlação entre a orientação ideológica e o modo de produção literária[12] é direta: as publicações independentemente produzidas e distribuídas, e que rejeitam as convenções da edição comercial, quase que invariavelmente reproduzem a ética punk. Inversamente, até as pessoas com intensas ligações com a subcultura parecem abandonar essa ética, ao se comprometerem com formas mais ortodoxas de divulgação: Exene Cervenka é letrista e vocalista do X, enquanto Richard Meltzer, que foi disc-jóquei de um dos melhores programas punks do rádio não-comercial, assina uma útil coluna num jornal gratuito local, onde costuma enaltecer as virtudes dos filmes pornográficos e da morte nas lutas de boxe. Mas, em seus magros volumes de poesia, eles mais fazem explorar do que produzir posturas alternativas. O conjunto de reflexões de Cervenka, ocasionado por apresentações de uma noite com o X em cidadezinhas insignificantes, é pretensioso e afetado, impregnado de falsa religiosidade e comodismo, e Meltzer, macaqueando o niilismo devasso do punk, acaba por se revelar liberal e prosaico. Em "Belsen is no longer a gas" ["Belsen não é mais um gás"], ele incita os punks a "acabarem" com o comunismo revolucionário ("acabe com o martelo / acabe com a foice / você ficará feliz por tê-lo feito"), com isso reproduzindo exatamente a fala da mídia contra a qual o punk se coloca, e em seguida escora essa visão política meio supersimplificada no fundamento de que "Hitler era só uma bicha que curtia surfistas / de olhos azuis de South Bay", ou de que Adam Ant usa uma bandeira norte-americana no cinto. O atual interesse pela segunda e terceira categorias, como o lugar onde as energias e limitações separadas dos dois extremos se cruzam, e onde a influência positiva e não negativa da música torna-se visível, pode ser abordado através das formas da ordem vigente, para ver quais podem ser as precondições e os ônus dessa troca.

Um modelo da atitude modernista espontânea perante o punk, bem como uma medida de seu desafio, são fornecidos no último número de *Sulfur*. Fundada e editada por Clayton Eshleman, no Instituto de Tecnologia da Califórnia, *Sulfur* tem um compromisso com a tradição modernista, que remonta, através de *Caterpillar*, a suas origens; entre as contribuições para as primeiras cinco edições, houve trabalhos até então inéditos de Pound, Dahlberg, Olson, Hart Crane e W. C. Williams. Exatamente nas páginas centrais do número 5 encontra-se o poema diretamente intitulado "Rock Punk", de Carl Rakosi, um dos objetivistas originais. Assumindo o personagem de um Hamlet punk que se dirige a Polônio, ele proclama sua rejeição do interesse político ("A Polônia pode ir para o inferno!") e explica como, enquanto estava "*amort*",[13] a voz de seu espírito o instruiu a ausentar-se "dos reais enxofres um momento" e "Nem sério / nem lírico ser". Em seguida:

> *My cockatoo's gone mad.*
> *He's trying out a new*
> *art form: conniption*
> *to the power of X*
> *and genitals as actors,*
> *claiming Rimbaud's space*
> *and all its perquisites.*
> *It takes a demon now*
> *to hold Persephone.*[14]

Além da precisão de sua síntese e da pertinência de suas imagens (presumo que a referência seja à banda X), o interessante nesse excerto e, a rigor, no poema como um todo é que, apesar da veemência de sua hostilidade ao punk, num nível estrutural, ele lhe é suficientemente semelhante para deixar clara a continuidade da problemática modernista de um para o outro. A disparidade entre o tema do poema e seu estilo — entre a negatividade violenta do punk e o verso elegante de Rakosi, seus ecos de Pound, suas referências clássicas e seu deslocamento do confronto para um personagem tão sobrecarregado, num roteiro lingüístico tão estranho e inflado — é tão grande que o poema acaba sendo tragado por sua própria ironia. Um dos comentários do narrador — "chegamos tarde demais / para ser sérios" — é, sem dúvida, inteiramente aplicável ao punk, mas também se aplica ao poema de Rakosi, que mobiliza indiscriminadamente gestos modernistas, para produzir uma mistura tão macarrônica e instável quanto o mais eclético exercício pós-punk de desconstrução musical. Como o punk, também o poema se constrói sobre uma ausência, sobre uma nostalgia da plenitude; o que o punk é — nem sério nem lírico — está claro, mas o que poderia ser uma alternativa positiva não é dizível, e nem sequer exemplificado no processo do próprio poema, que não consegue fazer mais do que continuar a ironizar sua situação irônica. A cegueira histórica do protesto de Rakosi torna-se clara quando, algumas páginas adiante, na mesma edição, o poema "Academy of Dada", de Jerome Rothenberg, dá uma visão prévia do que poderá afigurar-se o punk, depois de recoberto por sessenta anos de pátina acadêmica. O movimento que George Grosz descreveu como "nem místico, nem comunista, nem anarquista ... o nosso era completamente niilista. Cuspíamos em tudo, inclusive em nós mesmos. Nosso símbolo era o sem nada, um vácuo, um vazio", afigura-se agora a Rothenberg como um esforço de "libertar as forças da poesis / dos deuses do poder" — síntese nada ruim do punk, qualquer dos dois.

Rakosi não mora em Los Angeles; a comunidade que *Sulfur* e *Invisible City* documentam é uma comunidade da consciência em que as vinculações sociais provêm de carreiras estéticas, em vez de produzi-las. Na verdade, o modernismo internacional que constitui o projeto dessas duas revistas define-se, em parte, pelo medo de um intenso sentimento de lugar como o provincianismo. Seu compromisso é com algo que é destruído pela indústria da mídia, e especialmente em Los Angeles — a história. Dentre os poetas de Los Angeles que partilham desse compromisso, dois são exemplares: Dick Barnes — que, escrevendo na penumbrosa dissolução da cidade nos vilarejos e desertos circundantes, consegue vislumbrar os vestígios de um passado que é constantemente apagado pelo insistente presente metropolitano — e o próprio Clayton Eshleman.

Faltando-lhe a imediata continuidade social e histórica que possibilita a clássica combinação barnesiana de versos cuidadosamente polidos, mas ainda facilmente coloquiais, Eshleman enfrenta a romântica necessidade de ligar a consciência interna do indivíduo a sua forma coletiva. Seu compromisso inicial, portanto, é com a faculdade criadora de imagens, como uma ordem de experiência cuja coerência primordial é intrínseca e trans-histórica, posição esta que coloca em sua presença uma gama ecumênica de referências culturais (de Lascaux a Hiroshima, de Bud Powell a Buchenwald), e produz também o processo pelo qual seus poemas são tipicamente gerados por um livre fluxo imaginativo que perpassa uma situação verbal inicial, muitas vezes negociando seu desenvolvimento através de trocadilhos e outros eventos puramente lingüísticos. Mas, e isso me parece marcar a importância de sua obra, os arquétipos de Eshleman não estão isolados fora da história; são construídos em confronto com ela. *Hades in Manganese* deriva, primariamente, das inscrições na pedra nas cavernas de Dordogne, interpretadas como uma crise da imaginação paleolítica que produziu a distinção conceitual entre o homem e os outros animais. Mas esse evento, a primeira queda, não é simplesmente descrito nos poemas, e sim tomado como uma situação atual, uma crise geopolítica permanente que sempre nos confronta, seja numa visita a Dachau, seja na estrutura dos noticiários da TV. Assim, em "Equal Time", depois de observar como a justaposição do vencedor de um campeonato de cusparadas de caroços de cereja banaliza o um minuto destinado a uma história sobre refugiados vietnamitas, Eshleman indaga se a aflição destes pode ou não ser satisfatoriamente registrada na linguagem. E, de fato, propõe uma resposta, que parece implicar a necessidade de um saber sensual, e talvez animal; não é uma resposta que eu considere satisfatória, mas ele realmente reconhece um imperativo moral, cuja forma, uma delas, é a necessidade de "uma estrutura que inclua um sentimento alterado da linguagem", de uma "rede desdobrável que o ato de escrever poesia joga fora" (p. 67), que seja capaz de manter os refugiados e o vencedor do campeonato num outro tipo de relação que não a justaposição absurda do noticiário da mídia.

Sejam quais forem os traumas com que tal perspectiva possa deparar, o otimismo sobre a disputa que ela está apta a sustentar localiza-se, tipicamente, num uso adequado da língua, como repositório das qualidades humanistas, erguido contra seus usos corruptos, tal como exemplificados pelos noticiários de TV. A forma resumida dessa distinção consiste na arte *versus* a indústria da mídia, distinção esta que tem sido regularmente estabelecida ao longo da história do modernismo, e mais minuciosamente pela teorização da Escola de Frankfurt sobre a negatividade da primeira como baluarte contra a segunda. Como vimos, essa negatividade é o gesto central do punk, embora falte a este, claramente, a autoconsciência extremada, a distância crítica dos meios de comunicação de massa que, para Adorno, constituía o modo da negação; não há razão para supor que Adorno fosse mais perceptivo acerca do punk do que o foi sobre o jazz, embora a idéia de vê-lo vagando pelo *Declínio da civilização ocidental* tenha uma certa justiça melancólica — por falar em esquadrinhar a vida em sua forma alienada! Mas, se a resistência do punk tem sido tão facilmente reproduzida e acolhida quanto a de qualquer outro modernismo, ainda assim, a rapidez com que sua negatividade foi drenada obriga-nos ao menos a assinalar, mais uma vez, que a possibilidade daquela alteridade radical e extra-sistêmica em que confiava Adorno agora desapareceu; que o jovem poeta, e a rigor o jovem artista, não mais têm acesso a uma imagem de libertação fora da mídia, já não podem encontrar os meios de destrancar o passado e relacioná-lo com o presente, da maneira como podem fazê-lo Barnes e Eshleman.

Nos últimos três ou quatro anos, surgiu na poesia local um novo impulso, em que a pose de seriedade moral, erigida nos anos setenta como um modo de valorizar a sensibilidade individual contra um meio cultural insípido, saturado com a trivialidade da mídia, foi substituída por uma postura clássica mais fria e muito mais consciente de si, assumida dentro do discurso da indústria da mídia. E, enquanto a antiga forma tendia a ruir sob o peso de seu próprio confessionalismo devastado e trôpego, nessa nova poesia, uma ironia internamente construída mantém sob controle os excessos de presunção na primeira pessoa. Esses poetas — Dennis Cooper, Jack Skelley e David Trinidad são exemplares — têm uma sensibilidade comum, que amiúde aparece como uma predileção exagerada pela concepção dos anos cinqüenta e pelos dejetos da cultura pop, e tendem a publicar seus trabalhos nas mesmas revistas (*Barney, Snap, Little Caesar*), freqüentemente dedicando poemas e livros uns aos outros; e, mesmo que a abundância e a produtividade coletiva de uma verdadeira formação subcultural só estejam presentes nos limites em que ela se cruza com os rituais sociais homossexuais, eles insistem num intenso sentimento comunitário. A característica mais destacada dessa poesia é sua impossibilidade, seja de se identificar com uma energia subcultural relativamente autônoma, seja de manter acesso a um quadro de valores fora da indústria da mídia, sobre o qual fosse possível construir uma postura oposicionista. Enquanto, para Michael Ford, os filmes clássicos de Hollywood estavam disponíveis como uma *lingua franca*, mediante a qual era possível comunicar a experiência natural, para a nova geração, a mídia é um meio ambiente total, inconsutilmente hegemônico, e que não permite nenhum lugar autônomo, nenhum eixo extramundial em que a alavanca da negação possa ser equilibrada. Essa, a forma local de aparecimento da hegemonia totalizante da *société de consommation,*[15] impede — ou, na falta de qualquer movimento social que afirme o contrário, parece impedir — qualquer dissidência, a não ser a construída a partir de dentro, por uma apropriação e transformação irônicas de seus vocabulários. A situação hoje vivenciada é resumida num poema de Eileen Myles, "Revolving Show", em *Snap*; a narradora começa por assinalar a "perfeita estupidez da tevê" (não sendo a banalidade desse quase indizível clichê inteiramente mitigada pela deselegância deliberada de "tevê"[16]), apenas para concluir com o reconhecimento de que "Raramente vejo algo / que não se pareça com a televisão, / frio e convincente" (nº 1, p. 41).

Parecer com a televisão é uma condição rejeitada pelos punks e pelos poetas modernistas, das diferentes maneiras permitidas por suas respectivas posturas contraculturais. Quando já não existe tal ponto de referência extra-sistêmico, a própria assimilação do *status quo* pela TV tem que ser reapropriada, renovada como o momento de subversão. Nesse ponto, o "frio e convincente", agora renegociado puramente como um estilo, e não como uma presença, dá lugar a si mesmo como a oportunidade para uma ironia impessoal que, como um câncer, pode trabalhar de dentro, alimentando-se das próprias energias que de outro modo o conteriam. Essa ironia, da qual está excluída qualquer atitude abertamente crítica, tem que se recusar, em termos absolutos, a enveredar por uma avaliação moral; na verdade, seu único ponto de referência moral possível é o da inteligência lingüística, perceptível em suas manipulações de uma gama de discursos mais ou menos artificiais: a sensibilidade que ela enuncia é um ascetismo sibarita, meditanto sobre os mantras das feras. Jack Skelley, por exemplo, com uma extensão lingüística e cultural de quatro ou cinco oitavas, e uma capacidade de descer sem esforço de uma intelecção espirituosa, como um Ed Dorn voador, para a parvoíce coloquial, atinge seu auge ao misturar irrupções de abstrações altamente estilizadas, e até românticas, numa densa goma plástica de cultura pop. Neste fragmento de um discurso a Marie Osmond, ele liga uma tela cultural estéril, transformando-a numa visão que, por mais regressiva que seja em termos ecológicos, redime-a com o simples prazer do pensar; notando que o seriado de TV de Marie foi por água abaixo, e que seus nove enamorados insinuados em *Star* revelaram ser membros de sua família, ele a convida:

> *...let* me *be your conquering*
> *consort and you'll be a far richer heiress, when*
> *the shadows of Utah's long winter are fled,*
> *and you stand alone on the Rockies, surveying*
> *an ancient city of soft buildings, which transubstantiate*
> *and interpenetrate in moon-aluminum evening, where warm*
> *headlighted insects dance in circles, and golden*
> *movie star men stand upright among beasts,*
> *holding tokens of serpents, sunglasses, electric guitars.*[17]

Sem outro recurso senão sua própria agudeza, a poesia de Skelley e suas luminosas paisagens mentais energizadas proporcionam um lugar para a sobrevivência da arte, uma zona de sustentação onde a imaginação pode manter-se viva, até que algum movimento social autêntico forneça a verba para uma faxina adequada.

Assim como a força de Skelley deriva da fidelidade de sua abordagem dos destroços da cultura de massa, também a agudeza de Dennis Cooper vem da facilidade com que ele percorre a violência sexual. Povoado de trapaceiros ginasianos e dos adultos que eles pilham, seu mundo, onde o sexo, as drogas e o rock'n'roll ratificam-se mutuamente, é endossado por um estilo narrativo que não acharia frio nem convincente construir uma distância uniforme dele. Todos os seus poemas podem ser monólogos dramáticos, mas a combinação exata de memória e desejo que há entre Cooper e o narrador ou os heróis nunca fica clara, nem mesmo quando um desses personagens descreve como estrangular um garoto enquanto ele é estuprado.

> *Even when they sleep or space-out*
> *on drugs, rock music remains in their lives. A black*
> *flag of it rules the unconscious. It draws their*
> *ideas crudely around them. It is their power. They*
> *are animals.*[18]

Embora a garotada dos poemas de Cooper tenda a preferir as bandas artísticas de Nova York e da Inglaterra (talvez "Remain in Light", dos Talking Heads, ecoe no texto acima) à música local, cuja retórica tem sido agressivamente anti-homossexual, a retenção do poder primitivo dos Sex Pistols em Black Flag [Bandeira Negra], como a base sobre a qual se elaboram transformações mais sofisticadas, está fora de dúvida. O reconhecimento da crueza da música deve ser tomado como uma descrição estética específica de sua energia expressionista, e não como marco de uma restrição. E, embora o poder do próprio Cooper resida na intimidade que ele mantém com os temas de seus textos —

sua voz não é elaborada através da sintaxe, da enunciação ou das funções da linguagem da hegemonia de classe média ou dos poetas modernistas —, nem mesmo o constrangimento com que os fragmentos de linguajar adolescente são reunidos nos poemas ginasianos é suficiente para desalojá-los do discurso restrito do grupo.[19] Apesar de estar inteiramente cercado pelo rock, esse grupo ainda se distingue da subcultura punk em virtude de seu consumismo puro e de suas prioridades e discriminações especificamente homossexuais. Para uma linguagem restrita pura, temos que voltar-nos para os fanzines.

Sendo parte integrante da auto-reprodução ideológica subcultural, bem como seu texto mais substancial, os fanzines são um fenômeno internacional. Pode-se ter alguma idéia de sua extensão nas listas regulares de novas revistas que aparecem em *Flipside*; a edição atual dá nomes e endereços de mais de 150. Com seu modo espontâneo, descentralizado e anárquico de produção e seu estado constante de fluxo, elas estabelecem um estreito paralelo com a produção musical e também ecoam seus vários graus de distanciamento das formas hegemônicas, indo desde edições isoladas, de apenas algumas páginas (as primeiras edições de *Night Voices* tinham onze), frouxamente grampeadas (mantendo uma estreita relação com os panfletos em xerox dos concertos — outra forma popular de arte, com cuja função elas se fundem), até produções mais regulares e substanciais, como *Flipside*, que tem atualmente uma circulação de 5.500 exemplares (*the minnesota review*, a título de comparação, tem uma circulação de 1.000 cópias). Dada essa variedade, as generalizações são arriscadas; não obstante, todos os fanzines dão ampla cobertura à música, especialmente à música local, embora também às bandas visitantes, geralmente sob a forma de entrevistas e descrições de concertos. Estas podem ser suplementadas por resenhas de discos, novamente enfatizando, de hábito, a produção local, ao lado de notícias sobre eventos punks em outras cidades e países — especialmente informações sobre tumultos com a polícia e sobre as apresentações deturpadas do punk na imprensa hegemônica. Essas avaliações não costumam abordar criticamente a cultura punk, a não ser em queixas sobre as transgressões dela. As resenhas sobre discos e concertos são positivas, em sua maioria, geralmente evitando o tipo de comparação que incentiva as classificações competitivas, embora sejam comuns as pesquisas com o leitor (sobre a melhor banda ou o melhor disco de determinado ano, por exemplo). As entrevistas tendem a ser mais pessoais do que analíticas e são banais ou absurdas, recusando-se a empregar a solenidade ou a postura respeitosa que facultaria uma distância social entre entrevistado e entrevistador/leitor, e assim promoveria o consumo de astros. As fotografias, tanto das platéias quanto das bandas, são abundantes, ao lado de tirinhas, letras de música, anúncios de gravadoras independentes e cartas dos leitores. *Beyond the Pale* tem até uma sugestão de leituras, recomendam Foucault, Barthes e Kafka, embora esse franco intelectualismo seja incomum.

Apesar de os fanzines obviamente documentarem e difundirem o punk, dentro da subcultura e também, através de suas fronteiras, para elementos interessados do lado de fora, eles não cumprem uma função publicitária à maneira da relação parasitária da imprensa das revistas populares com a indústria da mídia. Antes, reencenando os métodos de produção independentes dos primórdios do punk e recapitulando seus estilos, sua função de representação está incluída no processo de produção da ideologia punk. Afora a música, elas são o fórum principal, não apenas de comunicações sobre o punk, mas de sua construção; são o lugar onde a natureza do punk — os vocabulários sociais e formulações ideológicas específicos que o constituem — pode ser socialmente interpretada, discutida e esclarecida, o meio através do qual o punk se escreve. Embora cada fanzine, na condição de empresa, exista numa economia que o obriga a produzir-se como mercadoria, e embora haja publicações que exploram essa situação, o grande valor dos fanzines, sem sombra de dúvida, é que eles não tentam apropriar-se da produção social. Sua autoria distribui-se pela subcultura em geral; eles derivam dela, em vez de serem produzidos por profissionais para consumo da massa. Essa redação popular mostra-se mais claramente evidente, é claro, nas páginas de cartas (a "Voz do Leitor", em *Flipside*, chega a abranger 1/8 da revista), mas a maior parte do restante do material também é produzida pela própria cultura — as entrevistas, as reportagens de outras cidades. Essa plurivocalidade popular contrasta não apenas com as revistas de consumo padronizadas, mas também com essa outra forma de produção dos leitores, a revista ortodoxa de poesia. Enquanto a obtenção de acesso às revistas de poesia é contingente à exibição de alguém como original, distinto de outras vozes, o acesso aos fanzines é quase completamente aberto e os valores grupais são tipicamente enfatizados. Interessadas em formar e proteger o grupo, as cartas referem-se a um número limitado de questões, especialmente queixas sobre a violência policial, a violência nos concertos, os donos de clubes que são negligentes e as bandas que estão-se vendendo, queixas estas que só fazem sentido em virtude de uma idéia social implícita:

> Querida Flipside:
>
> Atenção, todos vocês babacas! Quanto mais leio a seção de cartas, mais emputecido fico. Toda essa conversa sobre violência, brutalidade policial e leões-de-chácara. Se vocês não querem violência, então, PORRA! FAÇAM ALGUMA COISA!!! Fiquem longe das brigas, não desperdicem os cabeludos,[20] vocês não tiveram cabelo curto a vida toda. Aposto que até ouviam o Led Zeppelin antes de cortar o cabelo. Para ir ainda mais longe, aposto que alguns de vocês até andaram em discotecas. Se estão interessados em ser ou parecer punks — não é punk espancar as pessoas. 'Taí uma idéia para vocês pensarem, quando pensarem em "que é que eu posso fazer para ser punk". Anarquia é papo furado!
>
> Sinceramente, O Verme
>
> P.S.: Não dêem ouvidos a seus amigos metidos a besta, o Vale não é papo furado, há mais punks vindo do Vale do que de Hollywood.
>
> P.P.S.: Ivan, vulgo Bob O. do Vale, você não acha que já é hora de desistir da Ziggy, você está dando em cima dela há tempo demais!

A transgressividade lingüística e social desse discurso relativamente desinibido pode intensificar-se a ponto de o próprio estilo tornar-se um conteúdo e, nas situações comerciais, uma mercadoria. O fragmento seguinte de *No Mag*, o mais comercial dos fanzines e uma revista que está claramente tentando transcender o mercado subcultural em favor do mercado cultural de massa — ela se anuncia, com exatidão, como "Lixo Sexual Musical Mortal" —, mostra esse uso problemático (ver adiante). A técnica dadaísta padrão, fragmentando as imagens e recombinando-as agramaticamente, mas de tal modo que o choque temático entre a dona-de-casa sanificada e a prostituta de motocicleta é ecoado no desenho gráfico, utiliza a negação punk. Similarmente, o poema apenas justapõe uma lista de expressões do cotidiano mais ou menos obscenas, afirmando a autoria delas apenas por padronizá-las numa equivalência tipográfica e desfamiliarizá-las através da supressão das divisões lexigráficas. Mas, enquanto a colagem dadaísta compunha-se de imagens da vida, a de *No Mag* compõe-se de imagens extraídas da mídia e inteiramente esvaziadas de referencial. Com exceção do feto, elas já são tão altamente estilizadas que sua justaposição só pode significar a ausência de sentido; a composição como um todo continua a ser uma pose, um gesto insano-lógico[21] de ruptura e fechamento reflexivos. Outras revistas, como *Contagion* e *Umezowea* e *Kusa-Zoshi*, organizam colagens de maneira mais coerentemente satírica, formulando variavelmente texturas dos horrores da vida moderna, explicações políticas coerentes e, muitas vezes, usando poesia original. Exemplar, no entanto, é *Lowest Common Denominator*, que tem também a maior proporção de textos.

Editada e quase inteiramente escrita por duas mulheres, Carrie White e Zizi Q, ela é mais ou menos datilografada, reproduzida em cópias baratas e grampeada, com fotografias de baixa resolução, a maioria delas de outros punks. Apresenta-se como parte de um empreendimento comunitário, reconhecendo seu "parentesco com *We Got Power*, um fanzine *cool*", e apresentando-se como "puramente uma PUBLICação para externar opiniões, para nos expressarmos e ajudar a abrir [*sic*] uma consciência maior nos outros seres humanos"; a revista pede contribuições e expressa sua disposição de "imprimir quase tudo de graça, inclusive anúncios para apresentações & promoção de bandas". Quase todos os textos, em verso e prosa, dizem respeito ao panorama musical imediato, registrando os altos e baixos, os dilemas práticos e ideológicos de ser punk. Zizi *Q* sobressai-se num estilo que fica pouco aquém do documentário; até mesmo histórias que se apresentam como ficção, como uma longa "Novela Punk", têm uma agudeza de reportagem que tangencia a distorção surrealista, muitas vezes de maneira a permitir que um naturalismo rigorosamente expresso derrube de modo contundente um utópico mundo imaginário fora de Los Angeles, e até mesmo fora do punk. Uma das mais divertidas e mais plangentes, "After That Night", descreve como "a Mulher Cenoura", após uma autodestrutiva noite de dança frenética e mergulhos suicidas do palco, decide abandonar o punk.

> Mal derramada uma lágrima, a culpa apoderou-se dela, ao perceber que estava abandonando seus seguidores, seus líderes e, de permeio, seus pares. Tinha que fazê-lo. Ela sabia que, se ficasse muito mais tempo, sua cena batida e estagnada a arrastaria para uma morte lenta e violenta. Essa Cenoura queria viver e Jah estava chamando.

Respondendo ao chamado de Jah, ela se transforma numa Pessoa Cenoura Afro.

Os contos de Carrie White substituem o humor de Zizi Q por um estilo narrativo reducionista, que permite que um acontecimento estreitamente circunscrito comece a se desdobrar, mas seja interrompido antes que possa gerar qualquer padrão de envolvimento emocional ou suscitar simpatias morais. Como resultado, eles terminam em suspenso, sem um fecho. White freqüentemente usa um personagem, Michelle; mas a falta de um distanciamento preciso entre a narradora e Michelle impede a resolução da ironia. "Michelle Spit on Two Girls" ["Michelle cuspiu em duas garotas"], por exemplo, descreve como Michelle fica enojada ao avistar duas garotas de quatorze anos, vestidas como prostitutas, usando malhas colantes e "óculos escuros da onda". Faz meia-volta com a bicicleta para passar outra vez por elas:

> Deixou o líquido acumular-se na boca e, ao deslizar junto delas, Michelle cuspiu nas duas garotas.
>
> — Sua piranha punk — disseram elas, e Michelle teve um ataque de riso, na esperança de que se metessem em alguma enrascada braba, com seus polegares para cima, querendo confusão.

Especialmente interessante é uma edição inteiramente construída em torno de um tumulto policial durante um concerto, num teatro chamado Bard's Apollo. O número da revista — sete folhas em cópias xerografadas nas duas faces — inclui uma grande fotografia do teatro, uma página de um romance de William Saroyan, onde se discutem Dostoévski e a dependência que têm os grandes textos de uma vida sofrida, fotografias de vários tipos de linguagem de rua, fragmentos de cartazes, muitos grafitos e nomes de conjuntos musicais pintados com *spray*, relatos do incidente extraídos do *Los Angeles Times* e de jornais não pertencentes ao *establishment*, fragmentos de um cartaz manchado de sangue, e ainda contos e poemas de White e Q. O conto de Zizi Q explica como "o que prometia ser uma noite excelente acabou sucumbindo aos pés da autoridade"; ela descreve como os "seres humanos" foram expulsos do teatro à força para as ruas e acabaram por dispersar-se nas colinas de Hollywood, onde passaram a noite tentando fugir da autoridade. Carrie White tem vários textos, inclusive um monólogo composto antes de sua ida ao concerto:

I am going to go to the place where some people are choosing to go to the place that particular place because it is there that that physical thing is and it is not always comfortable for other people to be seeing other people getting that kind of charge if they are feeling pain in that charge and it is not that kind of fun it is a serious fun stupid definitely not to be noticed by those who don't care to look.

It is not always fun to feel the charge, even if you are wanting it bad. Some things have very little to do with fun. Even if they say it is fucking fun and no more and it's only fucking agression and that's all it is or it's only fucking phsical because you know deep down inside that there is fun there and very little else.

Vou ao lugar onde as pessoas estão escolhendo ir ao lugar àquele lugar particular porque é lá que está essa coisa física e nem sempre é cômodo para as outras pessoas verem outras pessoas ficarem com esse tipo de tesão quando elas sentem dor com esse tesão e não é nada desse barato é um barato sério definitivamente estúpido não ser notada pelos que não se incomodam em olhar.

Nem sempre é um barato sentir tesão, mesmo quando a gente quer muito. Algumas coisas têm muito pouco a ver com um barato. Mesmo que eles

> digam que é um puta barato e nada mais e é só uma puta agressão e é só isso que é ou é só putamente físico porque a gente sabe bem lá no fundo que há um barato ali e muito pouca coisa mais.

O precário equilíbrio desse trecho entre arte e escrita não-artística reproduz a ambigüidade do número inteiro; as discrepâncias entre os vários relatos jornalísticos do concerto revelam o caráter ficcional de cada um e, desse modo, minam a possibilidade de uma distinção entre uma redação factual (textualmente transparente) e uma versão ficcional (textualmente opaca) do mesmo acontecimento. Mas, ao mesmo tempo que, em toda a edição, os diferentes níveis de escrita dissolvem-se numa produção textual, ao fazê-lo, eles não migram para o solipsismo autotélico do pós-modernismo dominante. Assim como as várias rotinas steinianas do excerto acima, circundando o momento de violência, constroem tensões em torno dele e mobilizam uma energia literária que corrobora o ritual social explosivo, na edição como um todo, os vários motivos pós-modernos (polivocalidade, distribuição da autoria, manutenção dos elementos individuais separados no constructo total, recusa do fechamento) transcendem a função estética e se transformam num meio de articular um momento de crise social, num meio de reter e articular energias em que o estético e o social reforçam-se um ao outro, tornam-se mutuamente possíveis.

Apesar da ausência de qualquer inscrição explícita ou sistemática de uma compreensão materialista da situação da subcultura na sociedade como um todo, ou da natureza de sua produção estética, nesse exemplo, a obra de arte ratifica a imagem da coletividade de onde provém, com o que, como afirmou Fredric Jameson, torna-se "uma *imagem* do auge da vida coletiva concreta de uma conquistada sociedade utópica ou desprovida de classes".[22] A coerência da revista *LCD*, que tanto é uma função das possibilidades sociais de seu momento quanto uma realização social, está presente, pois, não apenas em sua articulação das atividades do grupo social, mas também na reciprocidade dos valores desse grupo nos modos de sua produção e de sua inserção social, ambas as quais são inteiramente contingentes a sua localização subcultural. E é aí que seu valor torna-se claro. O contexto subcultural imediato em que ela se constrói permite-lhe a marginalidade que é a condição de sua absoluta impermeabilidade às adulações comerciais. Como a gravura "Laocoön", de Blake, o filme *Blonde Cobra*, de Ken Jacobs, a música do Whitehouse e um punhado de outras recusas exemplares, sua aspiração determinante consiste em rejeitar a função de mercadoria. Assim, sua importância é inseparável do fato de que ela é praticamente impossível de obter, de que mal chega sequer a existir.

Em suas diversas formas musicais, poéticas e jornalísticas, a cultura punk no sul da Califórnia realizou o que bem pode constituir a única negação estética possível no Ocidente contemporâneo. Numa época em que a experiência ou a prática marginal mais absolutamente transitórias podem não apenas ser mercantilizadas, mas reproduzidas em massa, praticamente da noite para o dia, nenhum modo de produção estética pode escapar definitivamente dos circuitos das indústrias da cultura, ou mostrar-se à prova dos poderes assimilativos da mídia hegemônica. Com projetos de filmes como *Crônica de um amor louco* e *Barfly*, Charles Bukowski recebeu recentemente as boas-vindas de Hollywood, assim como a época do punk inglês foi guardada em segurança, para uso da nostalgia, em *Sid e Nancy* e em *Totalmente selvagem*. Tampouco os momentos exemplares aqui considerados mantiveram-se por muito tempo. Sua própria transitoriedade, porém, fornece uma certa medida de proteção. Um dos sintomas da patologia da cultura capitalista tardia é que, entre as poucas opções remanescentes de expressão estética não-industrializada, ela impõe essa derradeira negação intransigente de seu próprio modo de produção. Assim, chorar a morte da cultura punk negaria sua extraordinária importância: sua significação só poderia vir a ser conjectural.

Notas

Este ensaio foi originalmente publicado na *minnesota review*, 23 (outono de 1984).

1. Rick Berg, Alan Golding e Martha Lifson, bem como os editores de *the minnesota review*, deram conselhos valiosos sobre um rascunho anterior deste artigo. Embora eu exponha minhas teses discutindo escritores específicos, meu interesse geral está menos em avaliar realizações individuais do que em descrever um campo cultural; assim, tentei ser representativo, senão abrangente, ao selecionar o material, mas há inevitavelmente omissões. Com a única exceção assinalada abaixo, limitei-me a publicações correntes e disponíveis na época da redação deste texto (primavera de 1983). Salvo indicações diferentes, todas as referências dizem respeito aos seguintes textos:

Livros:

Barnes, Dick, *A Lake on the Earth* (Los Angeles, Momentum Press, 1982).

Bukowski, Charles, *Dangling in the Tournefortia* (Santa Barbara, Black Sparrow, 1981).
Coleman, Wanda, *Mad Dog Black Lady* (Santa Barbara, Black Sparrow, 1979).
Cooper, Dennis, *The Tenderness of Wolves* (Trumansburg, The Crossing Press, 1982).
Eshleman, Clayton, *Hades in Manganese* (Santa Barbara, Black Sparrow, 1981).
Flanagan, Bob, *The Kid is the Man* (Hermosa Beach, CA, The Bombshelter Press, 1978).
Ford, Michael C., *The World is a Suburb of Los Angeles* (Los Angeles, Momentum Press, 1981).
Lunch, Lydia e Exene Cervenka, *Adulterers Anonymous* (Nova York, Grove Press, 1982).
Meltzer, Richard, *17 insects can die in your heart* (Los Angeles, Ouija Madness Press, 1983).
Northrup, Harry E., *Enough the Great Running Chapel* (Los Angeles, Momentum Press, 1982).
Skelley, Jack, *Monsters* (Los Angeles, Little Caesar Press, 1982).
Trinidad, David, *Payane* (Los Angeles, Sherwood Press, 1981).

Periódicos:

Barney (1140 1/2 Nowita Place, Venice, Ca. 90291).
Beyond the Pale (P.O. Box 585, Walnut, Ca. 91789).
Contagion (P.O. Box 402, Hollywood, Ca. 90028).
Death To The Fascist Insect That Feeds Upon The People (6732 Selma Avenue, Los Angeles, Ca. 90028).
Destroy (14421 Sherman Way, Box 11, Van Nuys, Ca. 91405).
Flipside Fanzine (P.O. Box 363, Whittier, Ca. 90608).
Invisible City (The Red Mill Press, 6 San Gabriel Drive, Fairfax, Ca. 94390).
Kusa-Zoshi (Autocratic Industries, Inc. [sem endereço]).
L.A. Weekly (5325 Sunset Boulevard, Los Angeles, Ca. 90027).
Lowest Common Denominator (2265 Westwood Boulevard, Suite B-307, Los Angeles, Ca. 90064).
Night Voices (5300 Laurel Canyon Boulevard, # 111, North Hollywood, Ca. 91607).
No Mag: A Quarterly Magazine (P. O. Box 57041, Los Angeles, Ca. 90057).
Outcry (1001 Fremont, P.O. Box 1194, South Pasadena, Ca. 91030).
The Rattler (5752 Virginia Avenue, # 104, Hollywood, Ca. 90038).
Snap: A Quarterly of Arts and Writing (530 South Barrington, # 108, Los Angeles, Ca. 90049).
Sulfur (Box 228077, California Institute of Technology, Pasadena, Ca. 91125).
Umezowea (7505 Hampton Avenue, # 14 Los Angeles, Cal. 90046).
We Got Power (3010 Santa Monica Boulevard, # 310, Santa Monica, Cal. 90404).

Discos:

Angry Samoans, *Back from Samoa* (Bad Trip Records).
Vários artistas, *Hell Comes to Your House* (Bemisbrain Records).

Vários artistas, *The Decline of Western Civilization* (Slash Records).
Vários artistas, *Voices of the Angels* (Freeway Records).
Black Flag, *Damaged* (SST Records).
Fear, *The Record* (Slash Records).
X, *Wild Gift* (Slash Records).

2. Trad. livre: "O país é seu cáften e ela sabe arranjar um freguês / mais depressa que qualquer puta que já pintou na terra / é a pior sacana da costa oeste / chamada los angeles negra." (N. da T.)

3. O autor grafa o termo como *media-tion*, gerando um trocadilho com "midiação", "ação da mídia", que se perde na tradução. (N. da T.)

4. Trad. livre: "Quando terminei o trabalho em 'Alice...' e eles me mandaram de volta para a / cidade num avião, senti-me como se estivesse sendo levado de volta à prisão." (N. da T.)

5. "O mundo é um subúrbio de Los Angeles". (N. da T.)

6. Uma justificativa completa dessa colocação poderia começar, empiricamente, pelo fato de que, em 1974, o rock era uma indústria de dois bilhões de dólares anuais, tendo suplantado os filmes (US$ 1,6 bilhões) como o ramo mais lucrativo da indústria do entretenimento (Steve Chapple e Renee Garofalo, *Rock'n'Roll Is Here to Pay* [Chicago, Nelson-Hall, 1977], p. xi), ou por uma lista de casos em que a música popular é uma influência dominante ou um ponto de referência para outros meios de comunicação. Essa lista poderia incluir, por exemplo, os filmes comerciais, desde *Blackboard Jungle* (1955), o primeiro a usar o rock and roll como trilha sonora, passando pela apropriação da contracultura dos anos sessenta em *Sem destino, Woodstock* ou *Gimme Shelter*, até sucessos mais recentes de bilheteria como *Embalos de sábado à noite* e *Flashdance* (David Ehrenstein sugeriu que, "atualmente, parece que, a cada três filmes que aparecem, um recai no rock em busca de algum sentimento de sustentação" [*Rock on Film* (Nova York, Putnam's, 1982)]); os filmes de arte/vanguarda, desde *Scorpio Rising*, de Kenneth Anger, até os filmes e videoclipes recentes que encerram um compromisso intradiegético com bandas punks (p. ex., *Him and Me*, de James Benning), ou que brotam diretamente do novo panorama musical (p. ex., os filmes de Vivienne Dick ou Eric Mitchell), chegando, eventualmente, a trabalhos supostamente de vanguarda, que, ou são praticamente indistinguíveis da MTV (Erica Beckman), ou, a rigor, são eles mesmos promoções musicais (John Sanborn); o crescente compromisso da arte do desempenho com a teatralidade dos concertos de rock e com a indústria musical (p. ex., Yoko Ono, Laurie Anderson); o sucesso da MTV; o ressurgimento da referencialidade expressionista na pintura, que é análoga à autoconsciência semiológica do punk (David Salle) ou a seu brutalismo gestual (Julian Schnabel) e está, em geral, em constante diálogo com as inscrições murais e, através delas, com o eixo *rap/break/scratch* do Bronx (documentado no filme *Wild Style*, de Charles Ahearn); a aproximação entre a música de vanguarda e o mundo do rock, através do minimalismo de Steve Reich e Philip Glass e das bandas artísticas/punk, desde o DNA até Glen Branca; e até algumas elaborações do mundo acadêmico, mediante as quais os pós-estruturalistas podem ir ao encontro dos marxistas na ponte dos "escritos" subculturais (p. ex., Dick Hebdige, *Subculture: The Meaning of Style* [Londres, Methuen, 1979]). Para que a centralidade da música em toda essa *Gestalt*

da arte/moda/indústria seja compreendida, em vez de meramente especificada, seria possível colocar numa base materialista um modelo formalista da história de sua vinda para o primeiro plano, aplicando à natureza material dos diferentes meios de comunicação e dos sentidos ou funções específicos a que eles se dirigem uma teoria sobre seus diferentes modos de inserção social. Assim, o que há de significativo na música não é apenas o fato de seu apelo ser auditivo e de, por alguma razão arbitrária ou transcendental, a audição ter-se tornado um sentido que está na moda, mas, antes, o fato de que a realidade de seu funcionamento auditivo transformou-a num meio singularmente maleável, num período de crescente tempo de lazer e de penetração de todos os processos vitais pelas indústrias da mídia; essencialmente, o fato de ser possível ouvir música o tempo todo permitiu que ela suplantasse o cinema, a que só se podia assistir durante algumas horas por semana. A acelerada monadização da vida cotidiana, em que as relações sociais são cada vez mais completamente substituídas pelas relações individuais com o monitor de vídeo, bem pode reverter essa tendência e subordinar a música aos vários tipos de produção visual desse monitor — jogos computadorizados, pornografia, processamento de textos, telefones com vídeo, etc.

7. Para um relato completo do renascimento da música em Los Angeles, ver Peter Belsito e Bob Davis, *Hardcore California: A History of Punk and New Wave* (San Francisco, Last Gasp, 1983); Charles Bukowski, "A History of L.A. Punk Rock", in *No Mag*, 1982; e Bella Jones, "Slash: A History of a Brief Scene", in *L.A. Weekly*, 9-15 de janeiro de 1981. Dentre os discos citados acima, os do Black Flag e do Fear representam a música tal como originalmente desenvolvida. Essas e outras bandas estão antologizadas em *The Decline of Western Civilization. Hell Comes to Your House* fornece uma panorâmica da música em meados de 1981, incluindo fenômenos saídos do núcleo autêntico (como o Gothic), enquanto os Angry Samoans são dissidentes representativos do núcleo.

8. Para uma teoria das subculturas como meio de resolver simbolicamente as contradições de classe, ver John Clarke *et al.*, "Subcultures, Cultures and Class", *in* Stuart Hall e Tony Jefferson (orgs.), *Resistance Through Ritual: Youth Subcultures in Post-War Britain* (Londres, Hutchinson, 1976), pp. 9-74. Embora derivadas da sociologia norte-americana dos anos cinqüenta, as teorias inglesas da subcultura e dos punks em particular não são diretamente aplicáveis aos grupos norte-americanos organizados em torno de atividades artísticas paralelas ou idênticas. Na verdade, a cultura punk do sul da Califória tem mais em comum, estruturalmente, com os hippies e outras contraculturas essencialmente de classe média do que com os primeiros punks ingleses; ou seja, ela é mais "um difuso meio contracultural" do que "uma subcultura fechada" (p. 60). Isso reflete não apenas o fluxo social transitório e heterogêneo da região, sua relativa mobilidade econômica, mas também a maior dependência dos punks norte-americanos da determinação da mídia. Embora Dick Hebdige reconheça vários processos de aceitação, ele subestima o espetacular engajamento até mesmo do punk inglês, e sua análise deste, essencialmente em termos da contradição social, tem que ser mais "midiada" em sua transposição para os EUA.

9. Especialmente pp. 90-127.

10. Walter Benjamin, "The Author As Producer", in *Reflections*, trad. de Edmund Jephcott (Nova York, Harcourt Brace and Jovanovich, 1979), p. 222.

11. Trad. livre: "Minha casa tem cheiro de zoológico / está abarrotada de bosta e vômito / baratas pelas paredes / chatos rastejando no meu saco / Oh! sou tão alinhado / Só quero trepar com uma piranha / (Coro:) Adoro viver na cidade / Adoro viver na cidade." (N. da T.)

12. A expressão é de Terry Eagleton; ver seu *Criticism and Ideology: A Study in Marxist Literary Theory* (Londres, Verso, 1978), esp. pp. 44-101.

13. O termo, arcaico, significa à morte, agonizante. (N. da T.)

14. Trad. livre: "Minha cacatua enlouqueceu. / Está experimentando uma nova / forma de arte: faniquito / ante o poder do X / e genitálias como atores, / reclamando o espaço de Rimbaud / e todas as suas prerrogativas. / Agora é preciso um demônio / para deter Perséfone." (N. da T.)

15. Sociedade de consumo, em francês no original. (N. da T.)

16. No original, *teevee*, que reproduz ortograficamente a pronúncia do termo. (N. da T.)

17. Trad. livre: "... deixe que *eu* seja o consorte / a conquistá-la, e você será uma herdeira muito mais rica, quando / as sombras do longo inverno de Utah se houverem dissipado, / e você se erguer sozinha nas Rochosas, fitando / uma antiga cidade de prédios suaves, que se transubstanciam / e interpenetram na noite de alumínio enluarado, onde cálidos / insetos de faróis acesos dançam em círculos, e dourados / astros de cinema erguem-se entre as bestas, / portando símbolos de serpentes, óculos escuros, guitarras elétricas." (N. da T.)

18. Trad. livre: "Mesmo quando eles dormem ou viajam / nas drogas, a música do rock permanece em sua vida. Uma negra / bandeira dela domina o inconsciente. Envolve-os / toscamente em suas idéias. É seu poder. Eles / são animais." (N. da T.)

19. Bruce Boone usou os termos "elaborado" e "restrito" para estabelecer uma diferença entre os padrões de linguagem da classe ou grupo cultural hegemônico e os das subculturas, respectivamente. Ver seu "Gay Language as Political Praxis: The Poetry of Frank O'Hara", em *Social Text*, vol. I, nº 1, pp. 59-63. Os termos derivam do sociólogo inglês Basil Bernstein.

20. *Longhairs*, termo original que, na gíria, também designa os "hippies". As bandas das décadas de 1960 e 1970 eram constituídas de "cabeludos", em oposição às de hoje, o que possibilita o trocadilho e esclarece o sentido do "cabelo curto", logo adiante. (N. da T.)

21. O autor usa o termo "*scatter-logical*", que permite, foneticamente, um jogo de sentidos com "*scatological*" (escatológico). (N. da T.)

22. *The Political Unconscious: Narrative as a Socially Symbolic Act* (Ithaca, Cornell University Press, 1981), p. 291 [*O inconsciente político*, trad. de Walter L. Siqueira, Rio, Ática, 1992].

Notas sobre os colaboradores

MIKE DAVIS faz parte do conselho editorial da *New Left Review* e é autor do aclamadíssimo *Prisoners of the American Dream: Politics and Economy in the History of the U.S. Working Class* (Verso, 1986). No momento, está escrevendo uma história da Califórnia.

WILLIAM GALPERIN leciona inglês na Universidade Rutgers. Seu livro *Unmaking Wordsworth's Anti-Climax: The Interpretation of a Career* estará sendo publicado pela editora da Universidade da Pensilvânia. Seus ensaios sobre cinema e fotografia foram publicados em *MLN, The Bennington Review* e *The Western Humanities Review.*

DAVID JAMES é professor adjunto e chefe do Departamento de Língua Inglesa do Occidental College. Seu estudo sobre o cinema negro nos anos sessenta foi publicado em *The Year Left* II.

FREDRIC JAMESON é professor emérito de literatura comparada na Duke University, onde coordena o Programa de Graduação em Literatura. Tem inúmeros textos publicados sobre marxismo, teoria literária, pós-estruturalismo e pós-modernismo. Seus livros incluem *The Prison House of Language* e *O inconsciente político*, e, mais recentemente, *The Ideologies of Theory: Essays 1971-1986.*

E. ANN KAPLAN dirige o Instituto de Humanidades da Universidade Estadual de Nova York, em Stony Brook. Escreveu extensamente sobre a mulher no cinema, o cinema *noir*, a televisão e o diretor Fritz Lang. Seu livro *Women in Film: Both Sides of the Camera* foi publicado em

1983, e sua obra mais recente é *Rocking Around the Clock: Music Television, Postmodernism and Consumer Culture*. Atualmente, está preparando o livro *Motherhood and Representation*.

WARREN MONTAG é autor de ensaios sobre marxismo e psicanálise, teoria literária e filosofia. É co-tradutor, para o inglês, de *A filosofia espontânea e a filosofia espontânea dos sábios*, de Louis Althusser, publicado pela Verso em 1989.

FRED PFEIL é escritor e crítico de cultura. Seus ensaios foram publicados em *Nation, New Statesmen* e *College English*. Seu romance *Goodman 2020* foi publicado pela editora da Universidade de Indiana em 1986. Está concluindo uma coletânea de ensaios sobre a narrativa e o pós-modernismo, a ser publicada pela Verso.

DANA POLAN é professor adjunto de cinema e inglês na Universidade de Pittsburgh. Seu *The Politics of Film and the Avant-Garde* foi publicado em 1983, e seu livro mais recente é *Power and Paranoia: History, Narrative and the American Cinema 1940-50*.

ROBERT STAM leciona no Departamento de Estudos Cinematográficos da Universidade de Nova York. É autor de *Reflexivity in Film and Literature: From Don Quixote to Jean-Luc Godard*, e co-autor (com Randall Johnson) de *Brazilian Cinema*. Atualmente, é bolsista da Fundação Solomon R. Guggenheim.

LINDA WILLIAMS é professora adjunta de inglês na Universidade de Illinois, em Chicago. É autora de *Figures of Desire: A Theory and Analysis of Surrealist Film* e de outro livro a ser lançado, *Hard Core: Power, Pleasure and the Frenzy of the Visible*.